DELIUS KLASING

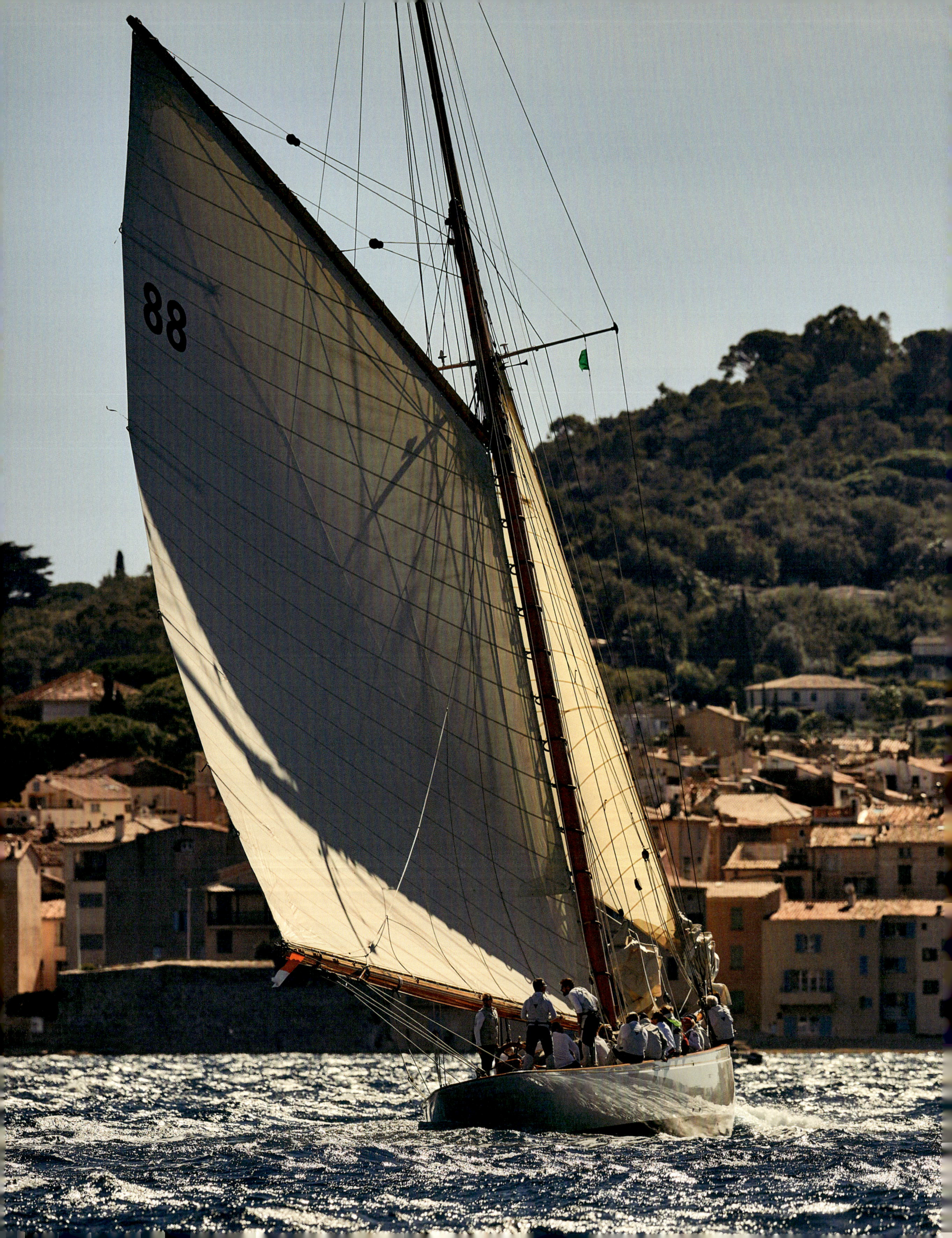
88

FES
TIVALS
DER
KLASSI
KER

NICO KRAUSS
SINA WOLF

DELIUS KLASING VERLAG

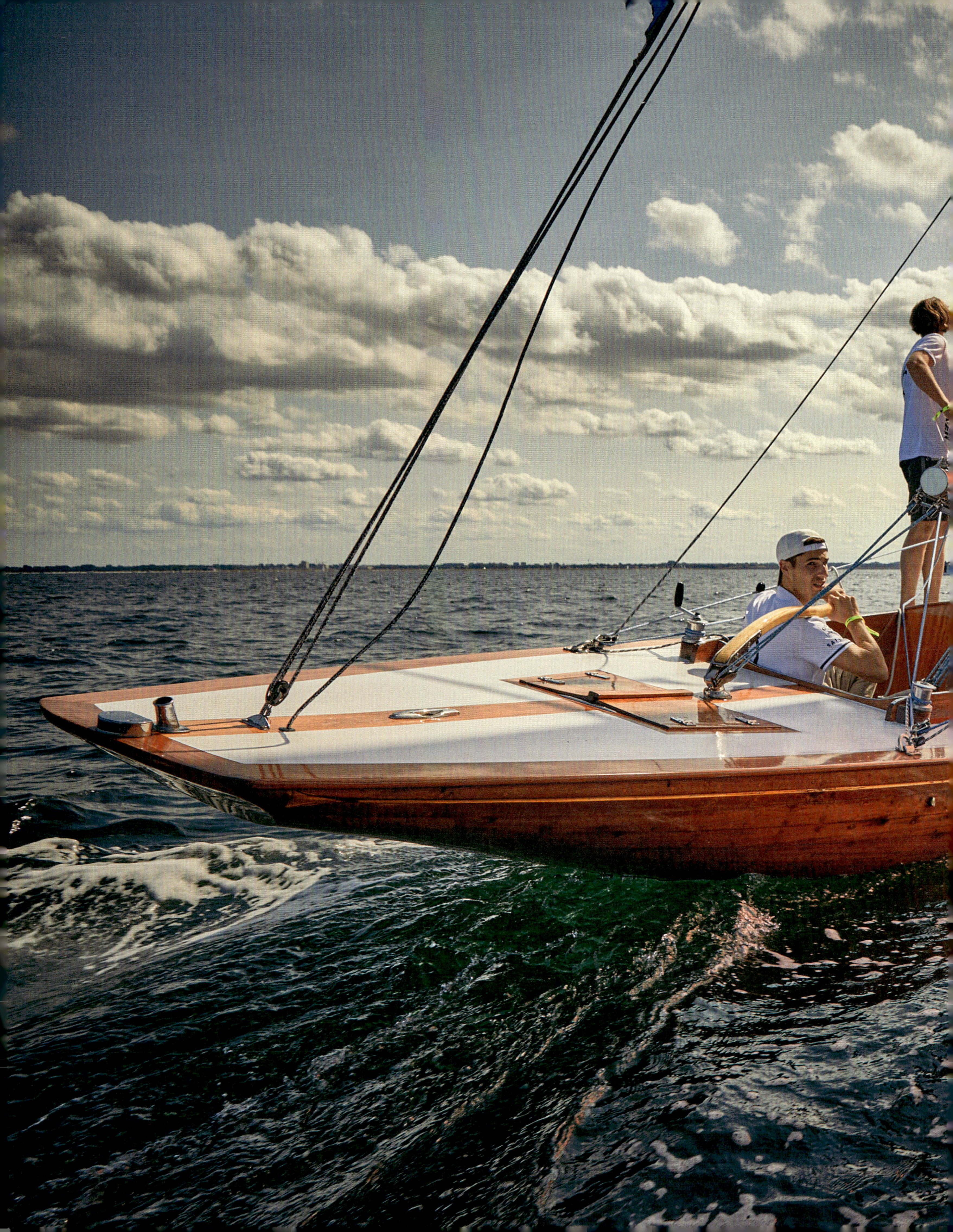

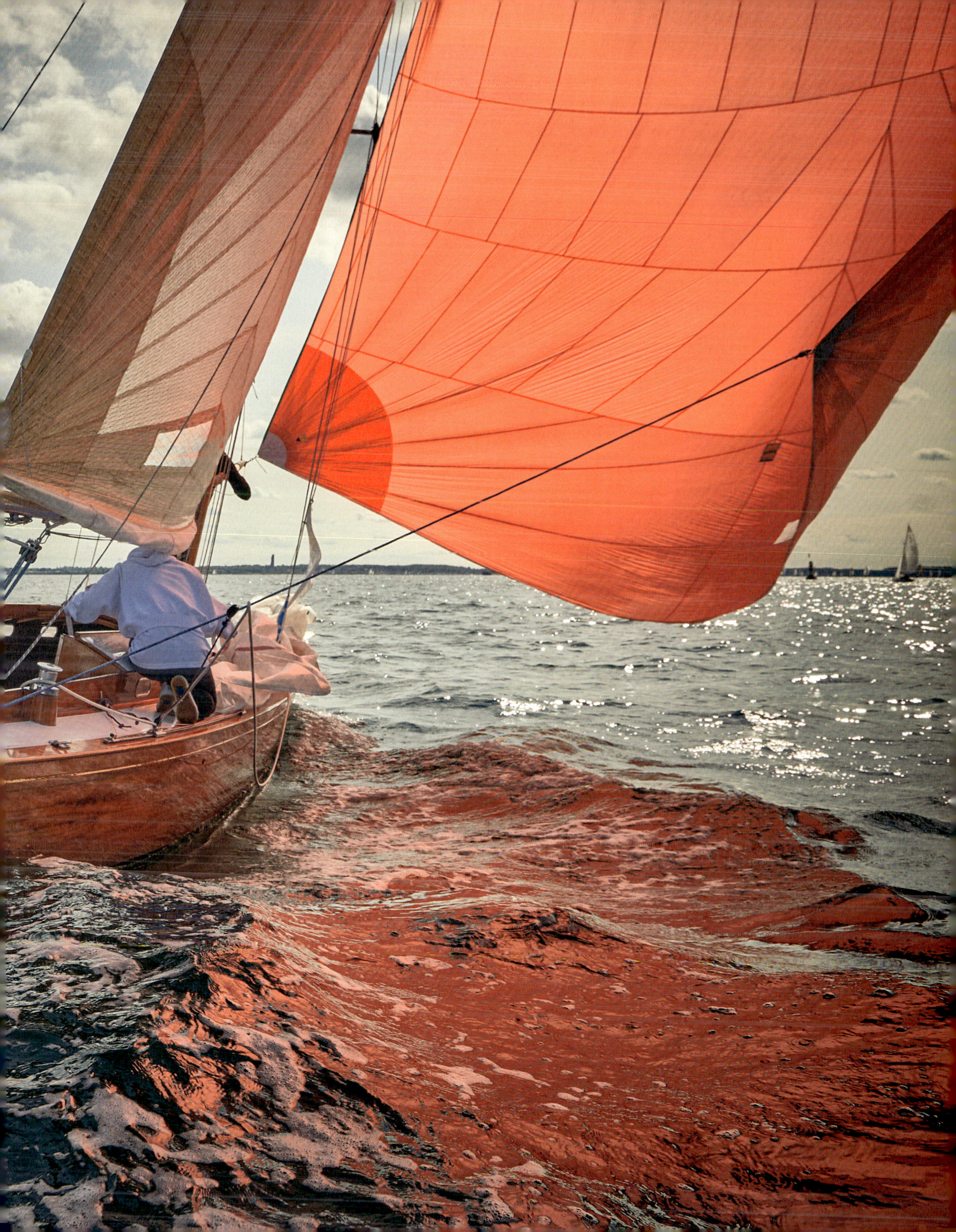

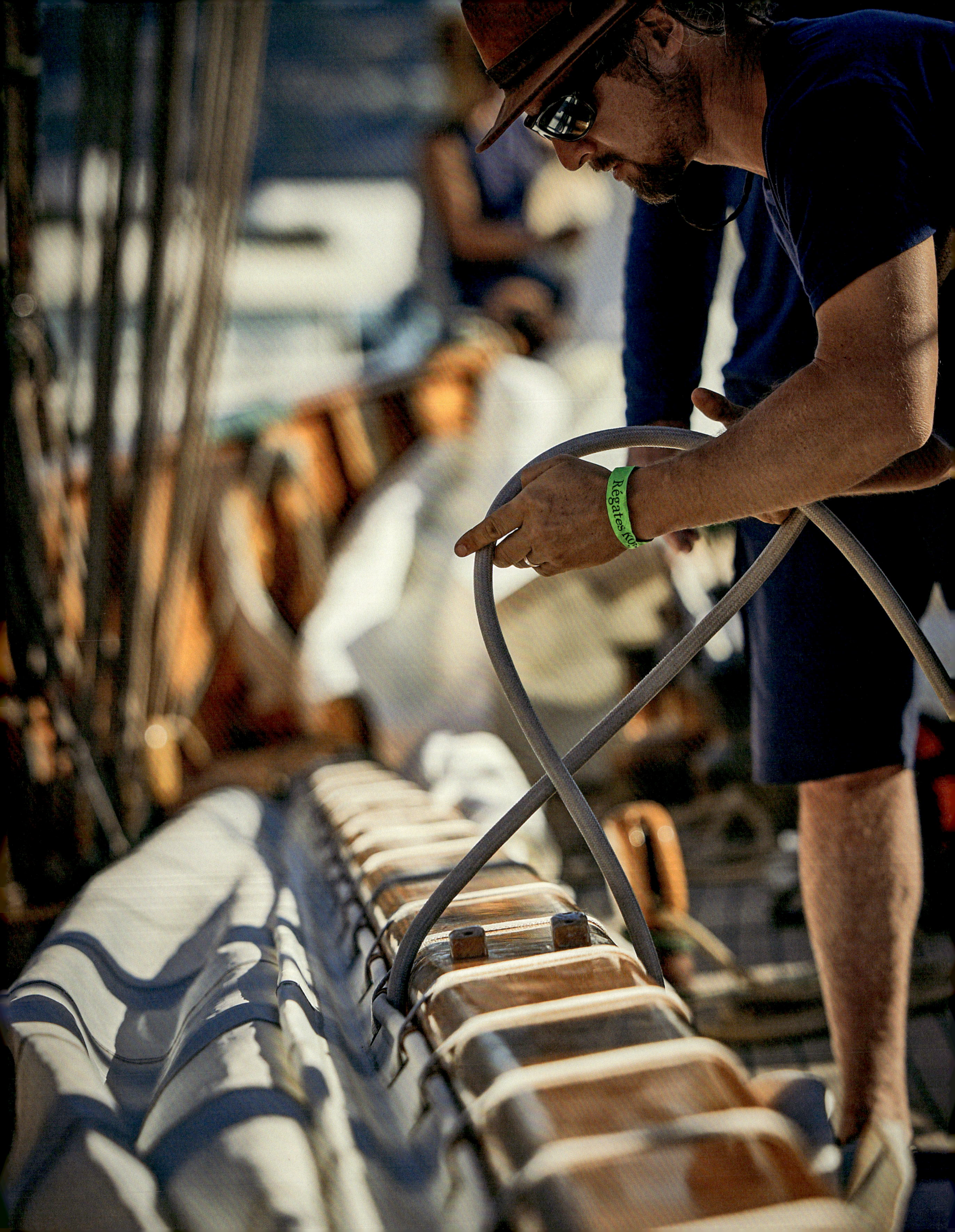
Régates

1
14 SKANDINAVISCHE FESTIVALS
2
30 BEI DEN SCHOTTEN UND BRITEN
3
40 NORDDEUTSCHE OSTSEE
4
78 NORDDEUTSCHE BINNENREVIERE
5
96 SÜDDEUTSCHLAND UND ALPEN
6
124 CÔTE D'AZUR UND BALEAREN

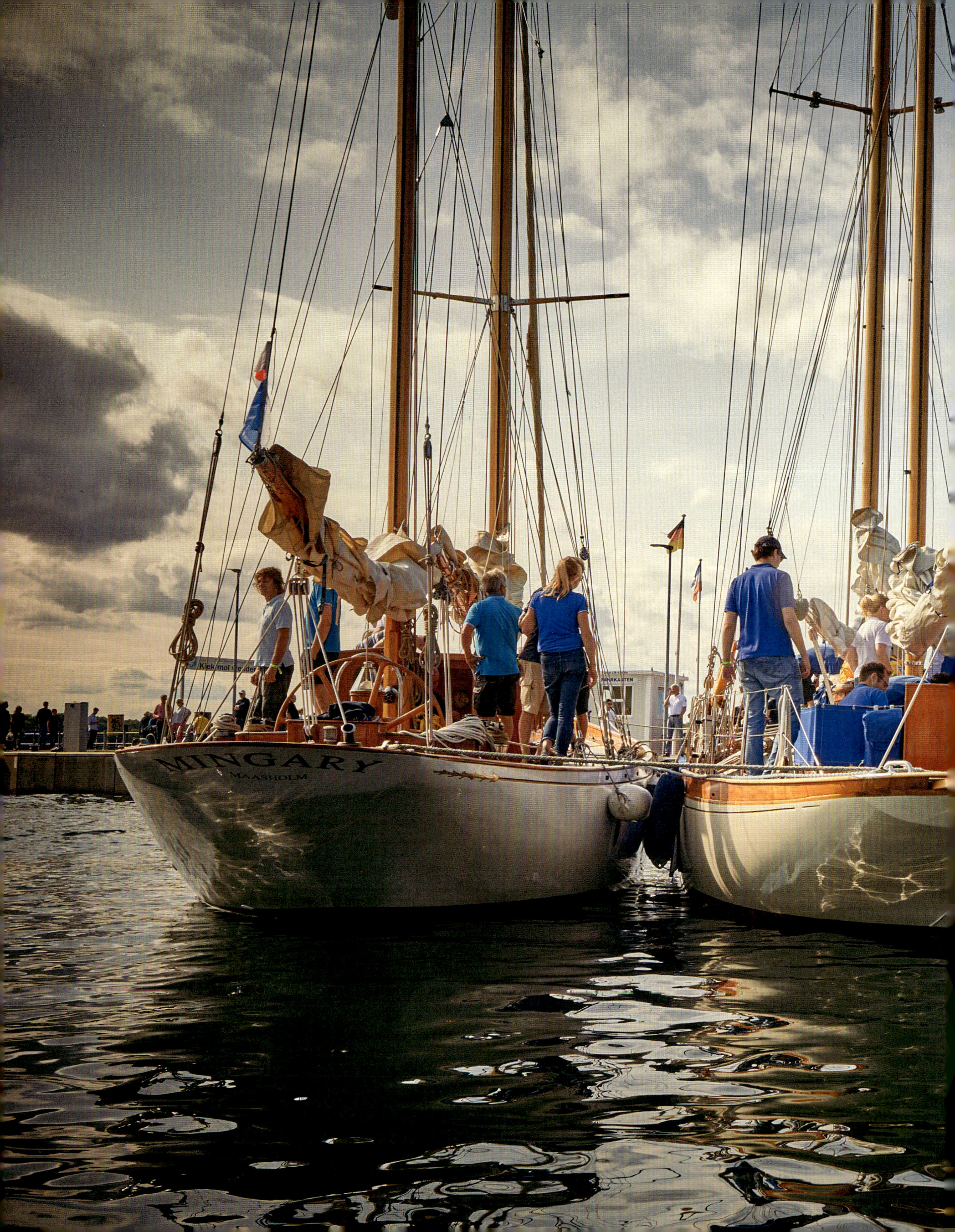
MINGARY
MAASHOLM

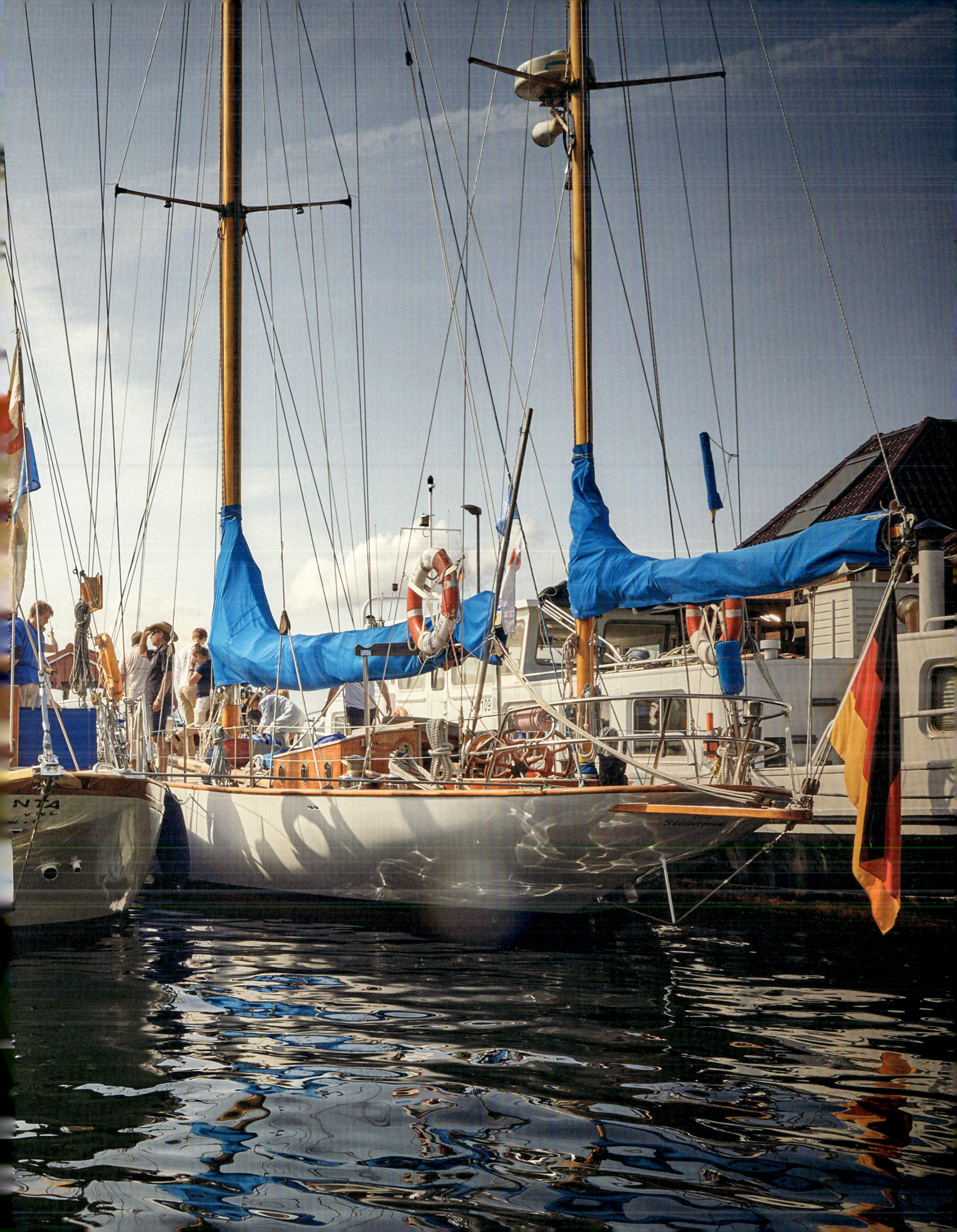

EHRWÜRDIGE YACHTEN, GEFÄLLIGE LINIEN UND SEGELTUCH IN GEWALTIGEN DIMENSIONEN, SPRITZENDE GISCHT UND HÄFEN VOLL MIT HOLZ, SO WEIT DAS AUGE REICHT – FÜR DIE KLASSIKER-FESTIVALS KOMMEN DIE SCHÖNSTEN DER SCHÖNEN, DIE ÄLTESTEN DER ALTEN, DIE URIGSTEN DER GEMÜTLICHEN ZUSAMMEN, UM DIE MAGIE AUF DEM WASSER ZU FEIERN.

Boot für Boot erzählen die Oldtimer unter Segeln ihre stillen Geschichten, die jeder hört, der einen Moment verweilt. Anekdoten von Stürmen und Flauten, von Siegen und Niederlagen, von Heldentaten oder geglückten Herausforderungen. Geschichten, geschrieben in Holz, Lack und Messing, auf Booten, die die Segler schon lange überlebt haben.

Wer hier dabei ist, ob als Zuschauer oder Teilnehmer, erlebt die Faszination der Beständigkeit im Spiegel der eigenen Vergänglichkeit und wird mitgerissen von der Liebe zum Detail, von dem Enthusiasmus und der Sorgfalt, mit der hier die Boote gehuldigt und erhalten werden.

Es waren die 90er-Jahre, als verrückte Holzbootliebhaber zu Trendsettern wurden und alte Yachten nicht Hobbys einzelner Traditionsbewahrer blieben, sondern ein Umdenken einsetzte. Ob Veteranenregatta und German Classics in Laboe, ob Münchner Woche am Starnberger See oder Nioulargue an der Côte d'Azur – überall in Europa schien die Zeit plötzlich reif, um den Holzschönheiten neue Bühnen zu bieten. Weil es von Anfang an bei den klassischen Yachten und Jollen aber nicht nur ums Segeln, sondern auch ums Präsentieren der segelnden Zeitzeugnisse ging, wurden aus den Regatten schon bald stimmungsvolle Festivals. Festivals mit Aktionen an Land, mit Restaurierungspreisen für liebevolle Instandsetzungen und viel Nähe zum Original, mit Festen, mit Ausstellungen und Pop-up-Museumshäfen. Jahr für Jahr kamen neue Boote hinzu, alte Scheunenfunde wurden zurück auf die Bahn gebracht, vieles wurde ausprobiert. Diskussionen um das »Wie« der Restauration brachten ein Auf und Ab in die Szene, bremsten mal und beschleunigten meist den Aufstieg einzelner Klassen. Die Klassikerfestivals in Europa spiegeln diese Entwicklung und schaffen zugleich neuen Anreiz. Sie sind Antrieb und Bühne, und: Sie sind Kult für alle Holzenthusiasten und für alle, die der Magie aus formschönen Linien und riesigen Segelflächen erlegen sind.

Segelfotograf Nico Krauss begleitet die Festivals der Klassiker seit Jahren. Der vorliegende Bildband fasst exemplarisch Regatten in einer Art Rundreise durch Europa zusammen und beleuchtet mit einzelnen Highlights die Szene, die so originell ist, wie die Boote selbst.

Während manch einer heutzutage viel Geld in eine topmoderne Glasfaseryacht investiert, wird sie nach wenigen Jahren schon überholt von

»FOTOGRAF NICO KRAUSS BEGLEITET DIE FESTIVALS DER KLASSIKER SEIT JAHREN UND BELEUCHTET MIT EINZELNEN HIGHLIGHTS DIE SZENE, DIE SO ORIGINELL IST, WIE DIE BOOTE SELBST.«

neueren, größeren und schnelleren Konstruktionen. Bei klassischen Yachten ist das anders: Sie bleiben in ihrem Potenzial genauso schnell, wie einst von ihrem Konstrukteur entworfen. Einmal restauriert, liegt es allein am Geschick von Crew und Steuermann bzw. -frau, den Klassiker zum Laufen zu bringen und ihn schnell um die Tonnen über die Bahn zu steuern. Ohne Verfallsdatum. Diese Faszination der Unvergänglichkeit, die Liebe zum Holz und den eleganten Linien und Überhängen eint Holzbootsegler, egal, ob kleines Dingi oder große Yacht, ob toprenoviertes Boot oder schlicht und gut erhaltener Klassiker – auf den Festivals treffen sie zusammen und feiern die historischen Planken, sich selbst und das maritime Leben.

Die Pandemie hat die Festivals genauso getroffen wie alles andere in unserem gesellschaftlichen Leben. Viele Regatten fielen aus oder wurden reduziert. Vor allem das Landprogramm und die Geselligkeit mussten eingeschränkt werden, auf großen Yachten waren die Crews zu groß und zu international, die Sicherheitsabstände dagegen zu klein, um regelkonform durch die Pandemiephasen zu kommen.

Die Bilder und Beschreibungen sind meist schon vor der Corona-Pandemie entstanden und wollen hier einen Bogen schlagen in die Zukunft, in eine Zeit, in der wir ohne Einschränkungen oder Ängste an Bord gehen, um ein spannendes Match zu segeln oder von einem Begleitboot aus einen dramatischen Start zu beobachten; eine Zeit, in der wir nach der Wettfahrt gemeinsam den Tag ausklingen lassen und im Hafen mit Freunden in Feierlaune von Boot zu Boot ziehen. Im leidenschaftlichen Austausch und mit großer Lebensfreude die Feste genießen:

DYNAMISCH, FACETTENREICH,
LEBENDIG UND HINGEBUNGSVOLL –
SO WIE KULTREGATTEN
MIT KLASSIKERN EBEN SIND.

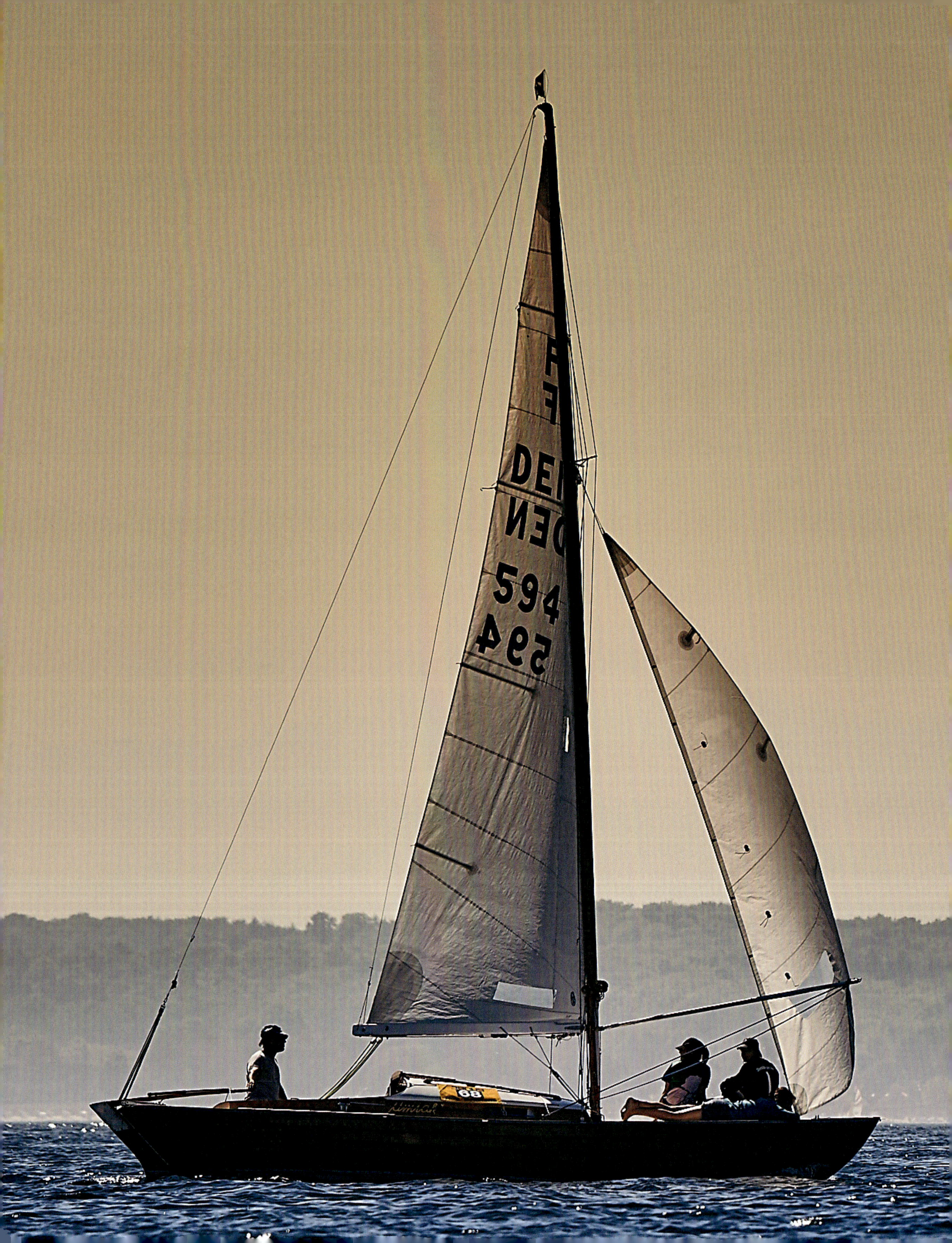
F
DEN
594

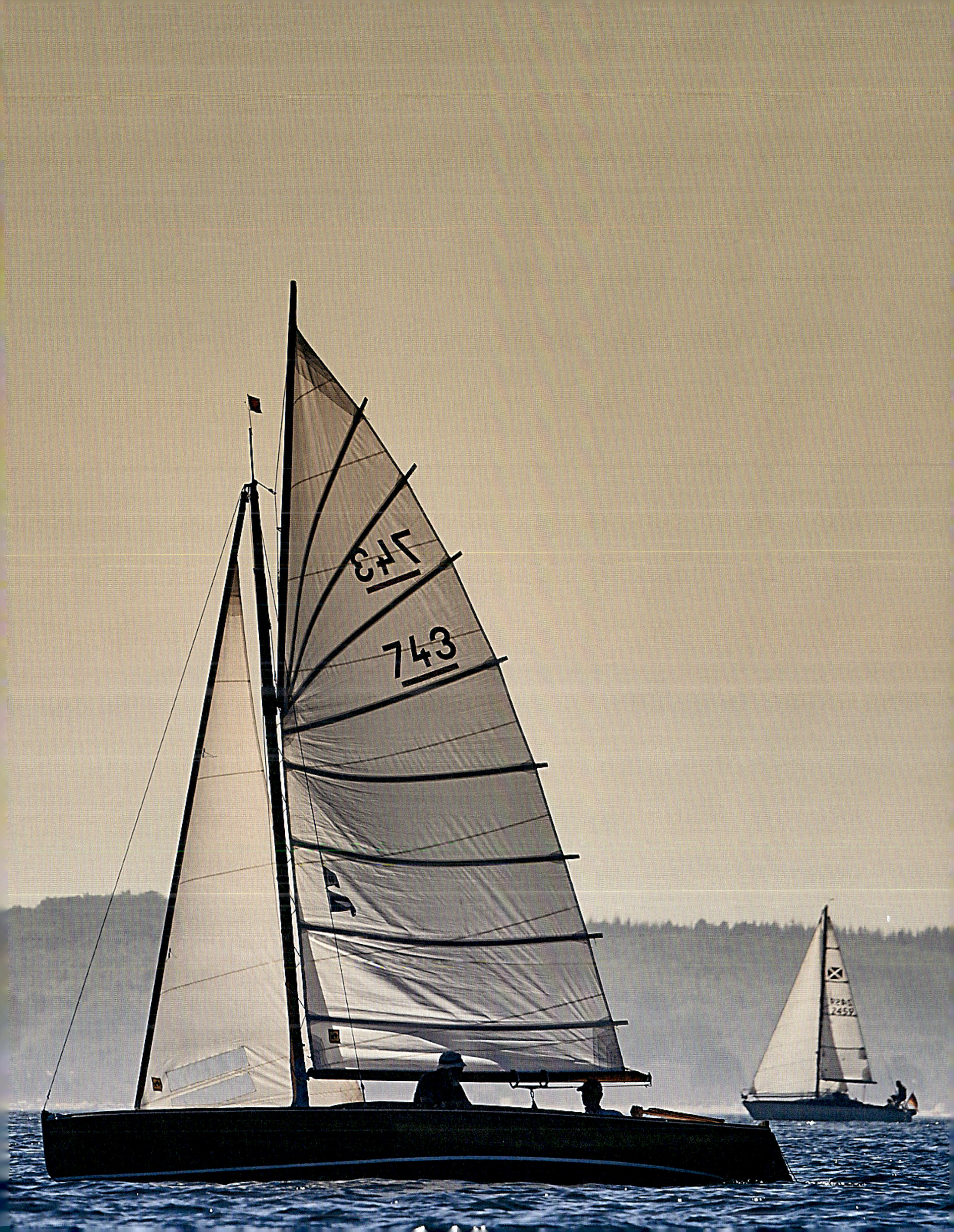
743

1

SKANDINAVISCHE FESTIVALS

HYGGE IN HOLZ – FAMILIENFEIERN IN DEN SCHÄREN

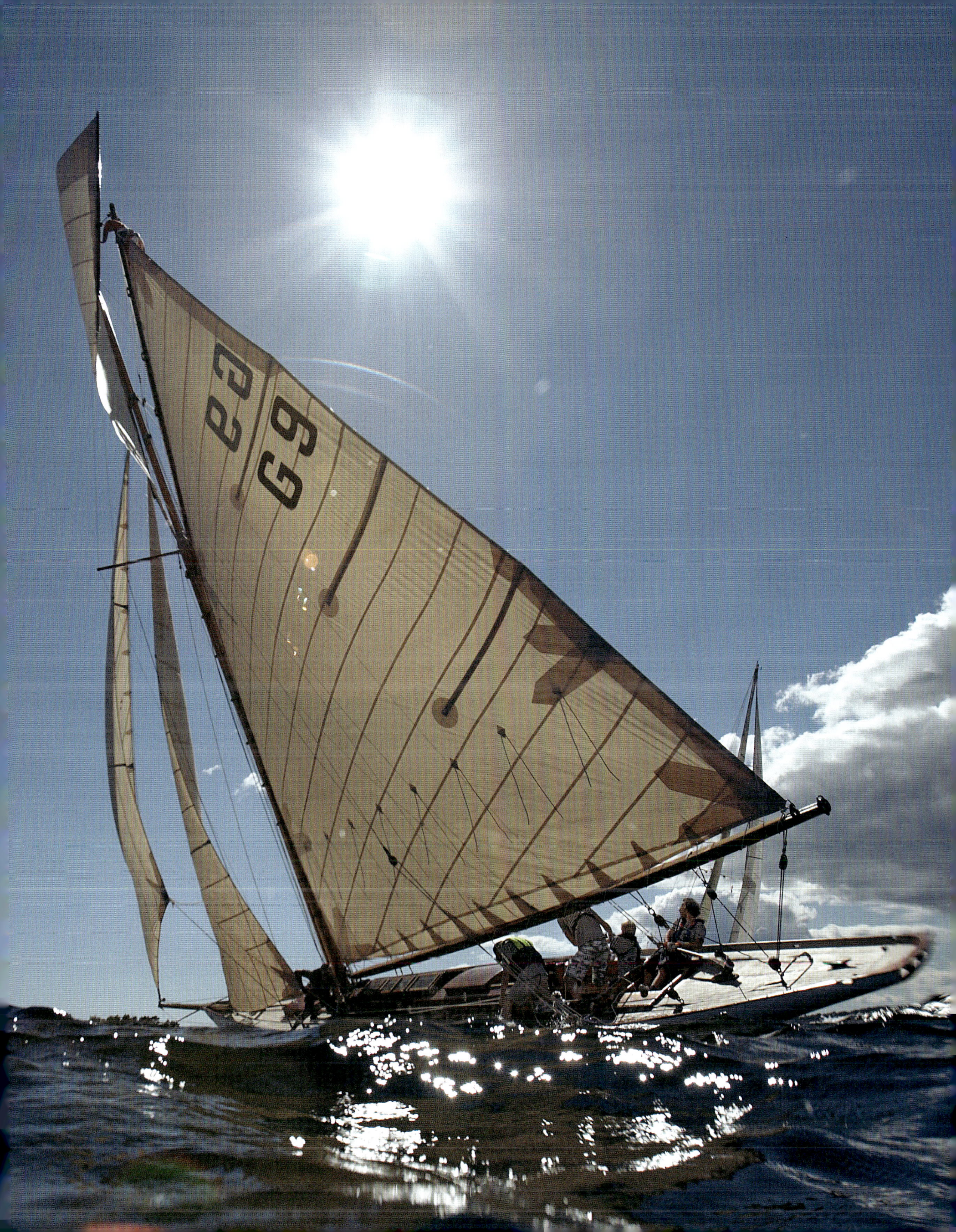

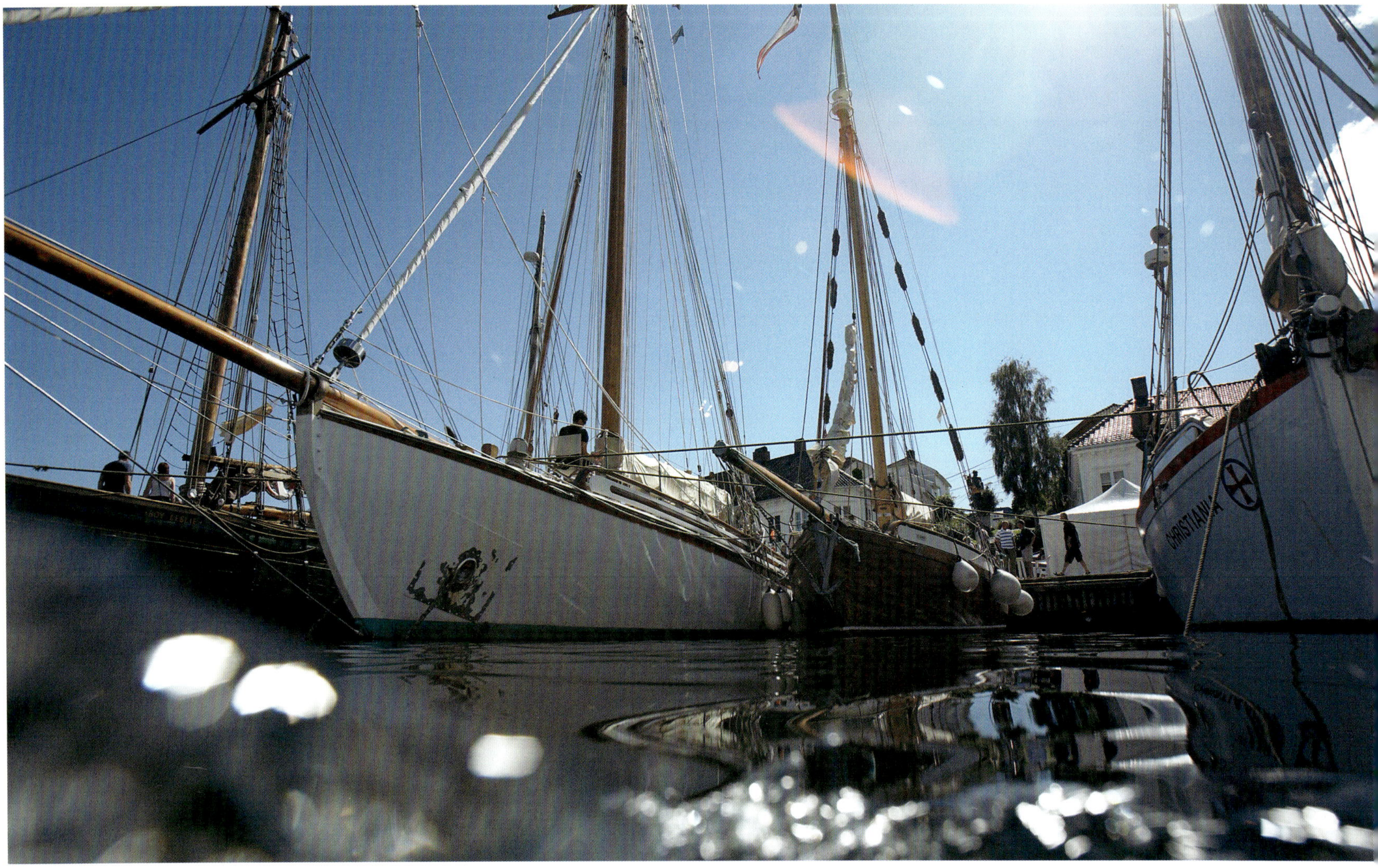

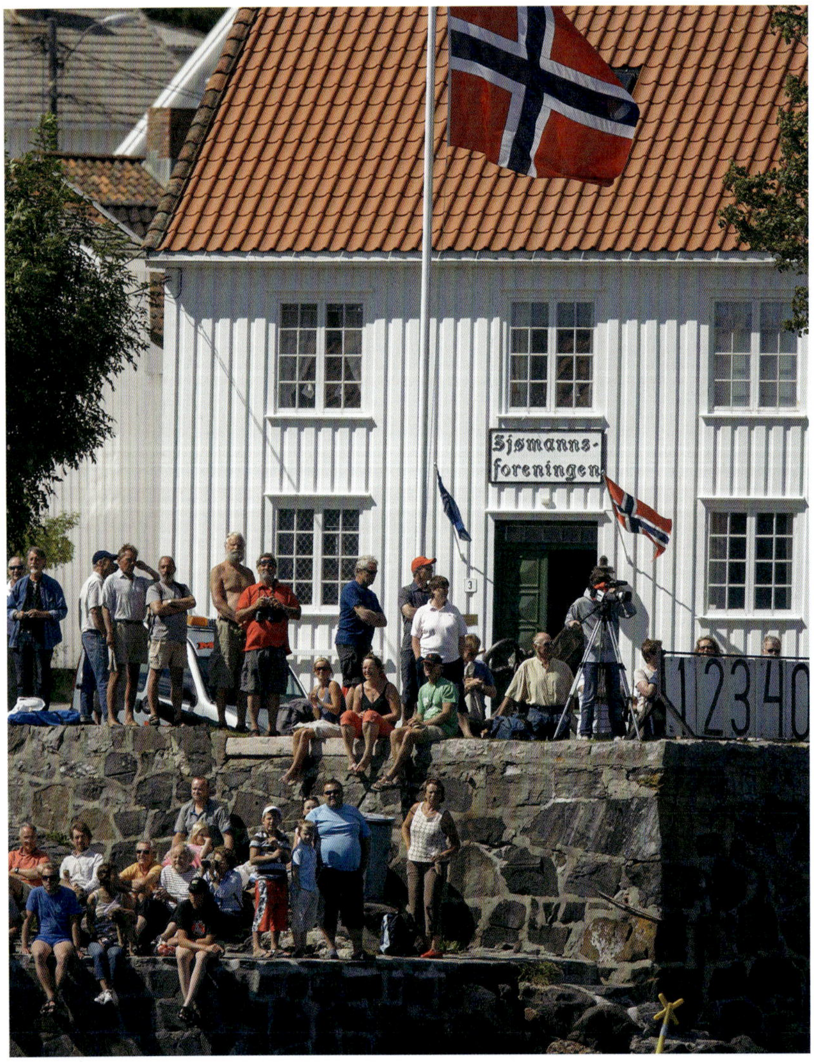

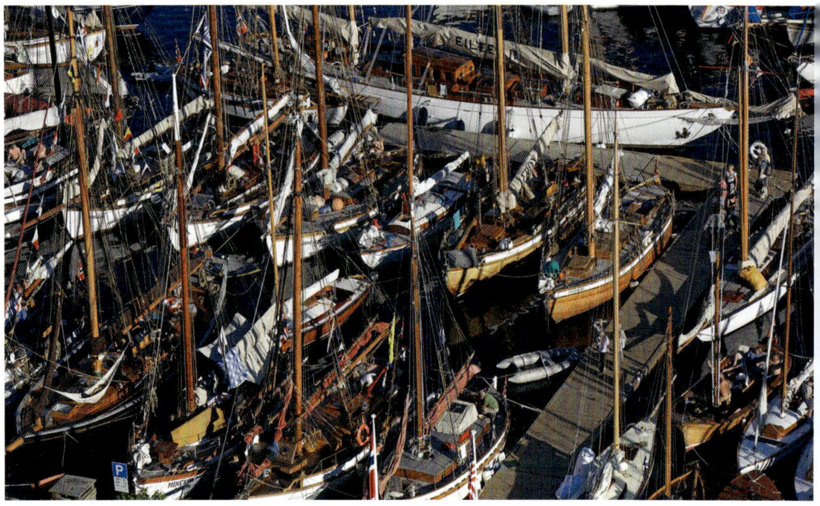

AM ANFANG WAR DAS HOLZ

Eines der ersten Festivals überhaupt in Europa: Am ersten Augustwochenende segeln auf dem Trebåtfestival Risør in Südnorwegen neben historischen Arbeits- und Rettungsbooten auch klassische Yachten und Jollen um die Wette.

UNNACHAHMLICH NATURVERBUNDEN UND AUSGESPROCHEN ORIGINELL HAT SICH ENTLANG DER SKANDINAVISCHEN OSTSEEKÜSTE EINE REIHE AN KLASSIKERFESTIVALS ETABLIERT, DIE DEN SEGELSPORT IN EINER NATÜRLICHKEIT FEIERT, WIE ES (FAST) NUR DIE SKANDINAVIER KÖNNEN.

Hier, wo in Norwegen die Wikinger zu Hause waren, wo die Schären eine unvergleichbar hügelige Landschaft ins Wasser zaubern, wo »Hygge« nicht nur ein Wort, sondern ein Lebensstil ist, wo es im Sommer so hell ist, dass der Tag kein Ende findet, und im Winter so dunkel, dass die Nacht schier endlos ist. Hier an den Küstenländern der Ostsee hat Bootfahren eine Tradition, die ihresgleichen sucht. Ob in Norwegen, Schweden oder Dänemark – viele Boote haben hier den Status eines Familienmitglieds und werden häufig über Generationen weitergegeben. In Skandinavien segelt heute noch der König, genau wie es der Geschäftsmann, der Handwerker oder der Akademiker macht. So wie das Wasser zum Land gehört, gehören die Boote zu den Küsten- und Inselbewohnern. Die tiefe skandinavische Verbundenheit zur Natur findet typischerweise ihren Ausdruck im gelebten »Jedermannsrecht«: Jeder hat Zugang zur Natur, solange er sie achtet. Diese Verbundenheit hört nicht bei Wäldern, Feldern oder Seen auf, sondern umschließt genauso das Meer und die Boote.

In diesem Einklang mit der Natur gehen die Skandinavier aufs Wasser und leben dadurch eine Holzboottradition, die besonders ist. Mit Segelbooten wird hier um die Wette gesegelt, aber genauso unternimmt man mit seiner Familie oder mit Freunden eine Tour und nutzt dasselbe Boot für den Urlaub. Die große, wunderschöne, elegante 8mR-Yacht, die quer durch Europa für eine Regatta transportiert wird, hatte zuvor einen Einsatz als Tourenboot – und während der Skipper bei der WM am Bodensee Regattafieber und Spannung genießt, war er knapp zehn Tage vorher mit seinem Sohn auf demselben Boot in den Schären – bei Lagerfeuerromantik, Angelzauber und Badefreuden. Diese natürliche und familiäre Herangehensweise gepaart mit dem nötigen Pragmatismus spiegelt schlussendlich auch die Atmosphäre der Festivals im europäischen Norden.

Nº 1

EINE STADT FEIERT IHRE BOOTSBAUTRADITION: DAS TREBÅTFESTIVAL RISØR

Anfang August verwandelt sich das kleine, durch seine weißen Holzhäuser bekannte Risør vom beschaulichen Hafenstädtchen mit langer Schifffahrtstradition in einen bunten, quirligen Festivalort. Beim Trebåtfestival Risør ist der Hafen inmitten des pittoresken Städtchens nicht mehr einfach nur Anlegestelle, sondern in dieser Zeit liegen hier Holzboote, so weit das Auge reicht. Dazu dröhnen die Donner der Kanonenböller nach mittelalterlich anmutender Art durch die Luft, im Wechsel dazu tuckern tiefsonor röhrende Bootsmotoren, wie es die feine Art in den 50er- und 60er-Jahren des 20. Jahrhunderts war, durch den Hafen, und an Land pulsiert fröhliches Menschengewusel. Über zwei Tage feiert die gesamte Region ihre lange Geschichte und Tradition im Holzbootsbau.

Hier treffen sich Bootsbesitzer und Bootsbauer, Segelprofis und Hobbysportler, um Erfahrungen auszutauschen, zu »schnacken« und zu feiern – das Leben, die Boote und die Geschichte. An Land flanieren Bootsliebhaber und Freunde des maritimen Küstenlebens. Sie bestaunen holzerne Jollen, Yachten, Schoner, Schifferkähne, Ruderer, edle Autoboote und luxuriöse Motoryachten, dazu historische Kostüme, alte Handwerkskunst, hören Musik oder genießen Kinderspaß und Essvergnügen. Der kleine Hafen ist angesichts des Festivals so voll, dass man von einem Ufer zum anderen beinahe trockenen Fußes gelangen könnte. Pier, Hafenkai und die Boote sind geschmückt

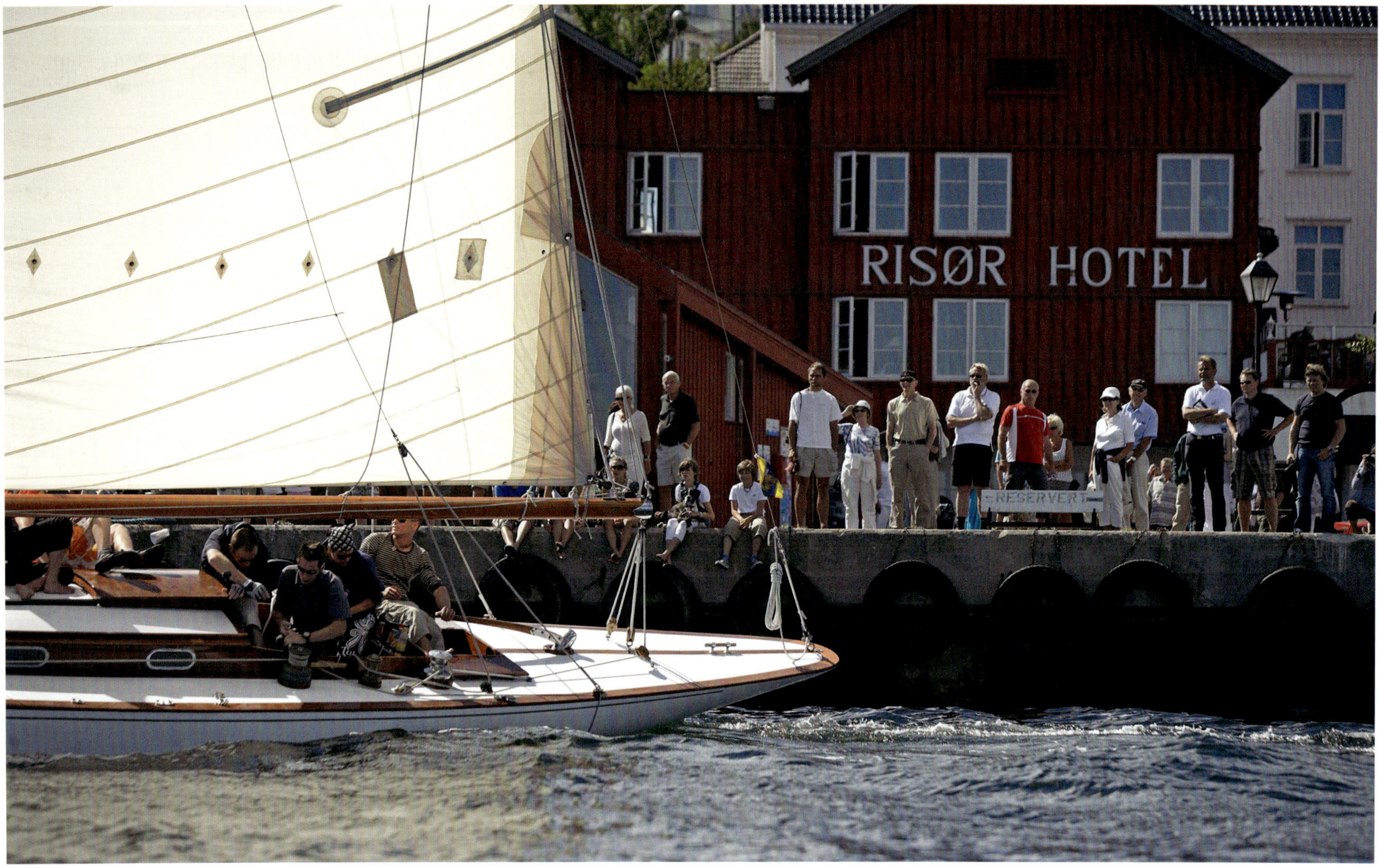

mit Blumen und Girlanden und begeistern mit einer Atmosphäre von damals. Begleitet wird das historische Festival in dem Hafenstädtchen, das einst zu den wichtigsten Schiffbauzentren Norwegens gehörte, von täglichen Regatten im vorgelagerten Fjord. So haben alle ihren Spaß, die aktiven Segler auf der Bahn, die stolzen Bootsbesitzer im Hafen und die Zuschauer beim Flanieren und Bestaunen. Eine Brücke zwischen Zuschauern und Teilnehmern sind die Bootsbesichtigungen und -präsentationen mitten im Hafen. Kein Wunder, dass das Festival 10.000 bis 12.000 Besucher zählt, die im Hafen über 150 Boote betrachten. Etwa 50 Aussteller und lokale Handwerker bringen Leben auf die Pier, während im Stadttheater Vorführungen die Zeit von damals feiern.

Alles in allem ein rühriges Festival, dem es gelingt, die maritime Tradition geschickt zu inszenieren – sogar seine Königliche Hoheit Harald von Norwegen, der selbst begeisterter Segler ist und mit seiner berühmten 8mR-Holzyacht SIRA an Regatten teilnimmt, war hier schon zu Gast.

DICHT AM GESCHEHEN

Die Startlinie liegt direkt vor dem Hafen, die Zuschauer sind nah dran, wenn der Startschuss fällt. Mit skandinavischer Herzlichkeit und Gastfreundschaft feiern die Norweger ihre maritime Tradition mit jedem, der dabei ist – ob zu Wasser oder an Land.

BEATRICE AURORE: DER GRÖSSTE NOCH EXISTIERENDE SCHÄRENKREUZER

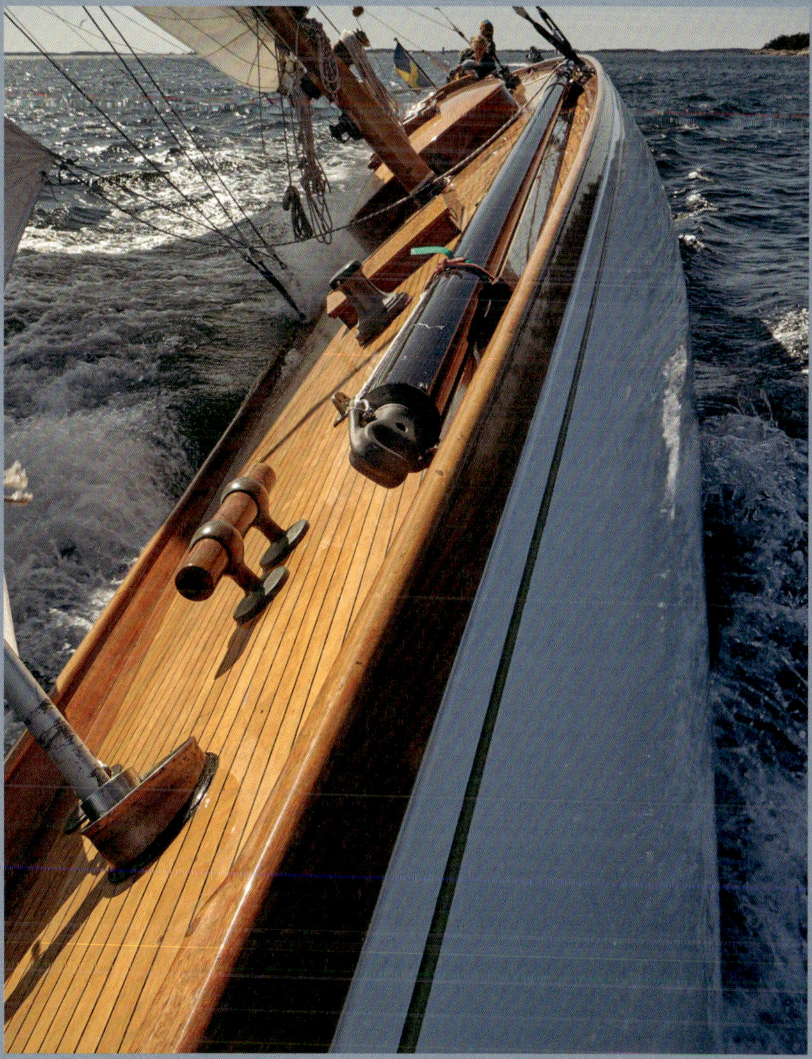

Die Schweden und ihre Schärenkreuzer – während die Segelwelt hier und jenseits des Atlantiks Anfang des 20. Jahrhunderts auf die Meterklassen setzte und innerhalb der Meterformel immer neue und immer mehr Yachten auf die Regattabahnen kamen, blieben die Schweden neutral und entwickelten eine eigene Formel für ihren Yachtsport. Sie legten die Segelfläche zugrunde und definierten über deren Größe verschiedene Klassen: die Schärenkreuzerklassen. Allesamt wendiger, günstiger und mit weniger Crew zu segeln. Einfach perfekt geeignet für die Schären und deren steinige Ufer. Ursprünglich waren es mit den 22er, 30er, 45er und 55er vier verschiedene Klassen, aber schon bald kamen größere dazu. Der 150er-Schärenkreuzer war schließlich der größte.

Mit 22 Metern Länge ist der 150er-Schärenkreuzer BEATRICE AURORE zwar nicht die längste jemals gebaute Schäre – aber die größte heute noch existierende. Ihr Rumpf ist fast ein ganzes Schwimmbadbecken lang und der Mast noch länger: 26 Meter für 150 Quadratmeter Segel. BEATRICE AURORE, von Kennern auch schlicht BEA genannt, wurde 1920 von August Plym in der weltweit geschätzten Neglinge-Werft in Saltsjöbaden bei Stockholm gebaut. Ihr erster Eigner bestieg nie das Schiff, ein späterer investierte Haus, Hof und Ehe, um die Yacht wieder aufzubauen: Ein Kran war beim Einwassern auf das Boot gestürzt und hatte es in zwei Stücke geteilt. In gut 25.000 Arbeitsstunden wurde sie wieder restauriert. Heute gehört sie einer Eignergemeinschaft aus zehn Familien in Schweden. Dort überragt ihr Mast die bewaldeten Schären, fängt jeden Wind auf und kommt durch jedes Flautenloch.

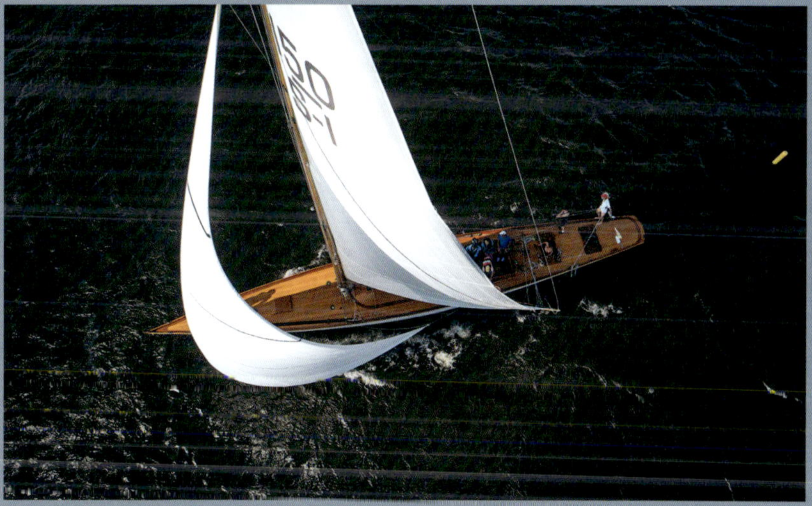

Die Schweden – so sagt man – verehren die BEATRICE AURORE wie ein Nationalheiligtum: eine riesige Rarität, ein maritimer Dinosaurier.

BEATRICE AURORE, 150er-SCHÄRENKREUZER
Baujahr: **1920** / Konstrukteur: **August Plym** / Werft: **Neglinge-Werft** / Länge: **22 m** / Breite: **3,30 m** / Mast: **26 m** / Segelfläche: **150 m²**

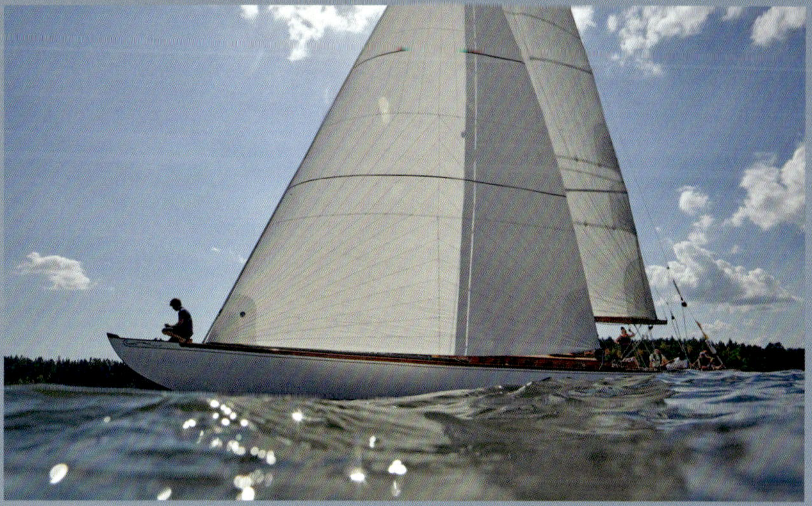

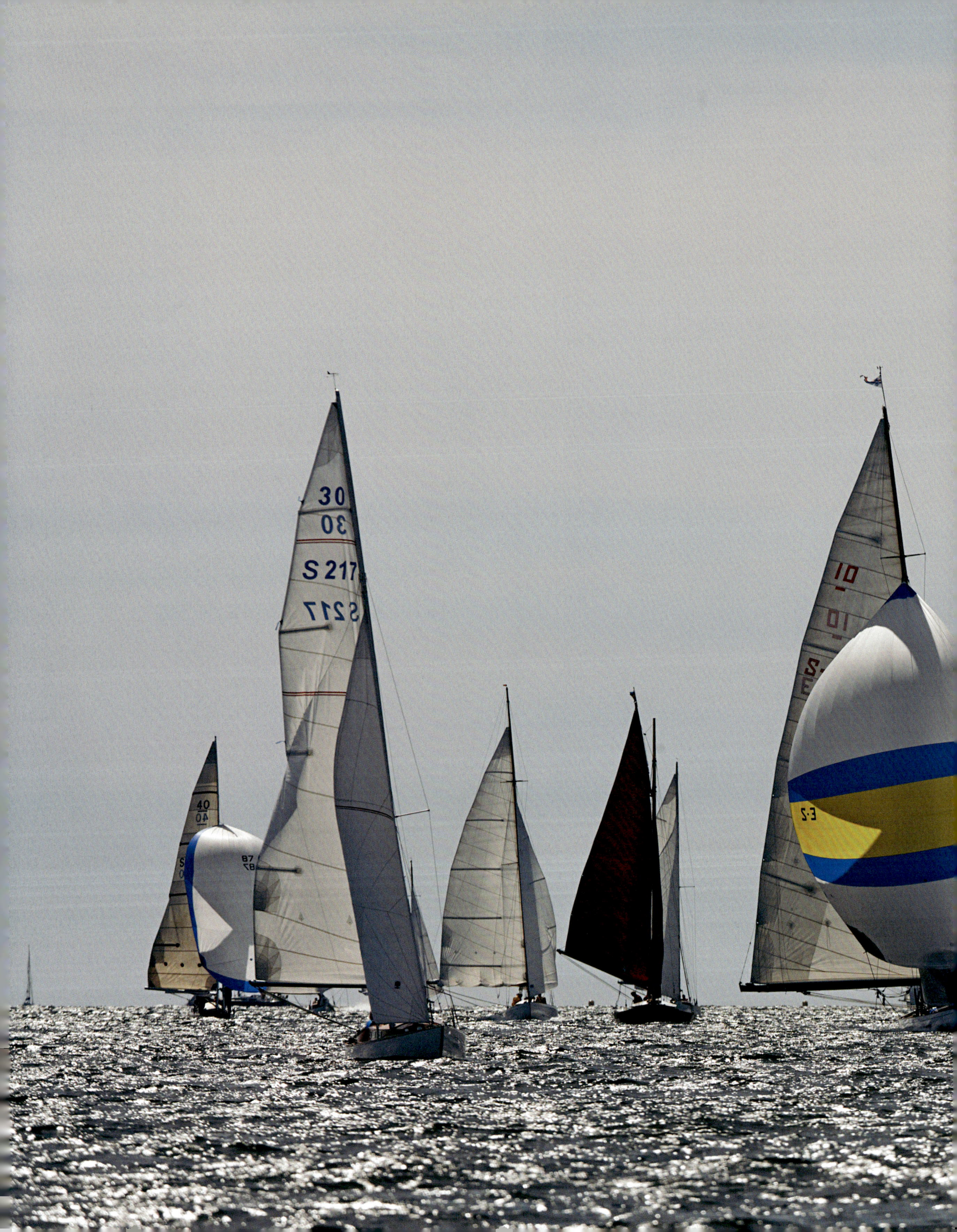
30
S 217
40
10
E·3

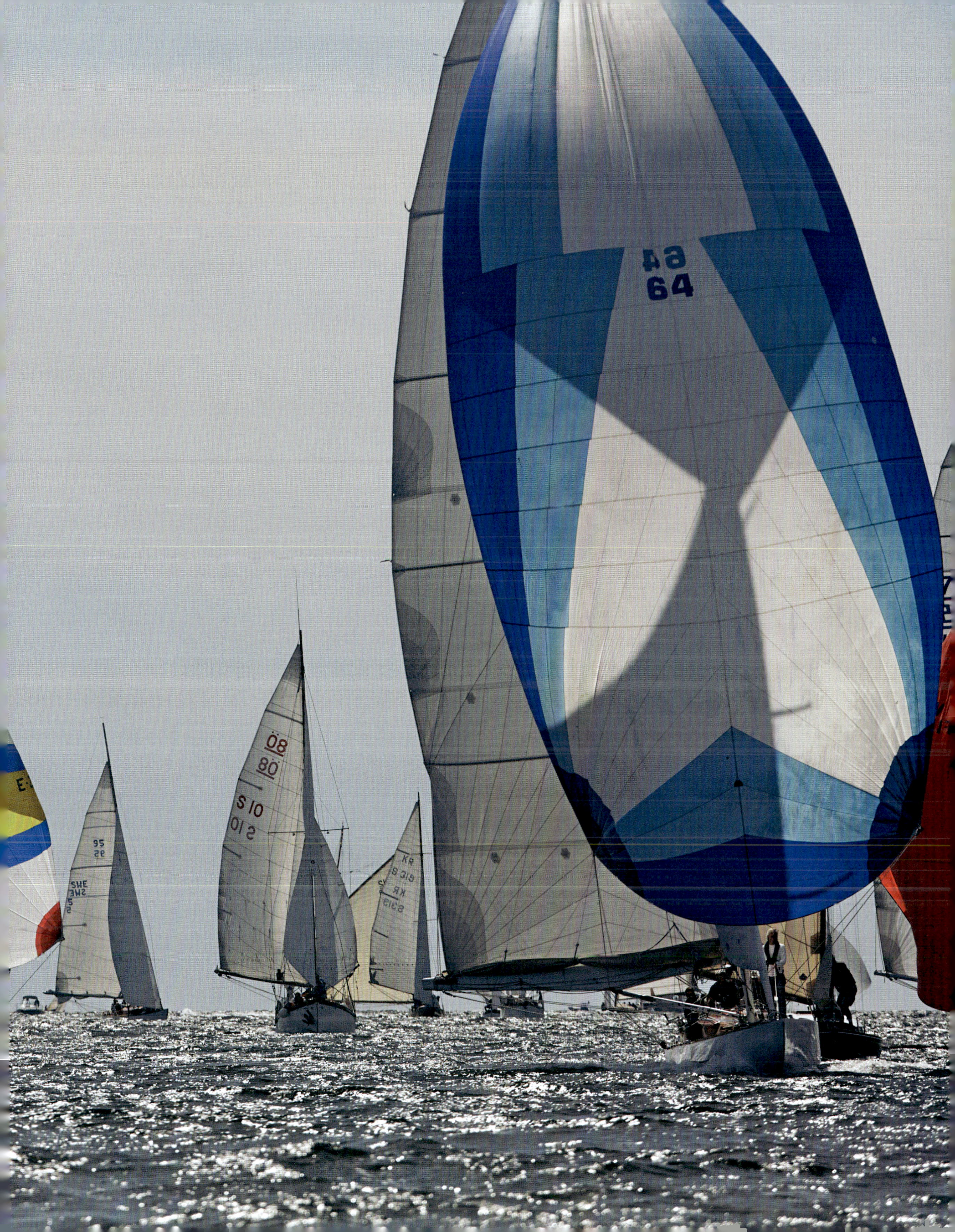
64
80
S 10

N^O 2
REGATTA IM SCHÄRENIDYLL – SANDHAMNSREGATTAN

Sandhamn ist ein historischer Ort auf der Insel Sandön, die in den äußersten Stockholmer Schären liegt. Knapp 70 Kilometer östlich der schwedischen Hauptstadt verzaubert die Insel unter dem Motto »So weit weg und doch so nah« ihre Besucher mit schärentypischen kargen Felsen und weißen Sandstränden. Sowohl die Insel als auch ihre Umgebung sind zugleich voller Leben und voller Ruhe. Als eine Art Außenposten im Schärengarten ist die Insel noch umsäumt von kleinen, vorwiegend unbewohnten Schären. Die Insel selbst bietet gleichzeitig auf der einen Seite Restaurants, Bars, Hotels und Geschäfte, sowie auf der anderen ausgedehnte Wanderwege entlang weißer Strände und windgepeitscher Kiefern. Aufgrund seiner besonderen Lage hat sich Sandhamn zu einem beliebten Ausgangsort für den Regattasport entwickelt – nah am Festland gelegen und doch auch nicht mehr ganz so versteckt in den Schären, sondern offen gen Ostsee. Während die einen mit der Fähre von Insel zu Insel reisen, dem nahegelegenem Vasa-Museum einen Besuch abstatten oder das Leben inmitten der Wasserstadt Stockholm genießen, segeln die anderen um die Wette.

Die Sandhamnsregattan, die jährlich Anfang August stattfindet, wurde 1897 zum ersten Mal veranstaltet und ist damit – so heißt es von Veranstalterseite – »die älteste Regatta des ältesten und größten Yacht-Clubs in Schweden, des KSSS (Königlich Schwedische Segelgesellschaft)«. Damals nahmen 93 Boote anlässlich der Einweihung des neugebauten Clubhauses der KSSS auf Sandhamn an der Regatta teil. Es gingen anschließend viele Jahre ins Land, bis man die Regatta schließlich 2013 wieder zum Leben erweckte. Seither ist sie der Treffpunkt der schwedischen Klassikerszene rund um Stockholm. 2020 feierte die KSSS mit dieser Regatta ihr 190-jähriges Bestehen. Über drei Tage treffen sich für die Sandhamnsregattan Holzklassiker von vor 1968. In historischer Manier segeln die Teilnehmer dabei nicht möglichst kurz und knapp um ausgelegte Tonnen, wie man es von modernen Regattaveranstaltungen kennt, sondern man nimmt sich Zeit. Über drei bis fünf Stunden führt der Kurs die Teilnehmer durch die Inselwelt des Stockholmer Schärengartens. Für den Betrachter und die Segler selbst ergibt sich ein genussvoller Kontrast zwischen den anmutigen hölzernen Klassikerschönheiten unter weißen Segeln und den schroffen kargen Steinfelsen, die ob ihrer abgerundeten, flachen Form eine ähnliche Anmut ausstrahlen – wenn auch auf eine ganz andere Art und Weise.

KÖNIGLICHES VERGNÜGEN IM SCHÄRENGARTEN

Hier trifft sich die schwedische Klassikerszene seit 1897 und zieht zunehmend Segler aus ganz Europa in den Bann. Die »Königlich Schwedische Segelgesellschaft« legt den Rennkurs der Sandhamnsregattan akkurat durch das Archipelago der Ostschären.

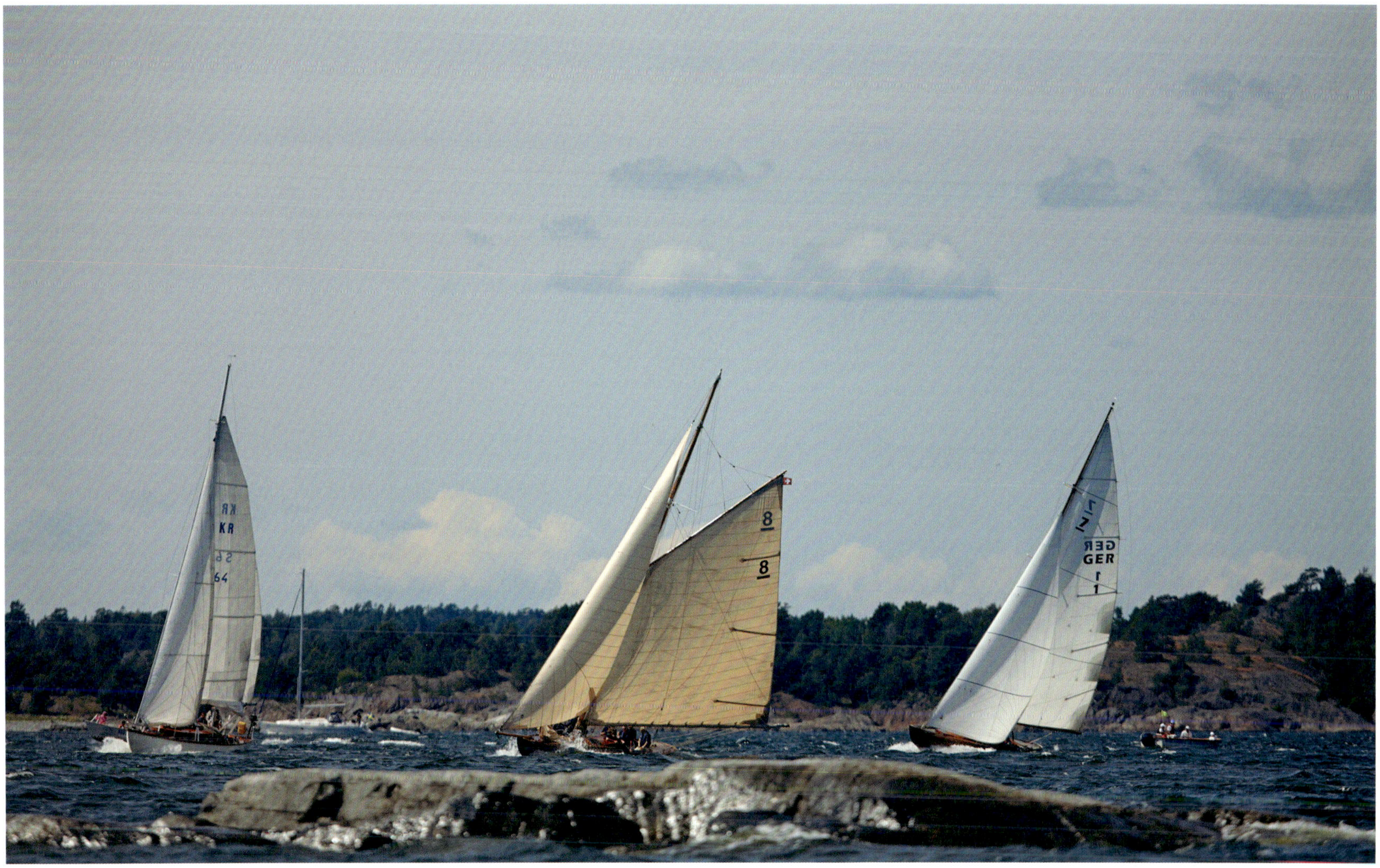

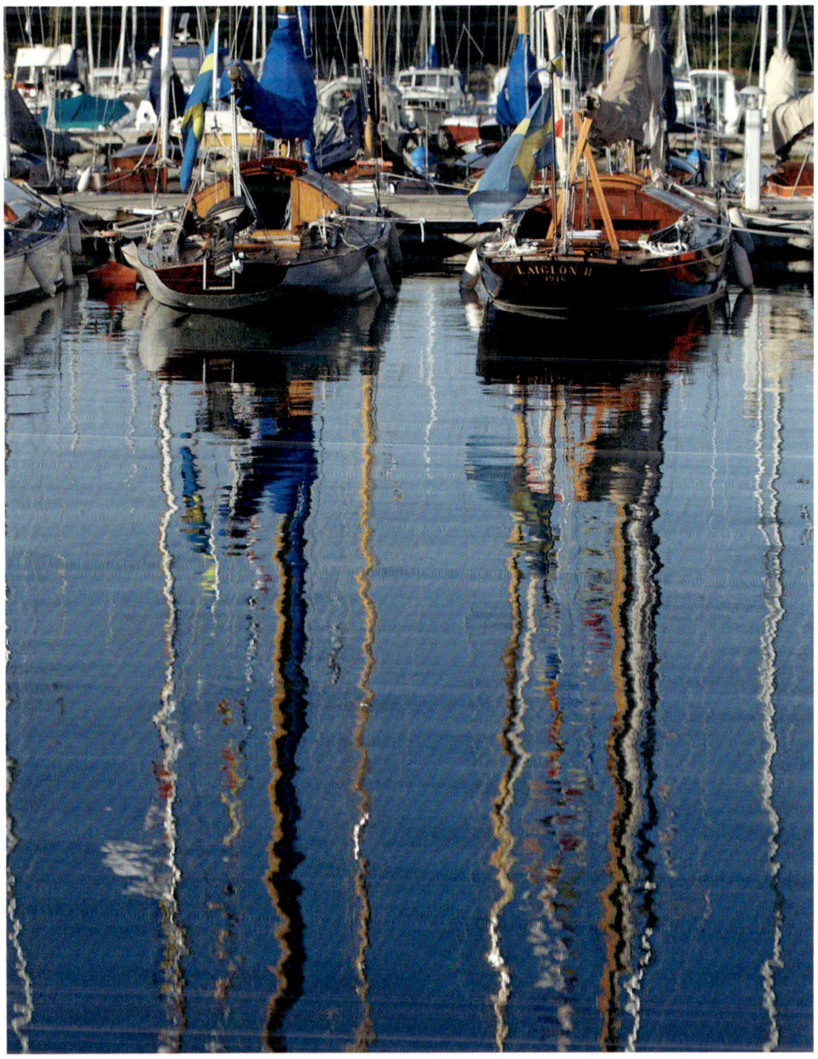

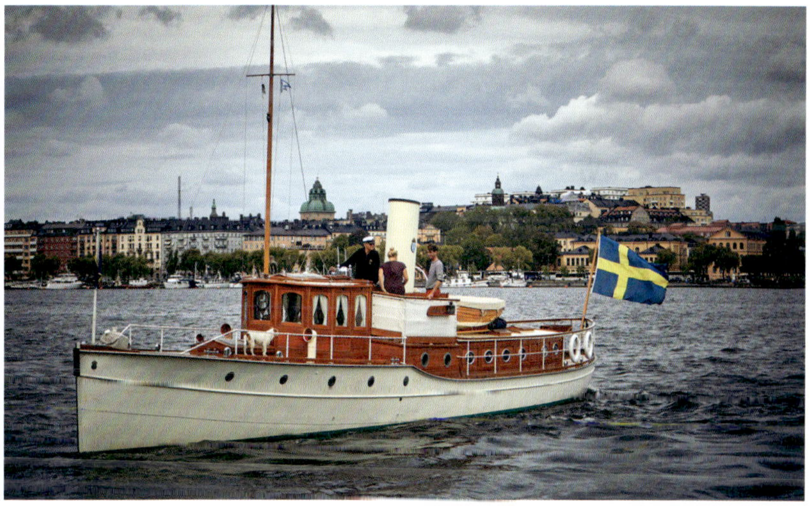

VERKEHRSMITTEL FÜR DIE WASSERWELT

In der Schärenwelt Stockholms geht gestern wie heute nichts ohne Boot. Ob Kurztrip oder Langfahrt, auf dem Wasser ist die nordische Metropole am besten zu entdecken. Das Motorschiff ALBA II, Baujahr 1912, wurde zwar zwischenzeitlich wegen eines privaten Streites versenkt, fährt aber nach aufwendiger und originalgetreuer Restaurierung in neuem Glanz.

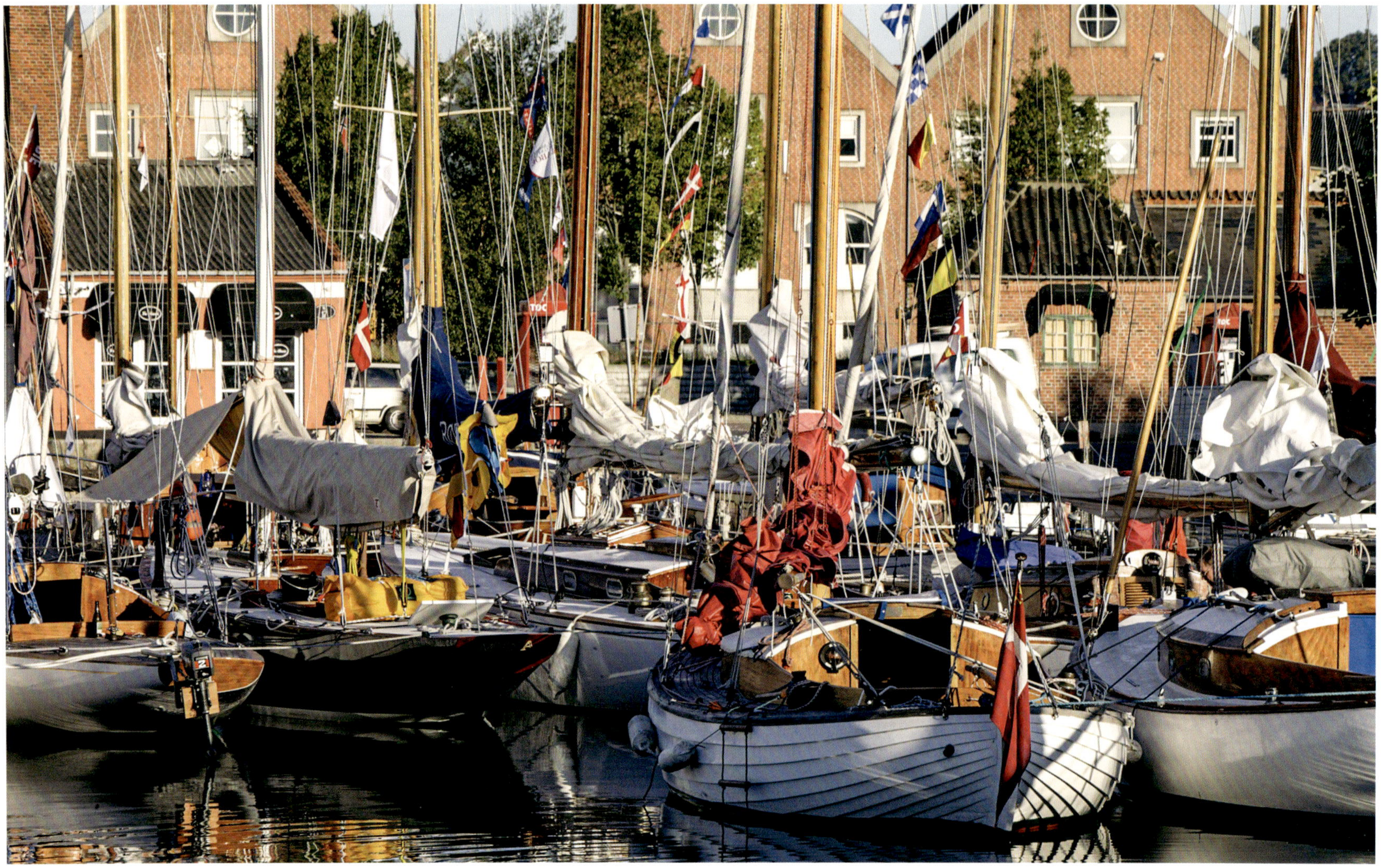

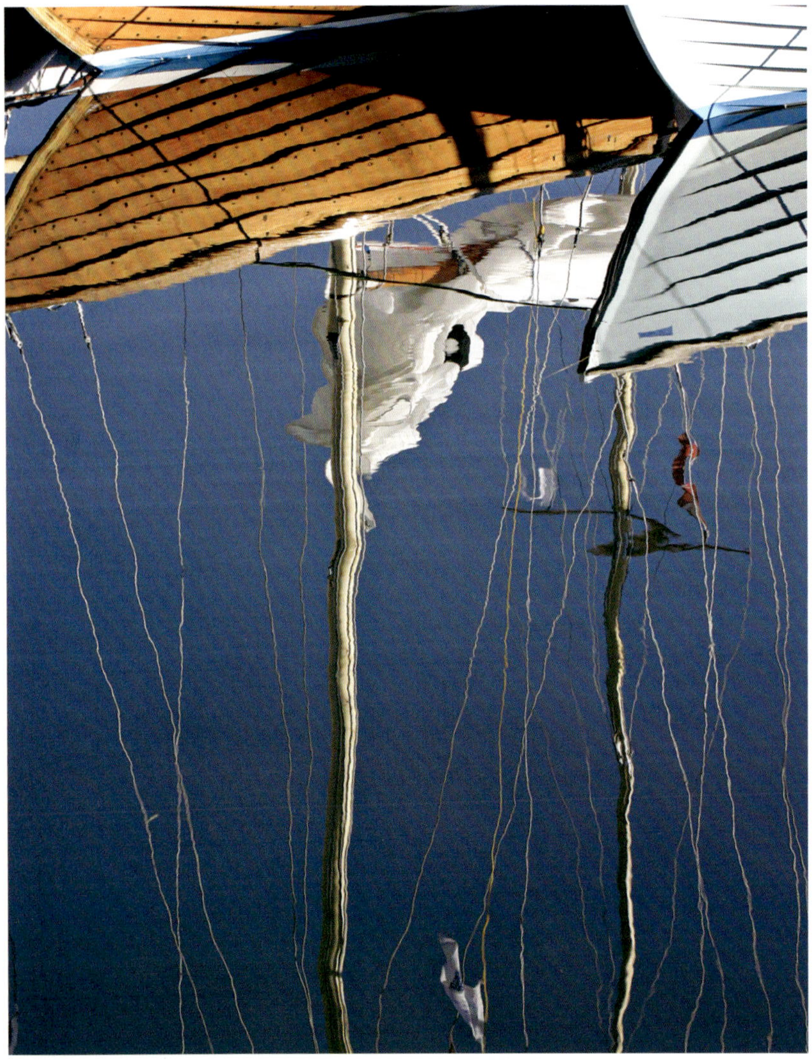

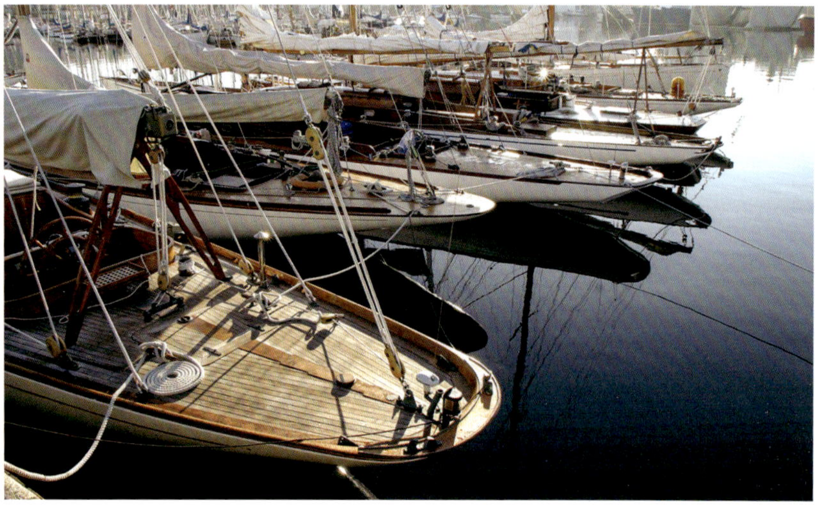

SEGELFEST AM SUND

Wenn die Svendborg Classic Regatta ruft, kommen Hunderte in den Hafen von Svendborg. Die Yachten liegen so dicht, dass man fast trockenen Fußes den Hafen queren kann. Doch von Hektik keine Spur, es bleibt ganz dänisch »hyggelig«. Ein Familienfest für Holzliebhaber.

»DABEI GEHT ES NICHT ALLEIN UM EINE REGATTA, SONDERN VIELMEHR TAUCHT DIE GANZE STADT AM RAND DER DÄNISCHEN SÜDSEE EIN IN EIN FESTIVAL RUND UM DIE TRADITION DES BOOTFAHRENS.«

N° 3
EIN FESTIVAL IN DER GANZEN STADT: DIE SVENDBORG CLASSIC REGATTA

Ein Regattaspektakel nicht nur für Segler haben die Dänen auf Fünen etabliert. In dem malerischen Schifffahrtsstädtchen Svendborg an der südöstlichen Seite der drittgrößten Insel Dänemarks wird Anfang August die Svendborg Classic Regatta veranstaltet. Dabei geht es nicht allein um eine Regatta, sondern vielmehr taucht die ganze Stadt am Rand der dänischen Südsee ein in ein Festival rund um die Tradition des Bootfahrens. Zum Programm gehören Dreiecksregatten in der vorgelagerten Lunkebucht am Eingang zum Svendborgsund, Streckenwettfahrten zurück zum Hafen, aber auch Tourenfahrten als eine gemütlichere Form der Fortbewegung – Hauptsache, die Boote und die Menschen sind auf dem Wasser und genießen die wunderbare Segelwelt in der dänischen Südsee. Zusätzlich zu den Regatten gibt es Angebote für Motorbootfahrer und Fußgänger. Während erstere eine Art Rallye mit Geschicklichkeitsübungen und Flottenfahrten absolvieren, wie man sie aus dem Autosport kennt, kommen letztere an Land zum Beispiel im dänischen Segelsportmuseum im Schloss Valdemar oder im Maritimt Center Danmark auf ihre Kosten, von den Buden und den Musikdarbietungen entlang der Pier im Hafen von Svendborg ganz abgesehen.

Dass Familien nicht nur als Zuschauer willkommen sind, sondern an Bord gehören, merkt man auch hier: Sogar die Teilnahmegebühr unterscheidet nach Erwachsenen, Kindern zwischen 6 und 14 sowie Kindern unter 6 – eine feine Differenzierung, die die Wertschätzung der Familien zeigt. Besonders ist auch, dass hier ein Klassikerfestival gefeiert wird, bei dem fernerhin Boote aus GFK und Stahl mit von der Partie sind, denn eingeladen sind nicht nur Klassiker, sondern auch traditionelle Boote im weiteren Sinn – Hauptsache, die Konstruktion des Bootes ist entsprechend alt.

Nº 4
POWER PUR:
TÊTE-À-TÊTE DER ZWÖLFER

Im Alsenfjord liegt versteckt im nördlichen Teil der Insel Als, nur über den schmalen »Steg Gaf« erreichbar, die malerische, von vielen Seglern als schönste Bucht Dänemarks bezeichnete Dyvig. Die Bucht ist klein und heimelig, fast eher in der Atmosphäre eines Sees, dabei doch angeschlossen an das Meer, die Ostsee, die Weite. In Kombination mit dem idyllischen »Dyvig Badehotel«, das harmonisch in die Landschaft passt, als wäre es mit ihr entstanden, findet man hier einen selten feinen Sehnsuchtsort für skandinavische Sommerfrischler. Einmal im Jahr werden Hotel und Bucht zum Treffpunkt der europäischen 12mR-Szene. Für die Tune Up Dyvig, die Auftaktregatta im Vorfeld des jährlichen Robbe & Berking Sterling Cup auf der Flensburger Förde, kommen die Teilnehmer in familiärer Runde zusammen und genießen die charmante Natürlichkeit.

Tête-à-tête liegen die temperamentvollen Yachten im Hafen vor dem Hotel und warten auf ihren Einsatz, während die Crews an Land bei schlichtem Barbecue ein Wiedersehen feiern. Je nach Wetter geht es dann unter Vollzeug mit viel Power und eleganter Energie zuerst in einer Dreiecksregatta und am folgenden Tag in einer Überführungsfahrt nach Flensburg zur Sache. Als Auftaktveranstaltung für die Teilnehmer ist es ein erstes Kräftemessen und eine Art Generalprobe, wie gut die bis zu 16-köpfigen Crews an Bord harmonieren. Für die Zuschauer an Land ein imponierendes Spektakel, wenn im Sund die Dimensionen der Zwölfer und ihre mächtige Würde nahezu hautnah erlebt werden können.

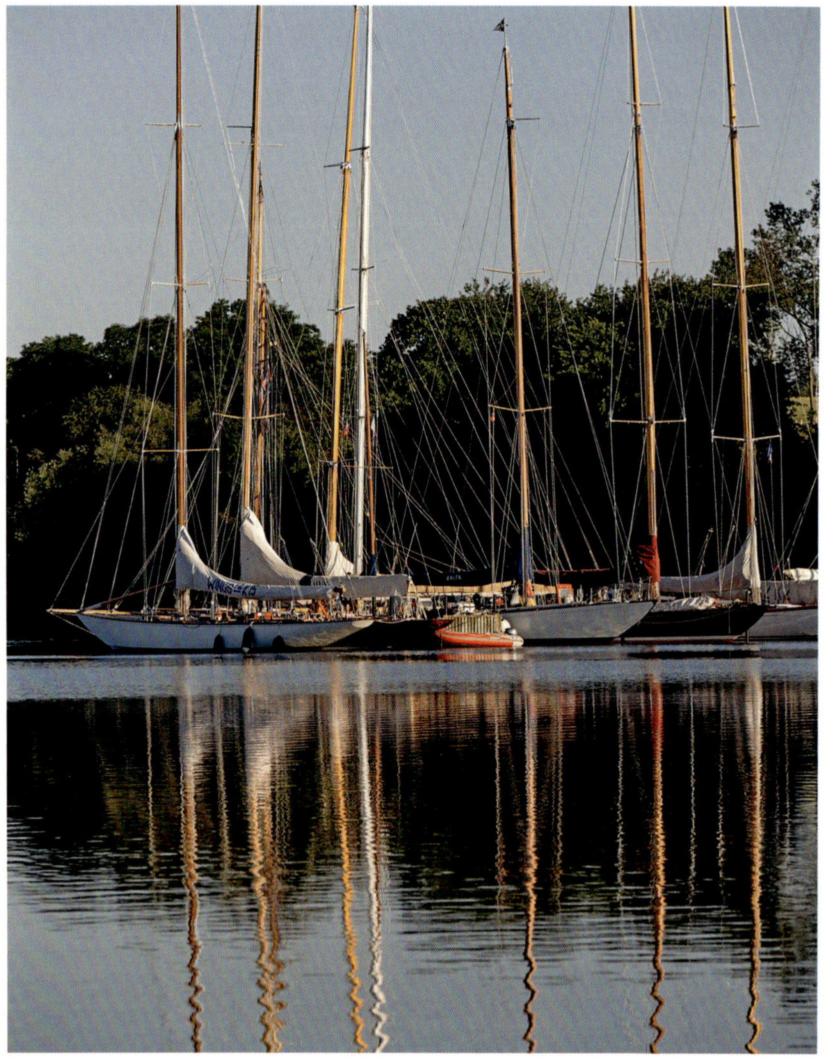

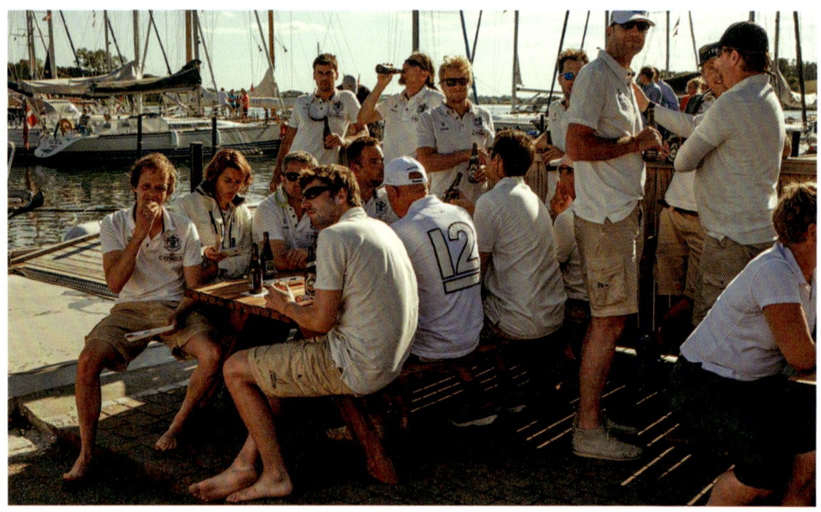

KLEINE BUCHT FÜR GROSSE YACHTEN
In der süddänischen Dyvig hatten schon die Wikinger ihren Unterschlupf. Jetzt findet hier zum Auftakt der 12mR-Wettfahrten ein Luvkampf statt. Die Crews auf den historischen America's-Cup-Yachten verlassen sich auf Taktik und Muskelkraft, um in den engen Fahrwassern vorn dabei zu sein. Atemberaubende Bilder, auch für Zuschauer an Land.

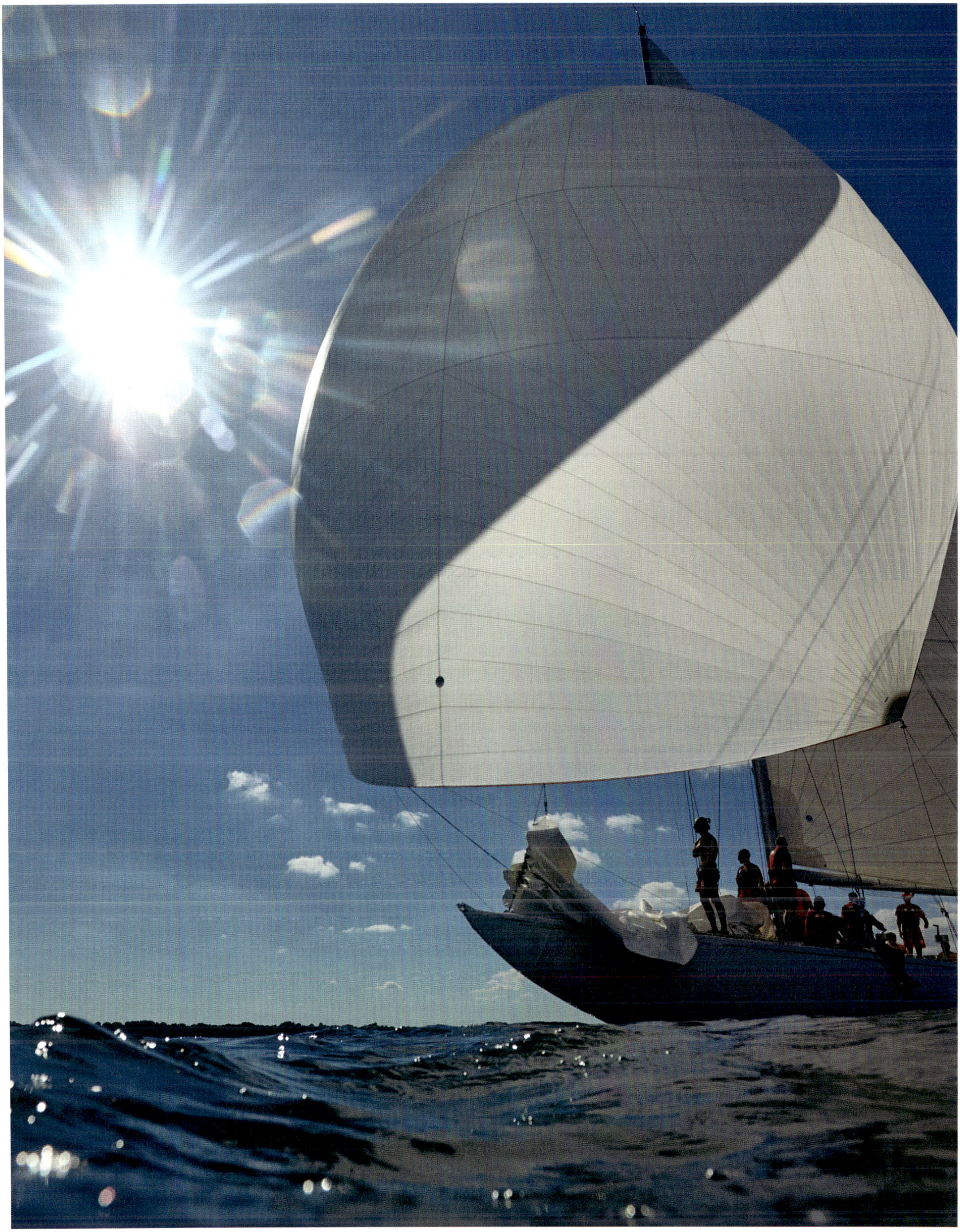

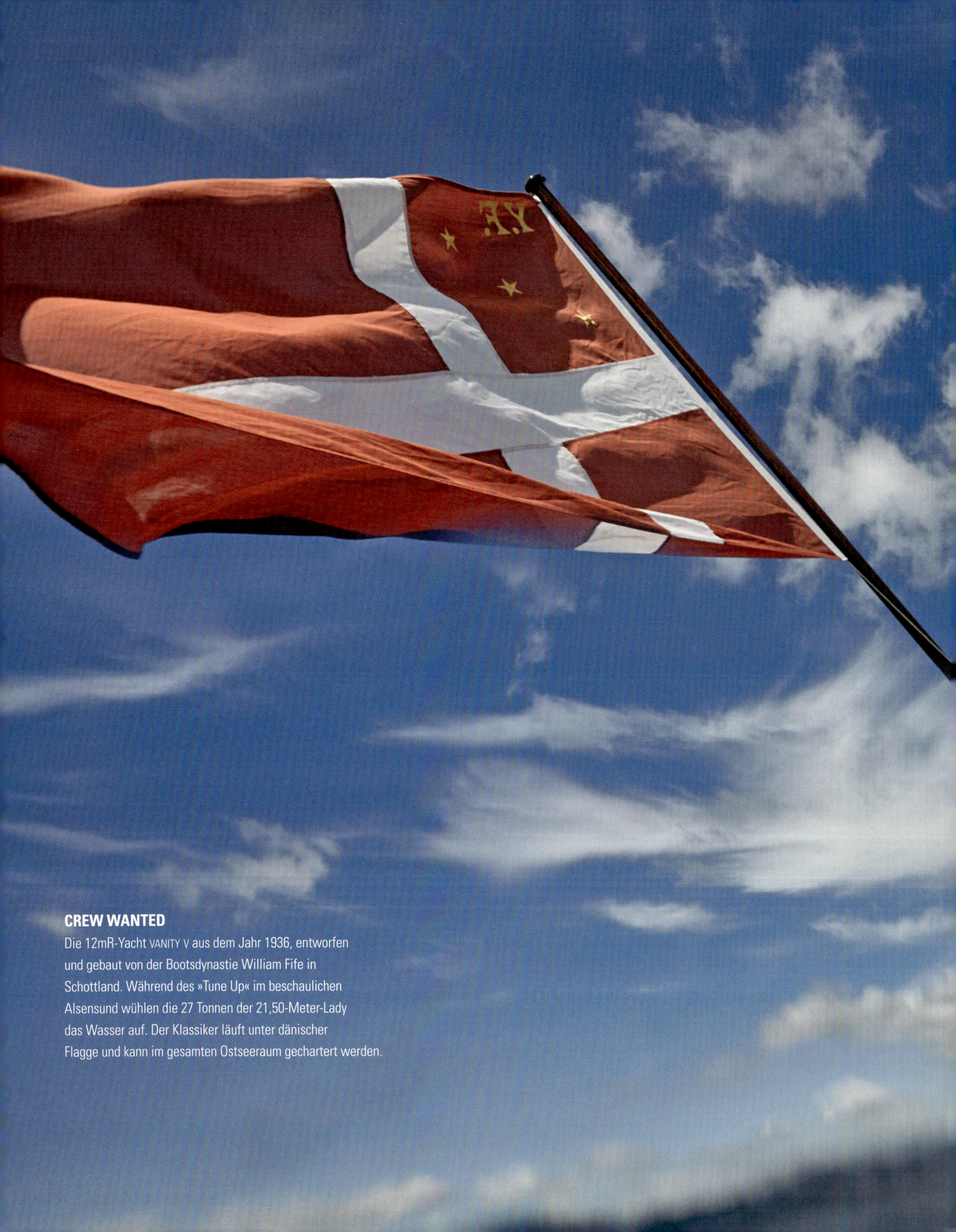

CREW WANTED

Die 12mR-Yacht VANITY V aus dem Jahr 1936, entworfen und gebaut von der Bootsdynastie William Fife in Schottland. Während des »Tune Up« im beschaulichen Alsensund wühlen die 27 Tonnen der 21,50-Meter-Lady das Wasser auf. Der Klassiker läuft unter dänischer Flagge und kann im gesamten Ostseeraum gechartert werden.

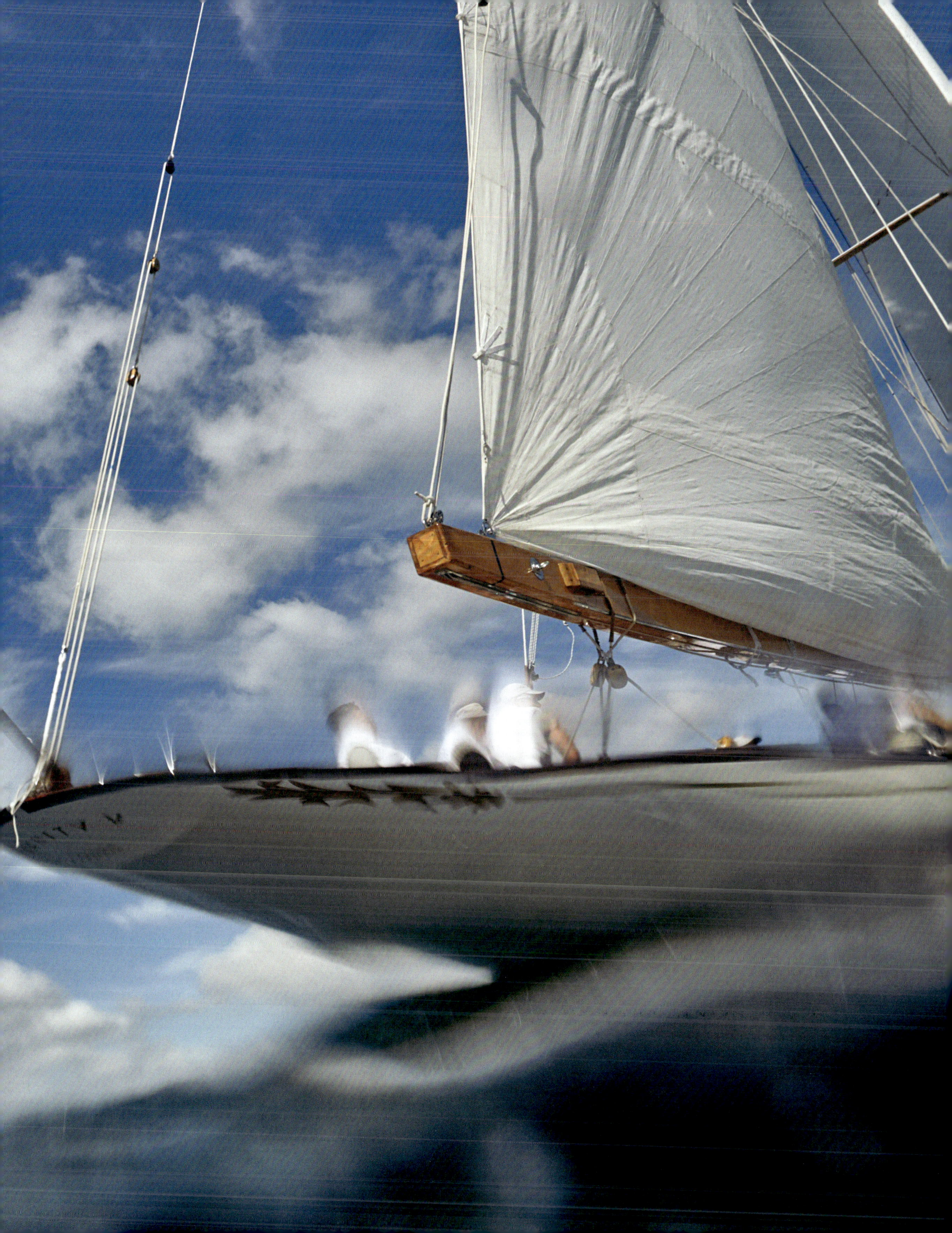

2

BEI DEN SCHOTTEN UND BRITEN

UNTERWEGS IN DER WIEGE DES REGATTASPORTS

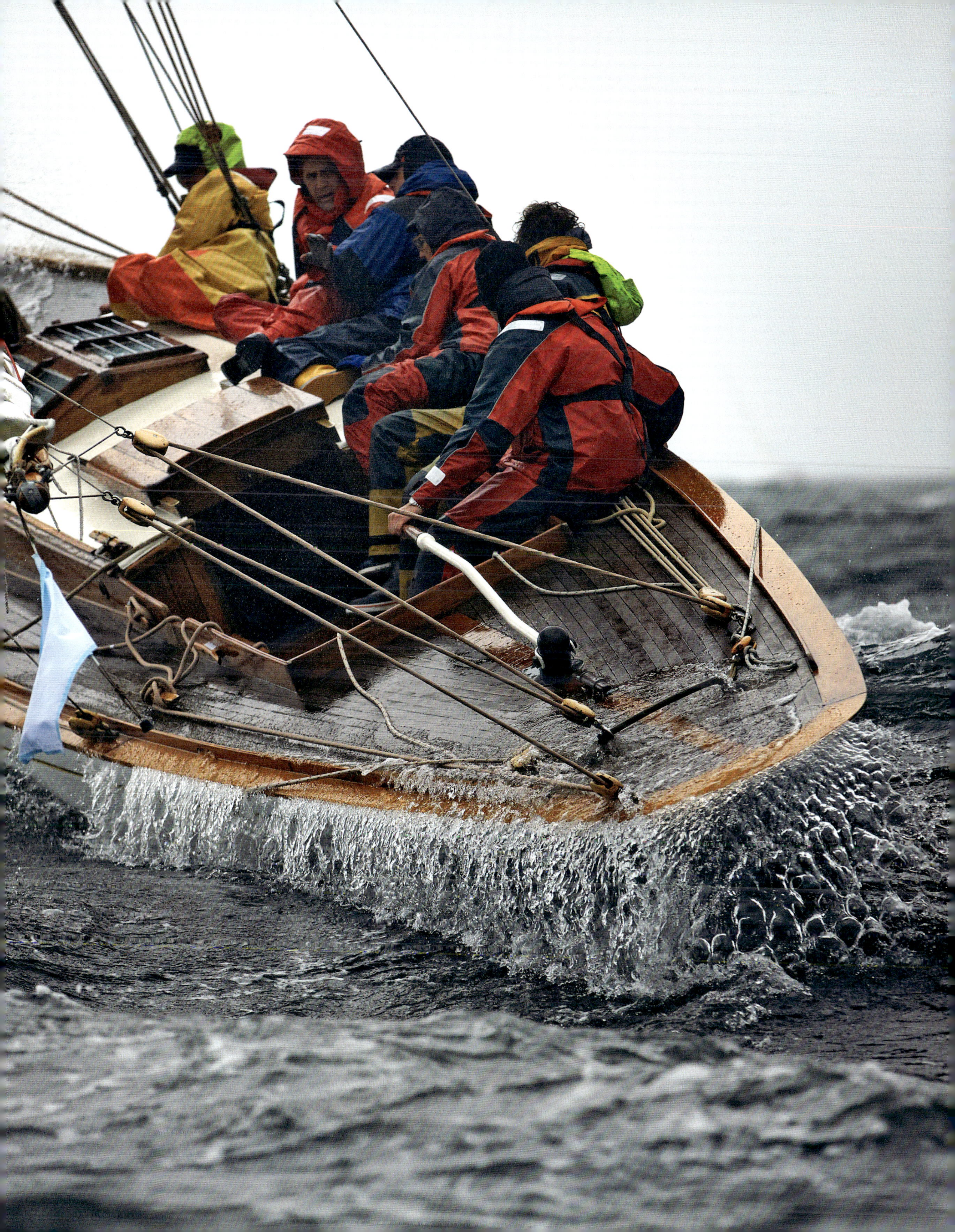

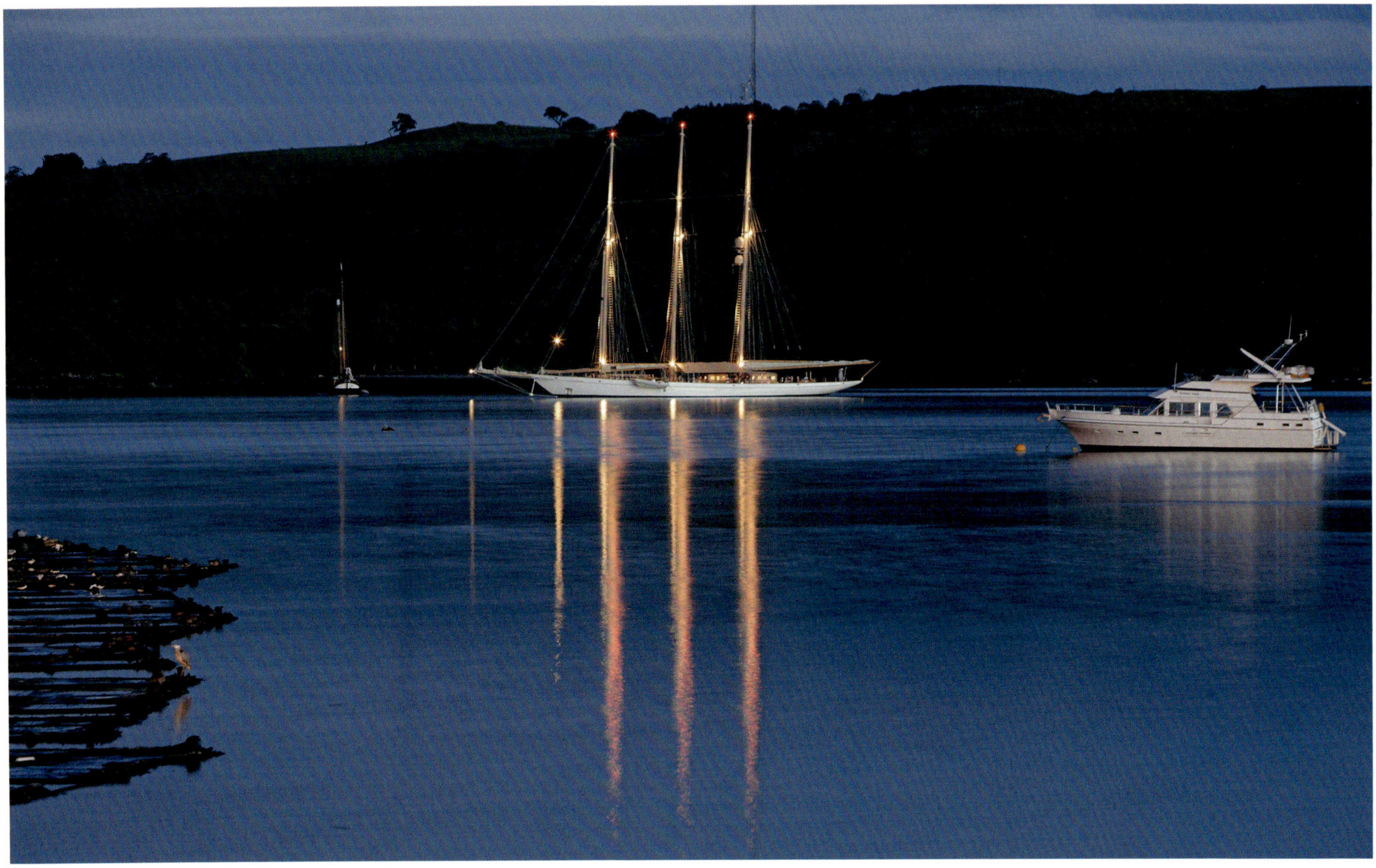

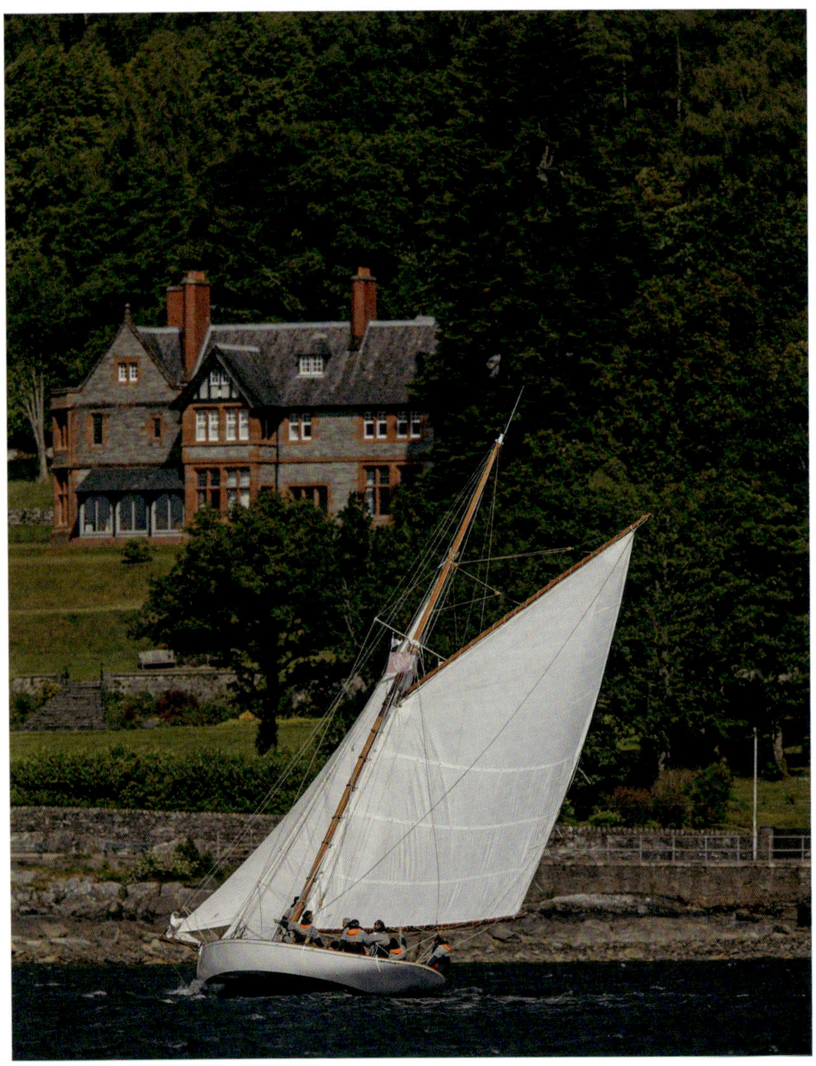

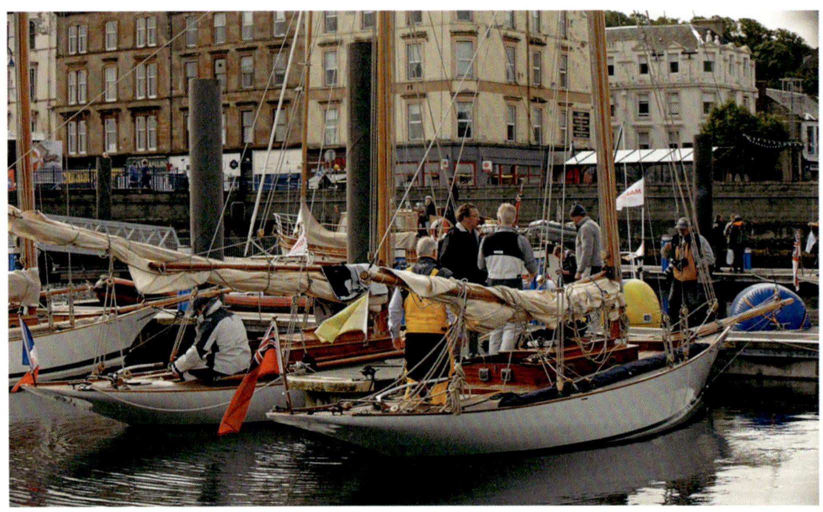

DIE WIEGE DER SCHNELLEN YACHTEN

In der schroffen Inselwelt des Clyde treffen sich alle vier Jahre die Jünger mit ihren Reliquien aus Holz, Hanf und Leinen und feiern die Bootsbaudynastie Fife & Sons, ihre Boote und sich selbst. In einem wilden Ritt geht es in Etappen durchs Revier. Viel Wind im Segel, Wasser von oben und Whisky im Glas natürlich inklusive.

SEEFAHRER IM REGATTAFIEBER: KAUM EIN LAND SPIELT IN DER GESCHICHTE DES REGATTASPORTS EINE GRÖSSERE ROLLE ALS ENGLAND.

Die Seefahrernation war von Beginn des Yachtsports an auch eine Regattanation. Ob Segelclubs, famose Segler, Regatten oder Konstrukteure – der Urknall des Wettfahrtsegelns fand entlang der Küsten Großbritanniens statt. Zahlreiche frühe Segelclubs wurden in England gegründet, die ersten Regatten in England ausgesegelt, die ersten internationalen Rennregeln – die der Meterklassen – in England festgeschrieben, die erste Niederlage im America's Cup fand in England statt. »Majestät, es gibt keinen Zweiten«, erklärte man damals der britischen Königin Victoria, als sie nach dem überlegenen Sieg der AMERICA fragte, wo denn der zweite sei. Eine Antwort, die bis heute die prestigeträchtigste Regatta der Segelwelt prägt.

Aber auch das Wirken britischer Konstrukteure reicht weit bis in die aktuelle Zeit hinein. Die ergreifend anmutigen Yachten der schottischen Fife-Dynastie demonstrieren noch heute auf den Regattabahnen vor Saint-Tropez, Cannes oder Palma Segeln in seiner fantastischen, glamourösen, kraftstrotzenden, prunkvollen, dabei ästhetischen und formschönsten Vollendung.

Die Klassikerszene selbst erlebt in England seit Anfang 2000 einen deutlichen Aufwind – neben den Regatten in Cowes entstanden entlang der englischen Südküste eine Reihe bemerkenswerter Regatten. Die Fife Regatta im schottischen Clyde war da schon initiiert.

N° 1
PILGERREISE IN DIE HEIMAT DER WUNDERSCHÖNEN: DIE FIFE REGATTA AM CLYDE

Schroffe Hügelwelten, saftgrüne Wiesen, wolkenverhangene Gipfel und steinige Ufer von einer Sorte, wie es schottischer kaum sein kann, davor aufgeblähte weiße Segel über anmutigen Yachtrümpfen – die perfekte Kulisse für ein Klassikerfestival der Extraklasse. Etwa alle fünf Jahre treffen sich Ende Juni im Clyde Fjord die maßlos übertakelten Schönen mit den schlanken und vor allem schnellen Linien aus dem Hause Fife, um unter ihresgleichen zu sein. Aus den unterschiedlichsten Ländern kommen sie angereist – über den Wasserweg oder auf dem Tieflader –, um bei dem Symposium der William-Fife-Yachten in ihren Heimatgewässern dabei zu sein. Hier wollen sie eine Woche gemeinsam segeln, regattieren und den ein oder anderen Whisky auf die Zeichner ihrer Yachten heben: auf William Fife I., William Fife II. und William Fife III. Ob Großvater, Vater oder Sohn – in der Segelwelt ist die Fife-Dynastie ein Synonym für Schönheit, Geschwindigkeit und Qualität. In Fairlie etablierten sie eine Werft mit Weltruhm. Formvollendete und vor allem schnelle Entwürfe für Schoner, Kutter, Meterklassen, viele 6mR-Yachten, verschiedene One-Design-Klassen, aber auch Fahrtenyachten und Hochseesegler kommen von hier. Als einer der besten Yachtdesigner der Geschichte wurde William Fife III. in die America's Cup Hall of Fame aufgenommen. Seine berühmte SHAMROCK III, die er für den America's-Cup-Herausforderer Thomas Lipton gezeichnet hatte, unterlag zwar der amerikanischen RELIANCE, gehörte dennoch weit und breit zu den schnellsten Schiffen ihrer Zeit. Die Fife-Werft existiert heute nicht mehr, die Yachten, zumindest viele davon, schon.

Für die Regatta sammelt sich ein buntes Sammelsurium sämtlicher Fife-Konstruktionen im Clyde Fjord. Ob 100-Fuß-Yacht, Schoner, Gaffelkutter, Achter oder Sechser – gemeinsam machen sie sich hier

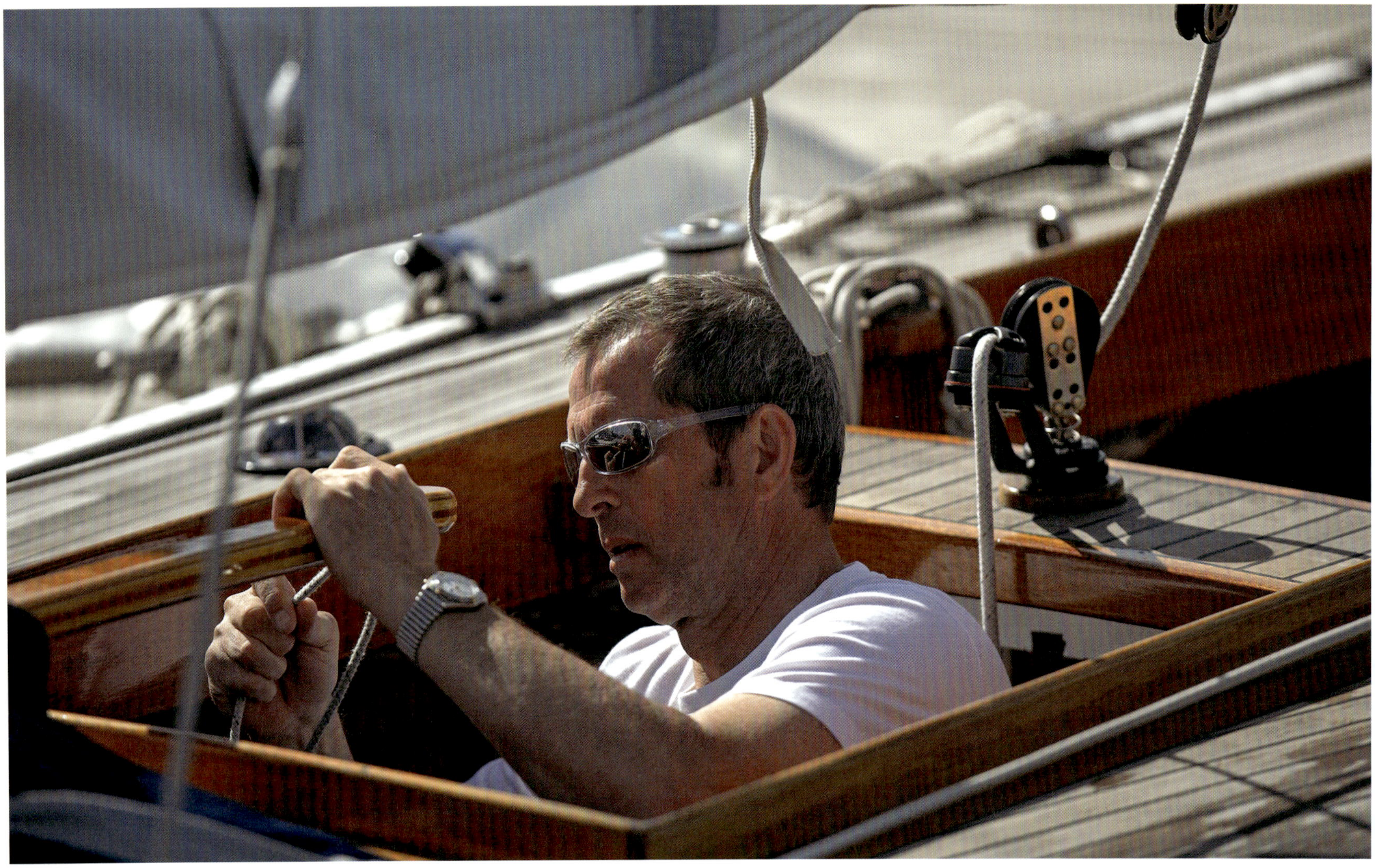

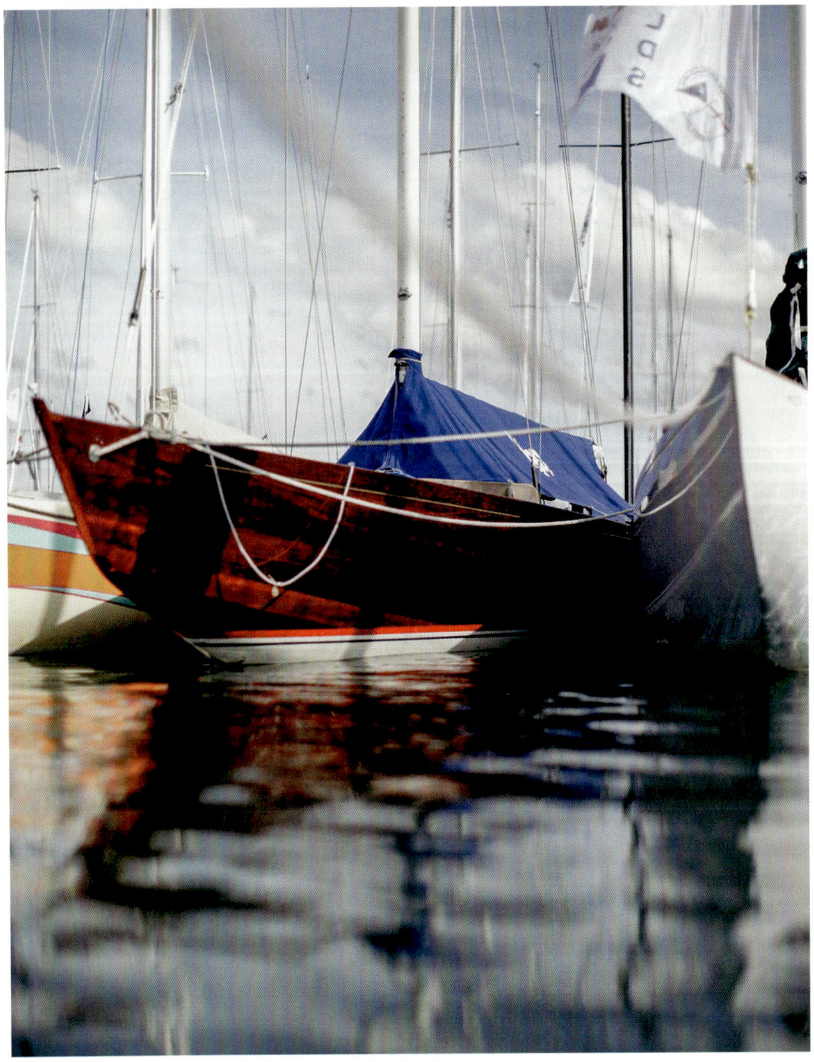

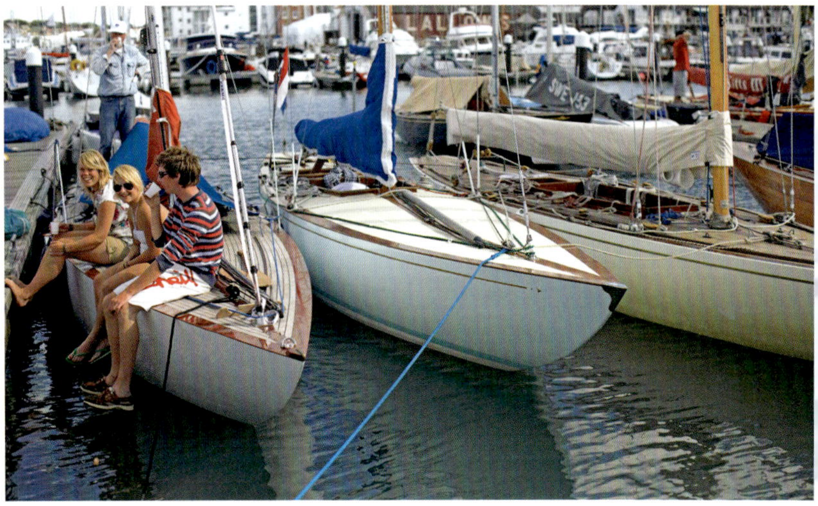

TRADITION IM TAKT DER TIDE

Im Juli kocht das Wasser um Cowes. Nicht nur wegen des starken Tidestroms im anspruchsvollen Revier des Solent, vor allem wegen der Vielzahl klassischer Yachten, die sich im Segelzentrum des ehemaligen Empire für anspruchsvolle Wettfahrten oder spezielle Meisterschaften treffen.

auf eine urige Rallye um die Inseln von Hafen zu Hafen, ein Schaulaufen der Allerschönsten und für die Teilnehmer ein Familientreffen der ästhetischen Art.

Treibende Köpfe hinter dem Fife-Spektakel an der Südküste des Firth of Clyde, knapp 40 Kilometer südwestlich von Glasgow, sind die beiden segelbegeisterten Geschwister Alastair und Fiona Houston. Zu Hause an solch einem bedeutenden Ort der Segelgeschichte, war es für sie eine Art Muss, dieses Festival zu initiieren. 1998 realisierten sie die Fife Regatta zum ersten Mal, 2003, 2008 und 2013 noch einmal, 2022 soll folgen. Eine Veranstaltung von Enthusiasten für Enthusiasten. Und wenn sie dann alle da sind, ist der Fjord voll von alten Fife-Yachten, die stolz ihre weiße Segelgarderobe vor charakteristisch schottischem Hintergrund über die Wellen tragen, und selbst segelfremde Touristen an Land kommen nicht umhin, von dieser Schönheit und Eleganz in den Bann gezogen zu werden.

Ein Klassikertreffen der Hochkaräter: einmalig und ausgesucht elitär auf seine Art – eben nur für Fife-Yachten.

»C-O-W-E-S – DAS ERZEUGT EINEN MÄCHTIGEN KLANG IN SEGLEROHREN.«

N^O 2

REGATTIEREN IN DER WIEGE DES SEGELSPORTS: COWES CLASSIC WEEK UND BRITISH CLASSIC WEEK

C-O-W-E-S – das erzeugt einen mächtigen Klang in Seglerohren. Inbegriff seglerischer Tradition und Geschichte, begriffliche Heimat des Segelsports und Ursprung der europäischen Regattageschichte. Austragungsort der angesehensten Regatten, wie der Cowes Week, dem Fastnet Race, des Admiral's Cup und des ersten America's Cup. Geburtsstätte des berühmten Zitats »Majestät, es gibt keinen Zweiten.« An diesem kleinen Ort auf der Isle of Wight hat das Segeln zu Vergnügungszwecken seinen Anfang gefunden. Hier, zwischen Isle of Wight und Southampton, wurde der Solent zu Englands beliebtestem Segelrevier – inklusive Tiden- und Strömungsverhältnissen, die ihresgleichen suchen. Wer hier segelt, segelt in der Wiege des Segelsports.

Mittendrin: der altehrwürdigste Segelclub Großbritanniens, der Royal Yacht Squadron, mit seinem reputablen Clubhaus im imposanten Cowes Castle aus dem Jahre 1539. Seine Mitglieder sind die einzigen, die auf ihren Yachten statt der für Zivilfahrzeuge vorgesehene Nationalflagge (Red Ensign) die Seekriegsflagge White Ensign der Royal Navy setzen dürfen. Seit 1826 – also seit beinahe 200 Jahren – wird hier die berühmte Cowes Week ausgetragen. Die legendären Kanonen vor dem Clubhaus schießen noch heute zum Start und Zieleinlauf der Wettfahrten, die teilnehmenden Boote sind dabei immer mit der Zeit gegangen, einen eigenen Raum für Klassiker gibt es hier nicht. Dafür haben sich die British Classic Week und die Cowes Classic Week etabliert.

Die Britisch Classic Week wurde 2002 mit damals zehn Yachten zum ersten Mal veranstaltet. Heute gehört sie zu den wichtigsten Veranstaltungen für klassische Yachten im britischen Segelkalender und zählt über 80 Yachten in fünf verschiedenen Klassen. Organisiert wird das Festival vom British Classic Yacht Club (BCYC), einem Verein, der

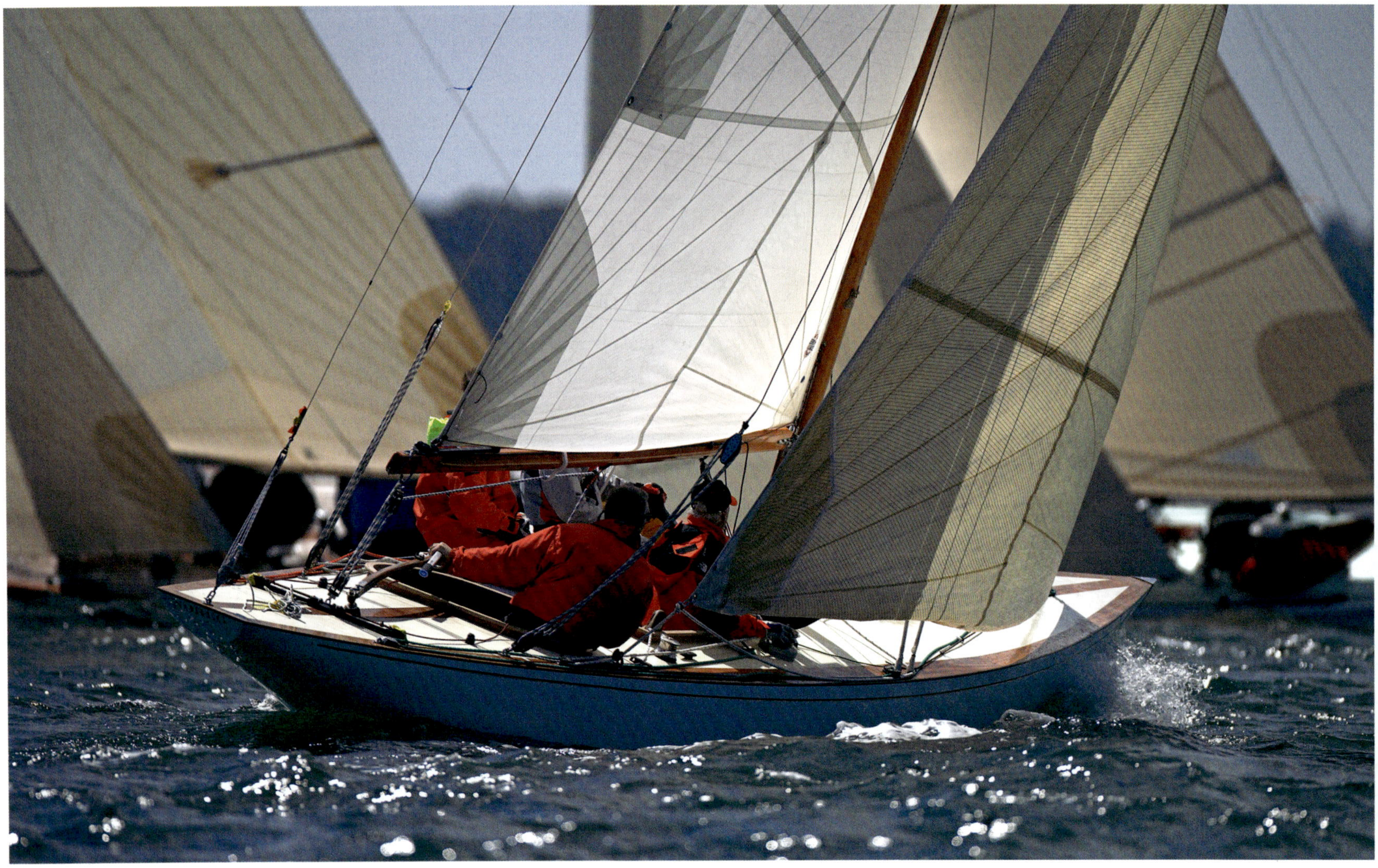

sich – ähnlich wie der deutsche Freundeskreis Klassische Yachten – zum Ziel gesetzt hat, »Besitz, Kenntnis und Wertschätzung klassischer Yachten zu fördern.« Die Wettfahrten starten und enden auf der berühmten »RYS-Linie« direkt vor dem Royal Yacht Squadron, was für Fotografen und Zuschauer an Land die Gelegenheit bietet, das ehrwürdige Geschehen auf dem Wasser unmittelbar zu beobachten. Überhaupt bieten sich entlang der Küste der Isle of Wight zum Teil spektakuläre Blicke auf den Solent und das dortige Regattageschehen. Vor und nach den Wettfahrten liegen die Holzschönheiten englischer Yachtbautradition gemeinsam im Cowes Yacht Haven und feiern eine Art Reminiszenz an die Historie von Ort und Sport.

Eine zweite große Klassikerveranstaltung direkt vor Cowes ist die Cowes Classic Week, die 2008 zuerst als reine Meterbootregatta vom Royal London Yacht Club initiiert wurde, sich dann aber schnell für alle klassischen Yachten öffnete. »Ganz besonders englisch«, beschreiben Teilnehmer die Veranstaltung – und in der Tat gehören das »Socialisen« bei nachmittäglichem Tee oder Party und Dinner in den verschiedenen Clubs neben dem Regattaprogramm zum festen Bestandteil der Veranstaltung. Unter den fast 200 teilnehmenden Booten sind viele typische englische Revierklassen, wie Solent Sunbeams, Swallows oder Bembridges. Gegenüber der Cowes Week ist die klassische Ausgabe deutlich ruhiger und zurückhaltender, was dem Regattaniveau keinen Abbruch tut: Unter den Teilnehmern sind – so die Organisatoren – Olympioniken, Welt- und Europameister zu finden. In einer Segelnation wie Großbritannien gibt es davon bekanntlich nicht wenige.

MEISTERSCHAFTEN DER METERKLASSEN
Der Solent ist ein herausforderndes Revier.
Die 6mR NOREG auf der Regattabahn vor Cowes.

VOLLE SEGEL
Besonders die Meterklassen nutzen das traditionelle Revier für ihre Wettfahrten, und viele internationale Crews sind bei den Wettkämpfen dabei. Vor dem Wind geht's mit den Spinnakern Kurs Ziellinie (folgende Doppelseite).

NADA: PURE ELEGANZ

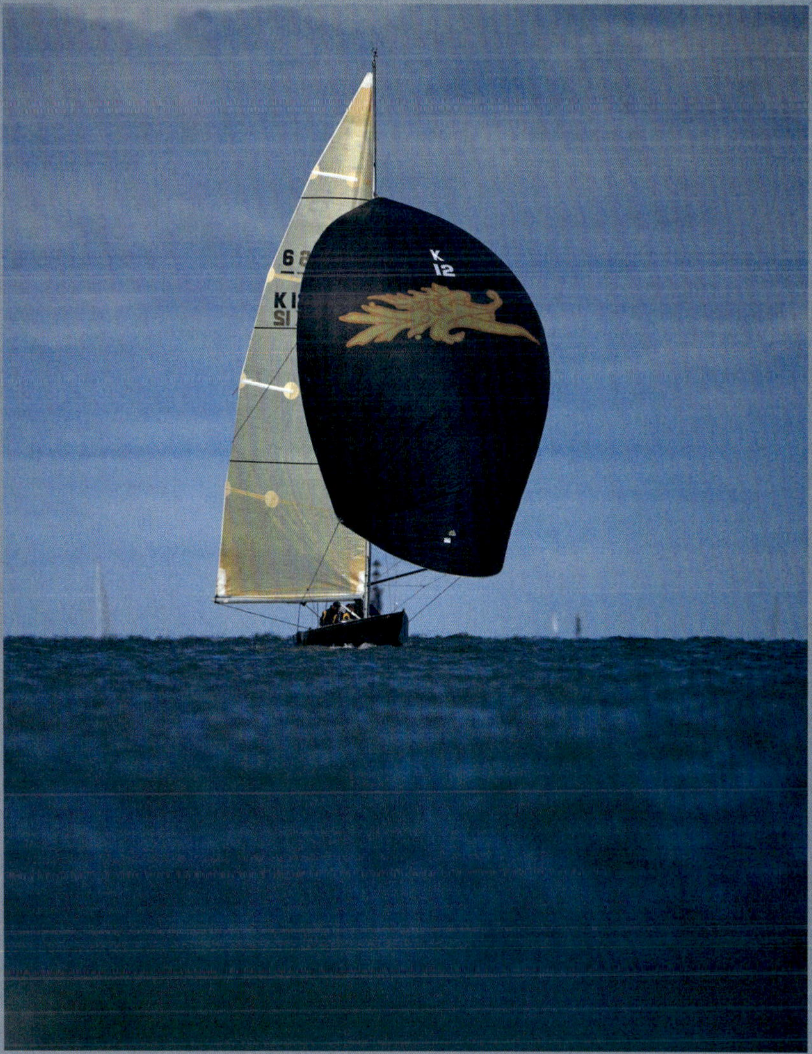

Die 1930 von William Fife III. gebaute 6mR-Yacht NADA ist eine wunderschöne, anmutige und typische Vertreterin der klassischen Fife-Yachten. Elegant geschwungen, harmonisch von Bug bis Heck, dabei schnell – nicht nur bei wenig Wind. William Fife III. war ein Meister darin, die konstruktiven Möglichkeiten der Meterformel optimal auszunutzen und dabei die äußeren Linien in ein Gesamtkunstwerk zu verschmelzen, das noch heute jedes Auge erfreut. Fife-Yachten werden als »Stradivari« oder »Ming-Vasen« der Segelyachten bezeichnet, als »segelnde Juwelen, deren Linien auch heute noch reine Poesie sind.« Ihr Emblem, an dem man sie alle erkennt: ein markanter, in den Bug geschnitzter Drachenkopf am vorderen Ende der Ziergöhl, der sich am Rumpf entlang bis zum Heck zieht, wo er in der Regel in einer aufgefächerten Ähre endet – mit echtem Blattgold überzogen. Keine zwei Drachen sind identisch, jeder – so die Fife Yacht Association – ist leicht unterschiedlich.

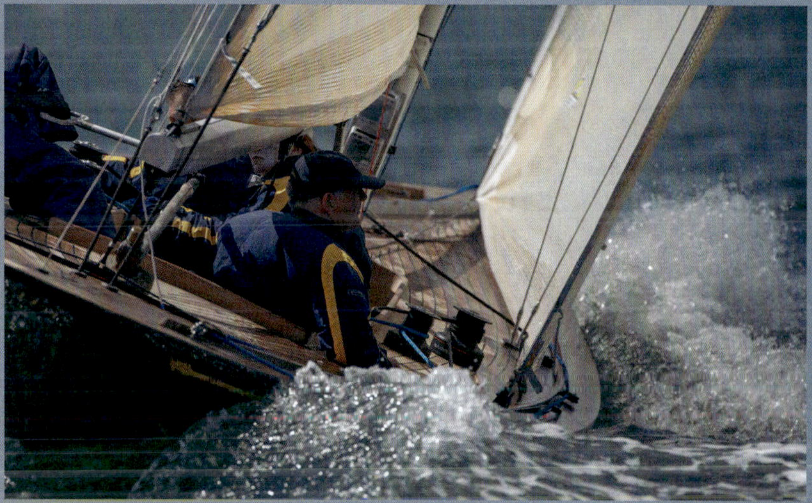

Die Sechser waren die zweitkleinste der ab 1906 neu geschaffenen Meterklassen und neben den Achtern vor allem in ihrer Blütezeit, den 20er- und 30er-Jahren des 20. Jahrhunderts, die wichtigste internationale Yachtrennklasse – immerhin hatten sie von 1908 bis 1952 über 44 Jahre lang olympischen Status.

Die NADA hat ein vielseitiges Leben hinter sich. Gesteuert von Frederik Gilbert Mitchell vertrat sie die britische Mannschaft bei der British-American Trophy 1932 in Cowes. Selbst Uffa Fox hatte die schnelle Schönheit schon in seiner Werft. Später bereiste sie die Welt, wurde mehrfach vergessen und immer wieder restauriert, bis sie heute wieder in altem Glanz und überaus erfolgreich unterwegs ist. 2012 belegte sie bei der Euromeisterschaft den achten Platz, 2013 bei der Weltmeisterschaft ebenso; 2015 bei der WM wurde sie 15. und 2016 bei der EM sogar Zweite. Pure Eleganz mit ewigem Erfolgspotenzial.

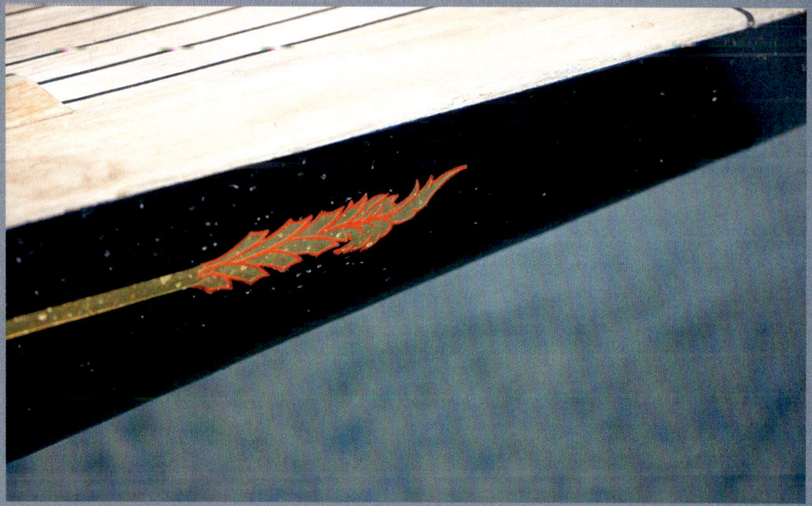

NADA, 6mR
Baujahr: **1930** / Konstrukteur: **William Fife III.** / Werft: **Fairly** /
Länge: **11,28 m** / Breite: **2,13 m** / LWL: **6,93 m**

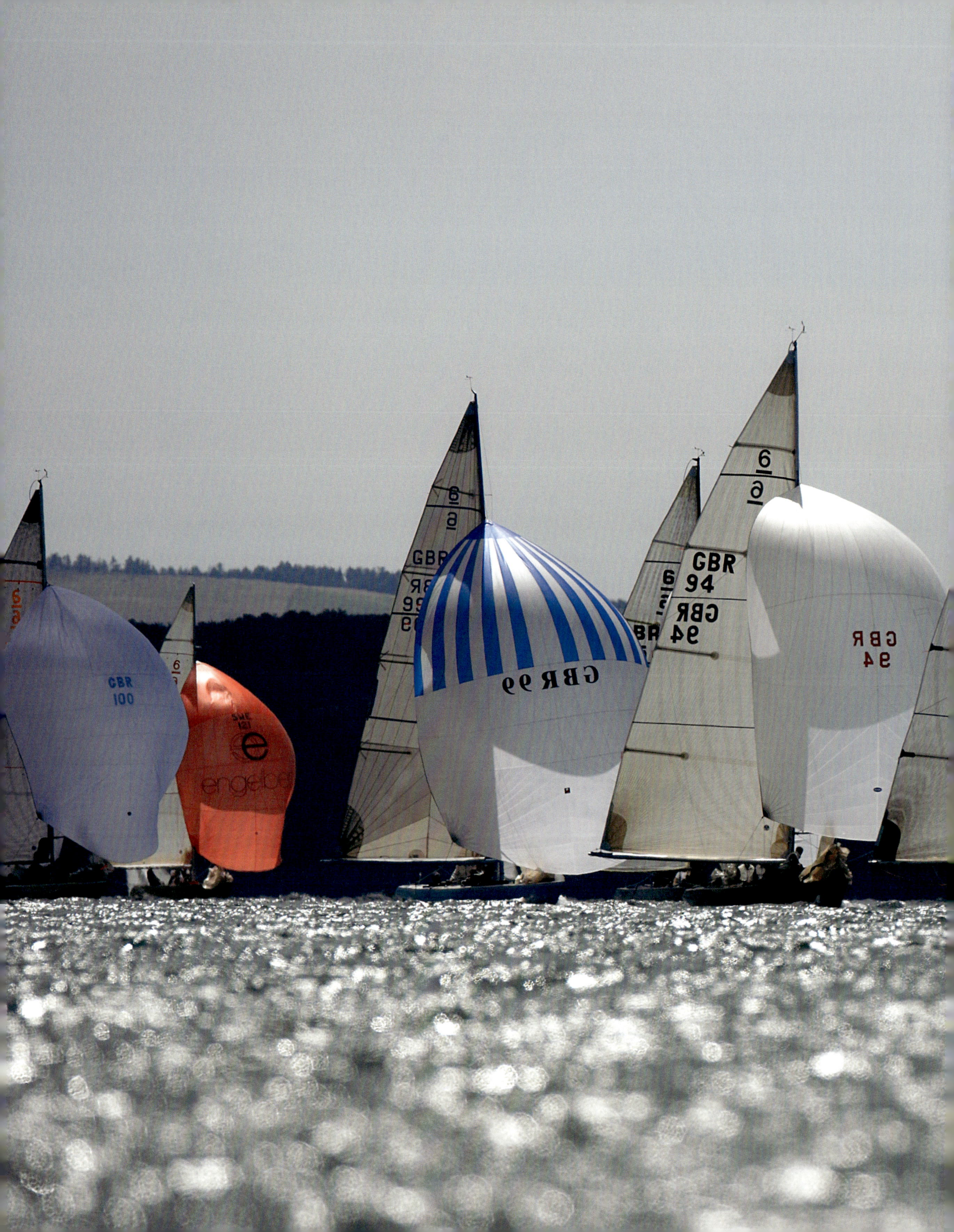

GBR
94
GBR
100

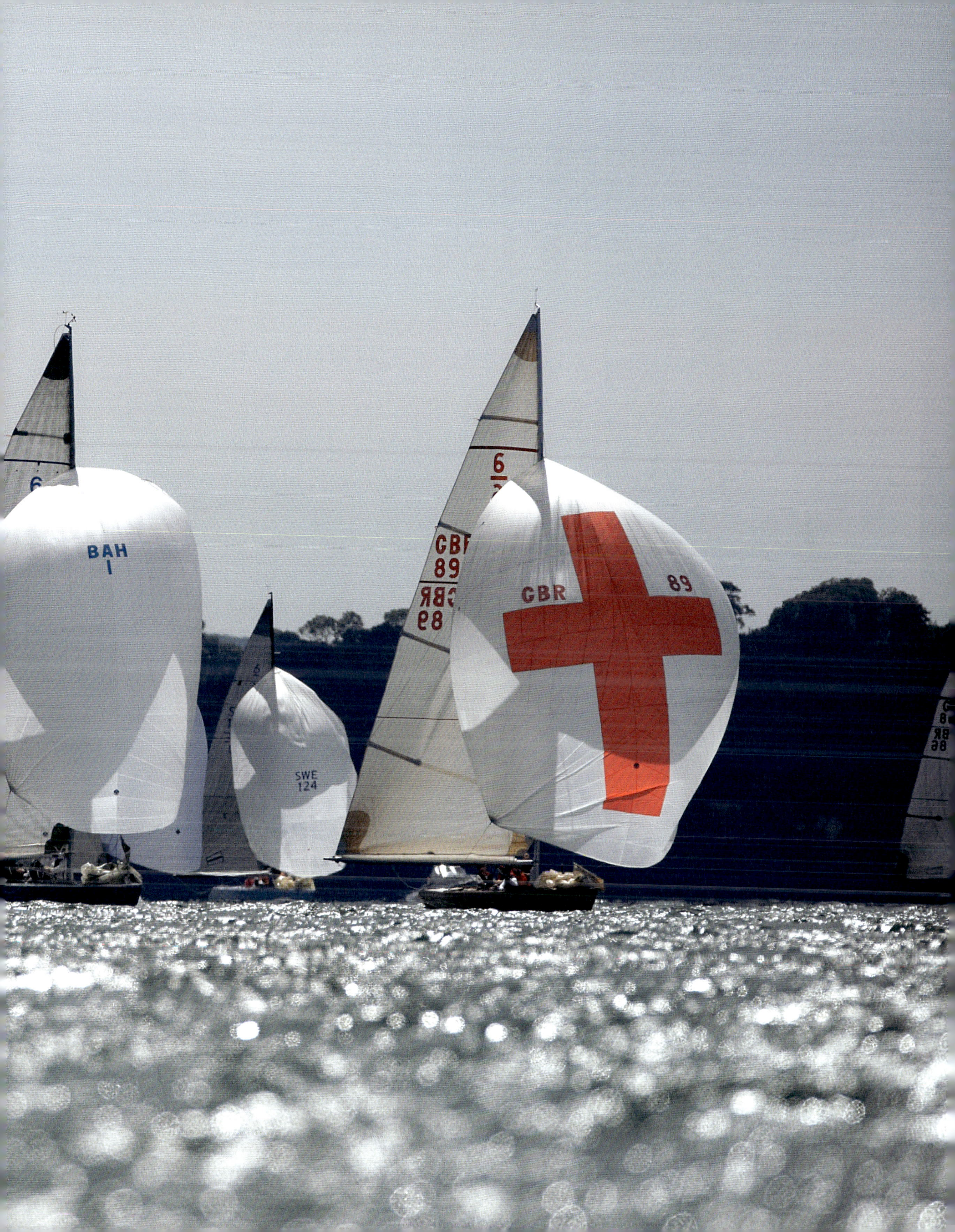
BAH
1
SWE
124
GBR
89
GBR 89

3

NORD DEUT SCHE OST SEE

WO DER STARTSCHUSS FÜR EINE RENAISSANCE DER KLASSISCHEN YACHTEN GEFALLEN IST

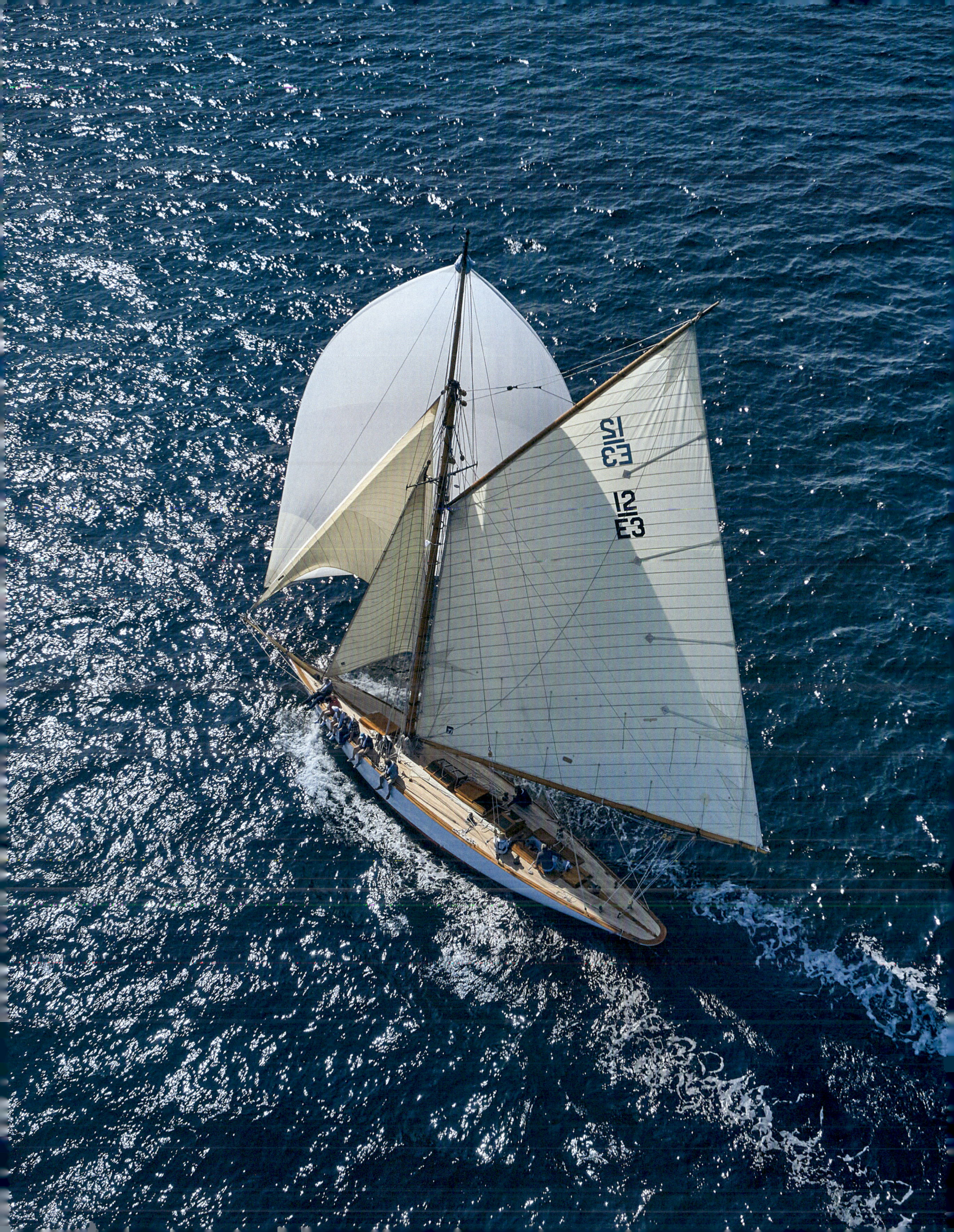

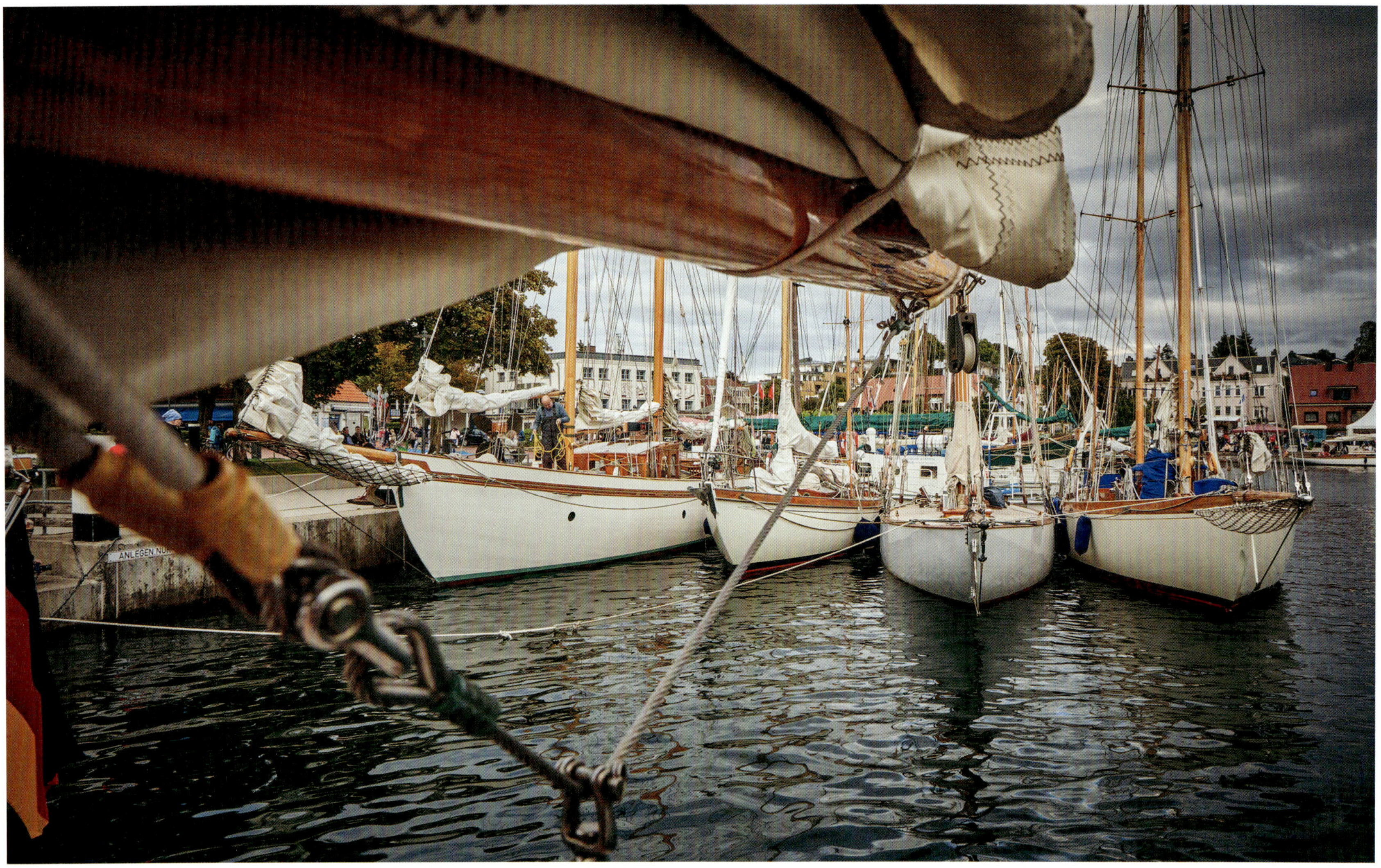

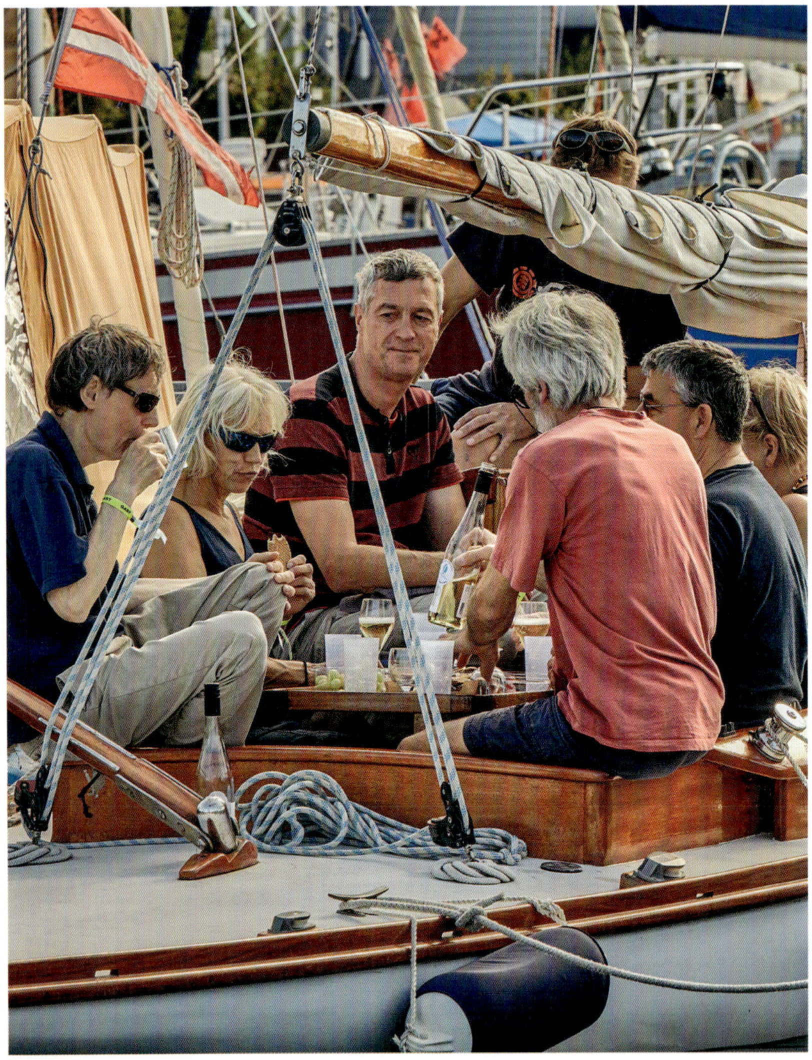

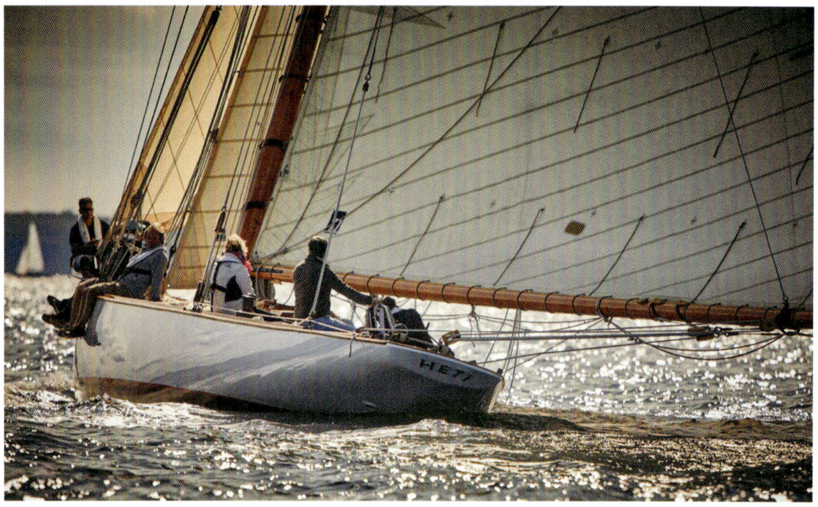

DAS HERZ DER NORDDEUTSCHEN HOLZSZENE
Mit mehr als 200 Teilnehmern ist die German Classics ein sehr erfolgreiches Race-Konzept mit Wettfahrten auf der Kieler Förde. Im Hafen findet zwischen den Seglern freundschaftlicher Erfahrungsaustausch statt.

HOCH IM NORDEN, AN DER OSTSEEKÜSTE ZWISCHEN FLENSBURG, SCHLEI UND KIEL, WO EINST KAISER WILHELM II. DEN SEGELSPORT IN MODE BRACHTE, FINDET SICH DIE KEIMZELLE DER DEUTSCHEN KLASSIKERRENAISSANCE.

Die Küste ist eine bunte Heimat der Bootsbastler, Holzwürmer, Traditionalisten und Messingliebhaber, die heute längst nicht mehr nur schrullige Exoten sind, sondern ganz im Gegenteil: Die Szene ist authentisch bis urig-kauzig, aber durchweg auch salonfähig. Holzbootliebhaber finden sich quer durch alle Bevölkerungsschichten, unabhängig vom sozialen Status, von der seglerischen Herkunft – die einen regattaaffiner und leistungsorientiert, die anderen tourenverliebt oder extrem originalgetreu.

Mittendrin zwei Menschen mit Visionen, die auf ganz unterschiedliche Art und Weise – beide mit viel Herz, Verstand und klarer Mission – der Holzbootszene eine große Bühne geschaffen haben: Wilfried Horns in Kiel mit seinem 1994 gegründeten Netzwerk »Freundeskreis Klassische Yachten« (FKY) inklusive aller Regatten, Symposien und dem Yachtsportarchiv, sowie einige Zeit später Oliver Berking in Flensburg mit der Gründung der Robbe & Berking Yachtwerft, dem »Yachting Heritage Centre« und dem Robbe & Berking Sterling Cup, wo sich heute die weltweit größte Flotte der klassischen Zwölfer-Rennyachten trifft.

Ob German Classics oder Rendezvous der Klassiker zur Kieler Woche, ob Robbe & Berking Sterling Cup, Schlank & Rank oder Classic Week: Namhaft sind sie alle hier, die Regatten genauso wie viele ihrer Teilnehmer und Teilnehmerinnen. Und auch wenn es unterschiedliche Reviere, Wettfahrtformate und Klassenschwerpunkte gibt, eint eines sie ganz besonders: Sie alle haben das gewissen Flair des »Place to be«. Wer hier dabei ist, gehört in die deutsche Klassikerszene, wer hier mitredet, der findet Gleichgesinnte, und wer hier gewonnen hat, von dem spricht die Szene nicht nur eine Saison lang. Über 30 Jahren ist es her, dass die ersten restaurierten Oldtimer neben gerade noch schwimmenden Holzbooten gemeinsam an den Start gingen. Von Anfang an waren echte Schönheiten dabei, frisch abgezogen, kalfatert und neu lackiert, oft in monate-, mitunter jahrelanger Eigenarbeit mit jeder Menge Sinn für Originalität. Vieles hat sich verändert seitdem, aber eines ist geblieben: die Liebe zu den alten Booten, egal ob kleiner Klassiker, seegängiger Kreuzer oder majestätische Rennyacht.

N° 1

VON DER OLDTIMER REGATTA ZUM SZENETREFF ÜBER DEUTSCHLANDS GRENZEN HINAUS: DIE GERMAN CLASSICS IN LABOE

Sie ist DIE Regatta der deutschen Klassikerszene, sie ist der Höhepunkt der nordeuropäischen Klassikersaison und sie ist von Anfang an die Bühne der Holzbootsegler und der frische Wind einer Liebhaberei, die alten Booten neues Leben gibt: Als Veteranenregatta 1989 gegründet und als »German Classics« berühmt geworden, zieht das Festival an der Kieler Förde Jahr für Jahr zwischen 140 und 160 Klassiker aus ganz Europa an, sogar 200 teilnehmende Boote zählte man schon. Seit über 30 Jahren wird Mitte August die Kieler Förde Kulisse für ein Stelldichein der Holzschönheiten und der Hafen von Laboe zum Kielschwein der Klassikerwelt.

»Dabei sein ist alles, einfach – egal ob kleines oder großes Boot – anmelden, das geht auch noch vor Ort in Laboe!« bewirbt der Freundeskreis Klassische Yachten seine einzigartige Veranstaltung, die nicht nur aus Regatten und Landprogramm mit Konzerten und Co. besteht, sondern mit der Vergabe des Restaurierungspreises jedes Jahr aufs Neue Eigner animiert, alte Klassiker zu sanieren, renovieren und vor allem zurück aufs Wasser zu bringen.

Die Vielfalt der teilnehmenden Yachten hat ihren ganz besonderen Reiz, und wenn die liebevoll restaurierten Yachten und Jollen aus den Anfängen des Yachtsports den alten Hafen an der Kieler Außenförde belegen, lohnt sich ein Besuch für Teilnehmer und Gäste gleichermaßen. Ein Wochenende lang findet man hier »Yachtsport aus fast 100 Jahren in fast allen Größen, Takelungsarten und Materialien des klassischen Bootsbaus«, inklusive dem »magischen Licht der German Classics«, wenn sich die faszinierend warmen Farben des spätsommerlichen Sonnenuntergangs im honigfarbenen Lack der Holzmasten spiegeln. »Sie ist die große alte Dame der Klassikerregatten« schwärmt Jan Lohrengel, Mitglied im Freundeskreis Klassische Yachten und begeisterter Teilnehmer quer durch die Klassikerregatten »Küste«.

Die German Classics war von Anfang an (auch wenn sie damals eben noch Veteranenregatta hieß) Vorbild für die vielen neuen Regatten, die mit den Jahren überall entstanden und heute aus dem Regattakalender nicht mehr wegzudenken sind. Bis 1994 war sie die einzige Regatta im Norden, dann kamen 1995 das Flensburger Klassiker Festival und 1997 die Havel Klassik sowie das Rendezvous der Klassiker zur Kieler Woche hinzu. Seit ihrer ersten Austragung ist die Veranstaltung wie eine Art Spiegel der Szene. An ihr und ihrem Teilnehmerfeld erkennt man den Wandel der Zeit und auch die »Moden«, die die Szene durchlebt hat. Unrestaurierte Boote – wie zu Anfangszeiten noch häufig – findet man heute kaum noch. Der Reiz des Erhaltens, des Wertschätzens und des Herrichtens scheint ansteckend zu sein. Ein großes Stück trägt dazu der jährlich neu ausgeschriebene Restaurierungspreis bei. Wilfried Horns und dem FKY ist es gelungen, mit diesem Preis eine Sensibilisierung für das Kulturgut »Holzboot« zu schaffen. Zumal diese Würdigung eben auch ganz besonders auf Originalität setzt:

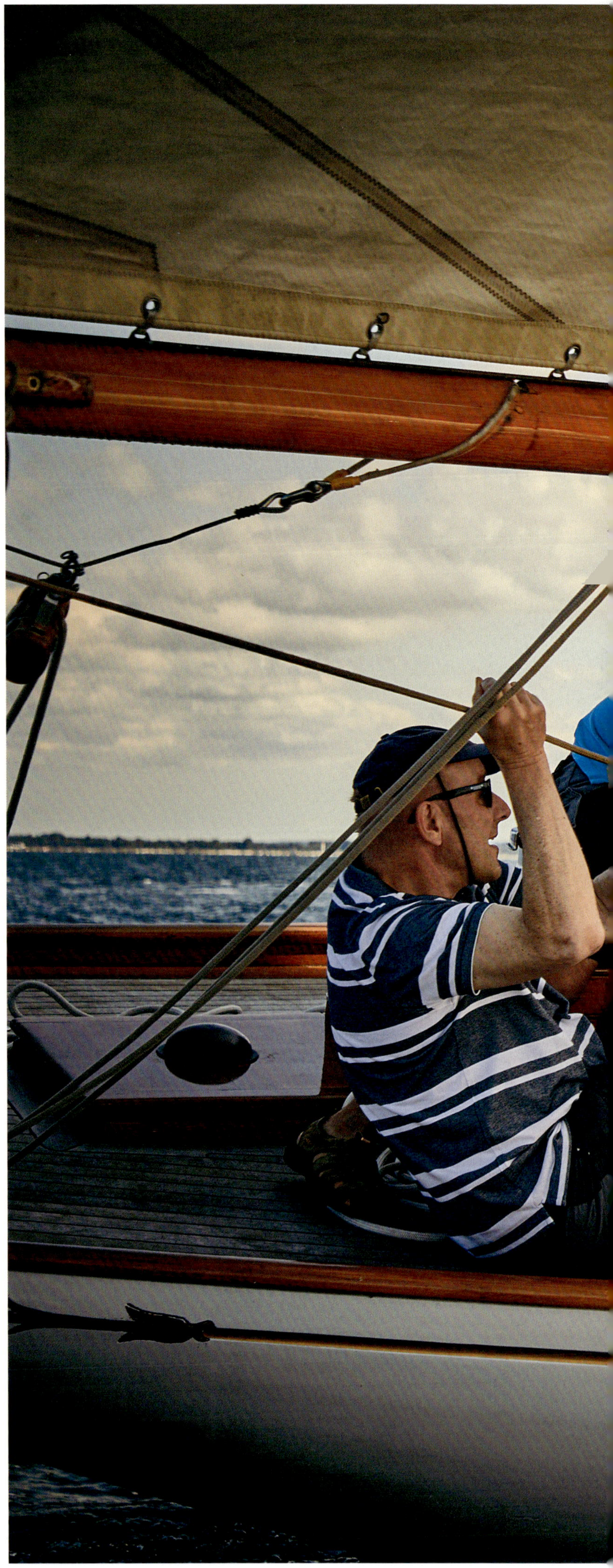

ALLE HÄNDE AN DECK
Segeln ist Teamwork, die Crew der klassischen Kreuzeryacht MINGARY aus Maasholm an der Schlei holt an der Kreuz den Besan dicht. Hier können auch Gäste anheuern, um bei den Regatten dabei zu sein.

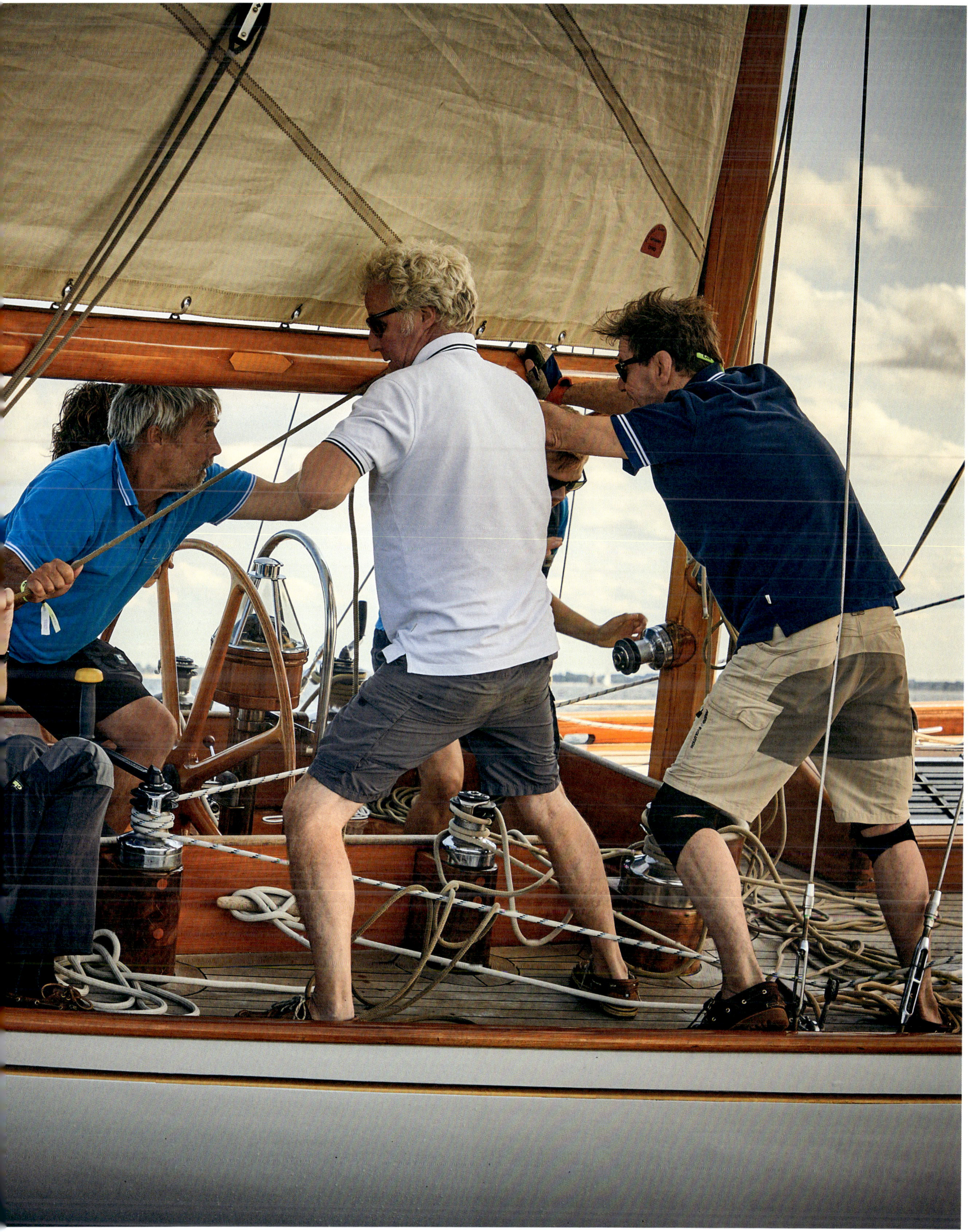

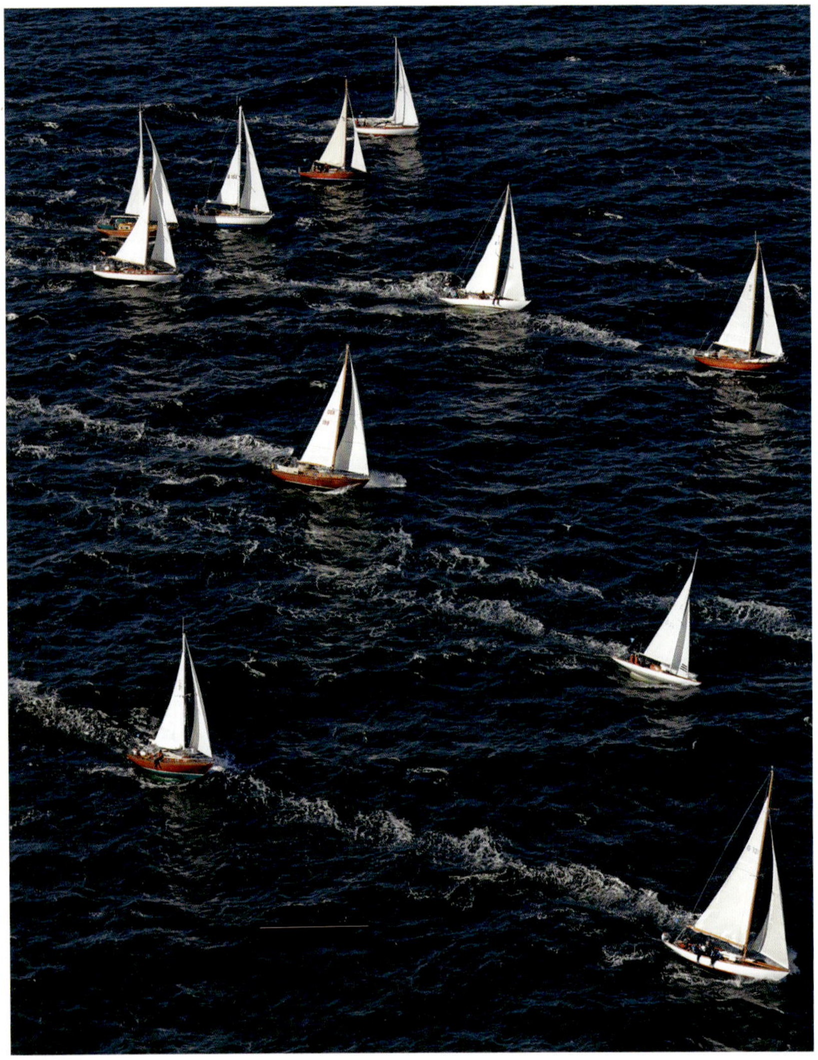

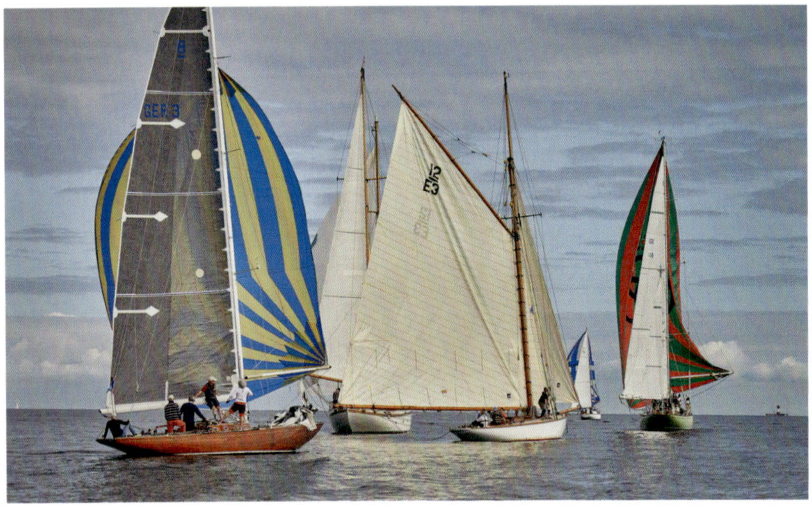

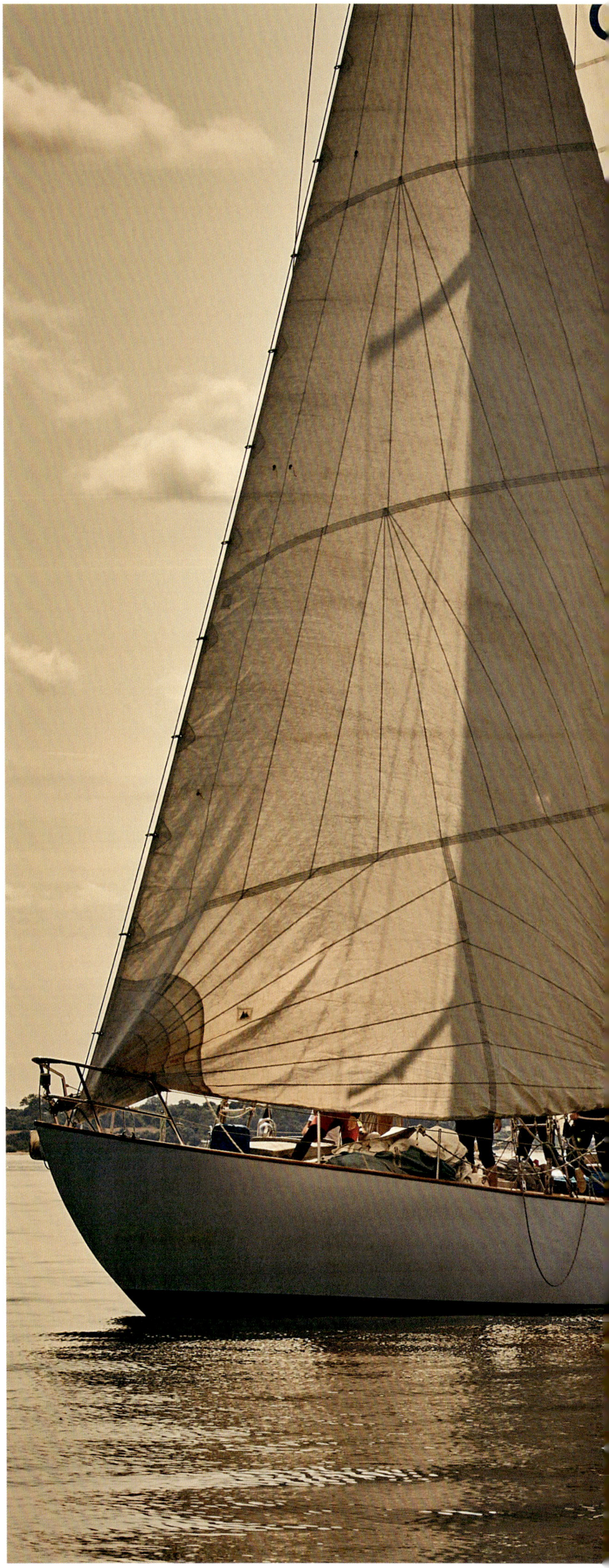

VIELFALT ERLEBEN
Klassiker in allen Größen segeln in unterschiedlichen Startfeldern auf der Regattabahn. Die Kieler Außenförde gilt als anspruchsvolles Küstenrevier, und besonders bei Flaute sind guter Trimm und Taktik entscheidend.

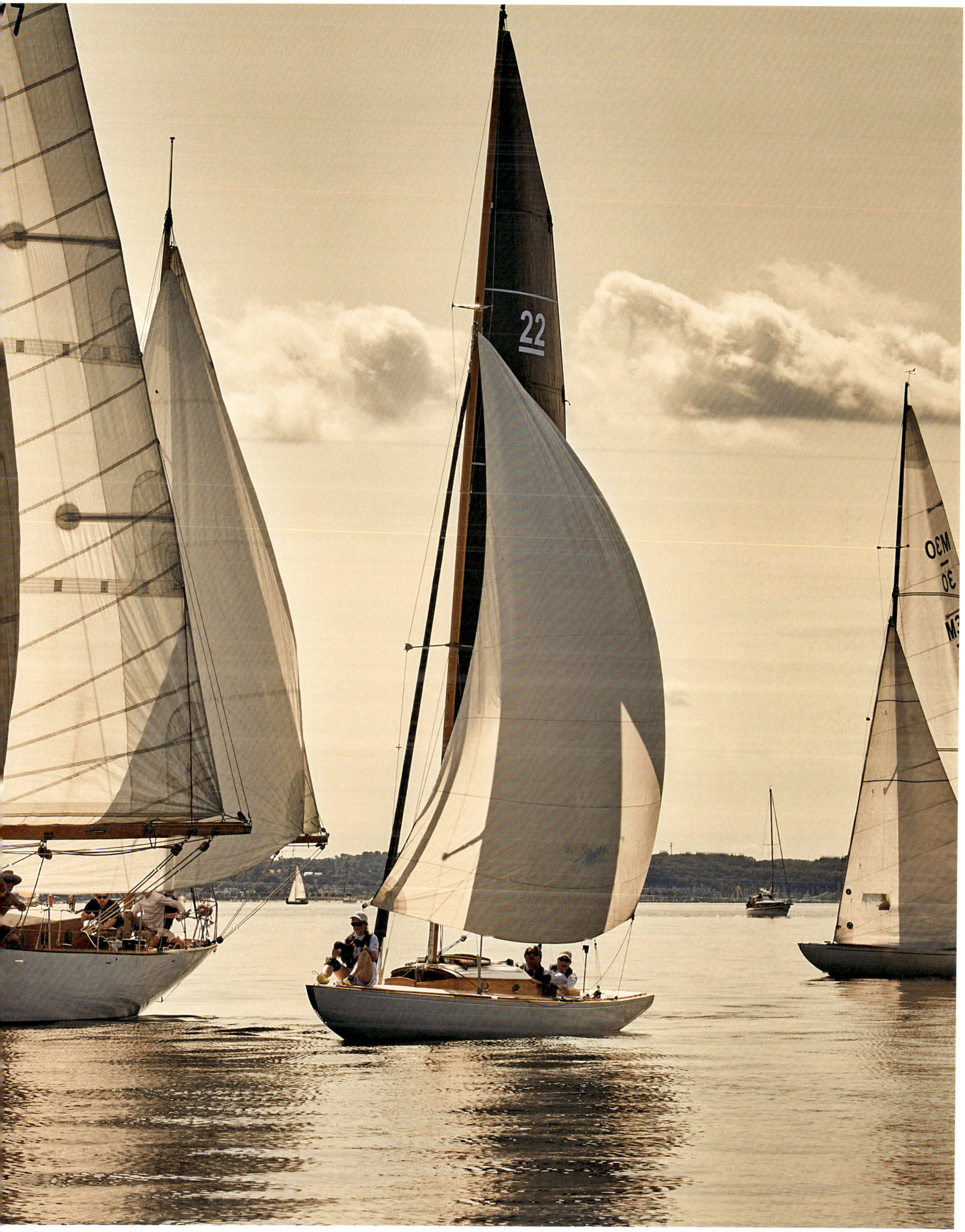
22

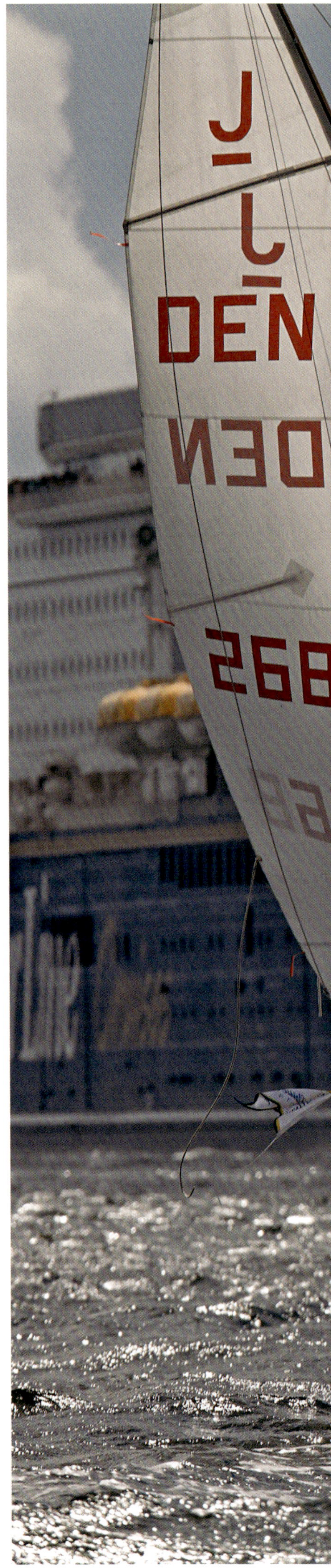

DAVID UND GOLIATH
Eine Folke-Junior auf Kollisionskurs mit der Color-Line-Fähre Kiel-Oslo. Außer den hölzernen Konkurrenten auf den Dreiecksbahnen müssen die Steuerleute auch die Berufsschifffahrt im Auge behalten. So ein Koloss sorgt nicht nur für Wellengang, auch der Wind kann plötzlich fehlen.

Statt Kohlefasermast mit Holzfurnier zählt hier der authentische Holzmast und das Gaffelrigg – je nachdem, wie das Boot originär eben erdacht war. Nur rückwärts funktioniert aber auch nicht. Und so geht die German Classics trotzdem auf anderer Ebene mit der Zeit: Seit 2019 gibt es den Wanderpreis »Classic Youngsters« für das jeweils schnellste Boot mit den jüngsten Steuerleuten. So stemmt sich die Keimzelle der Klassikerszene gegen die ureigene Überalterung – nicht die der Boote, sondern die der Segler.

N° 2
OHNE KLASSIKER GEHT ES NICHT: DAS RENDEZVOUS DER KLASSIKER ZUM AUFTAKT DER KIELER WOCHE

Beim größten Segelfest der Welt dürfen auch die Klassiker nicht fehlen, und so starten am ersten Wochenende der Kieler Woche zwischen 60 und 80 Holzschönheiten auf der Förde zum Rendezvous der Klassiker, veranstaltet und organisiert vom Freundeskreis Klassische Yachten. Das Sahnehäubchen hier: Die Boote des FKY sind die einzigen, die im heiß begehrten »Millionenbecken« liegen dürfen. Hier, wo einst des Kaisers METEOR lag und heute nur die allergrößten und allerschönsten Holzyachten liegen dürfen, zieht für dieses erste Wochenende der Kieler Woche der Geist von damals ein. Ein spektakulärer Blick für Zuschauer, Spaziergänger und natürlich für die Teilnehmer selbst.

Einige von ihnen treffen sich bereits am Donnerstagabend in Schleimünde, von wo aus eine Zubringerwettfahrt nach Kiel startet. An der Innenförde wurde viele Jahre im British Kiel Yacht Club und seit dessen Ende zumindest auf dem Gelände zu leckerem Barbecue mit Livemusik geladen, bevor es dann am nächsten Tag auf klassischem Kurs durch die Kieler Förde ging – die Großen auf der Außenförde und die Kleinen auf der Inneren. Am Abend findet die Siegerehrung

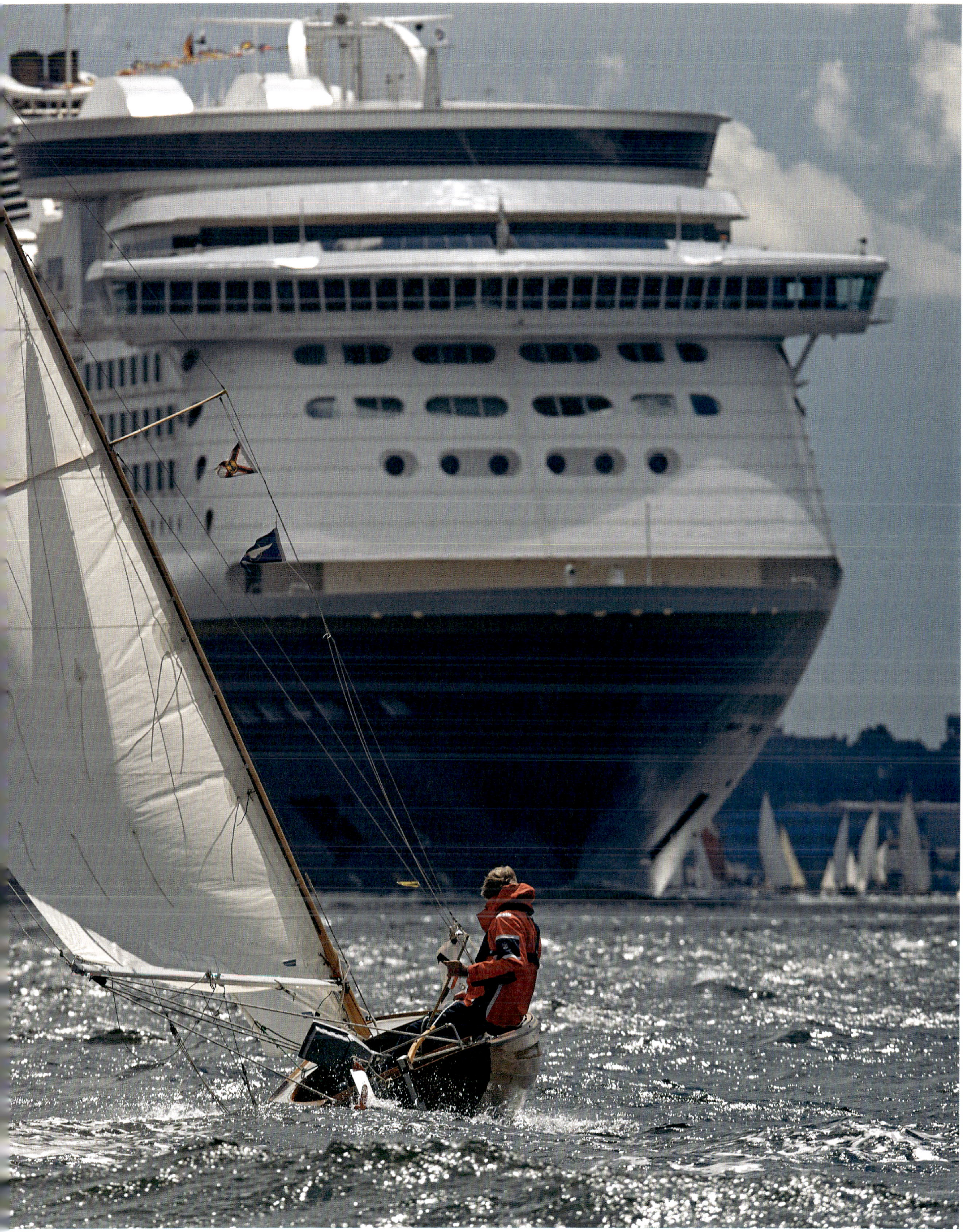

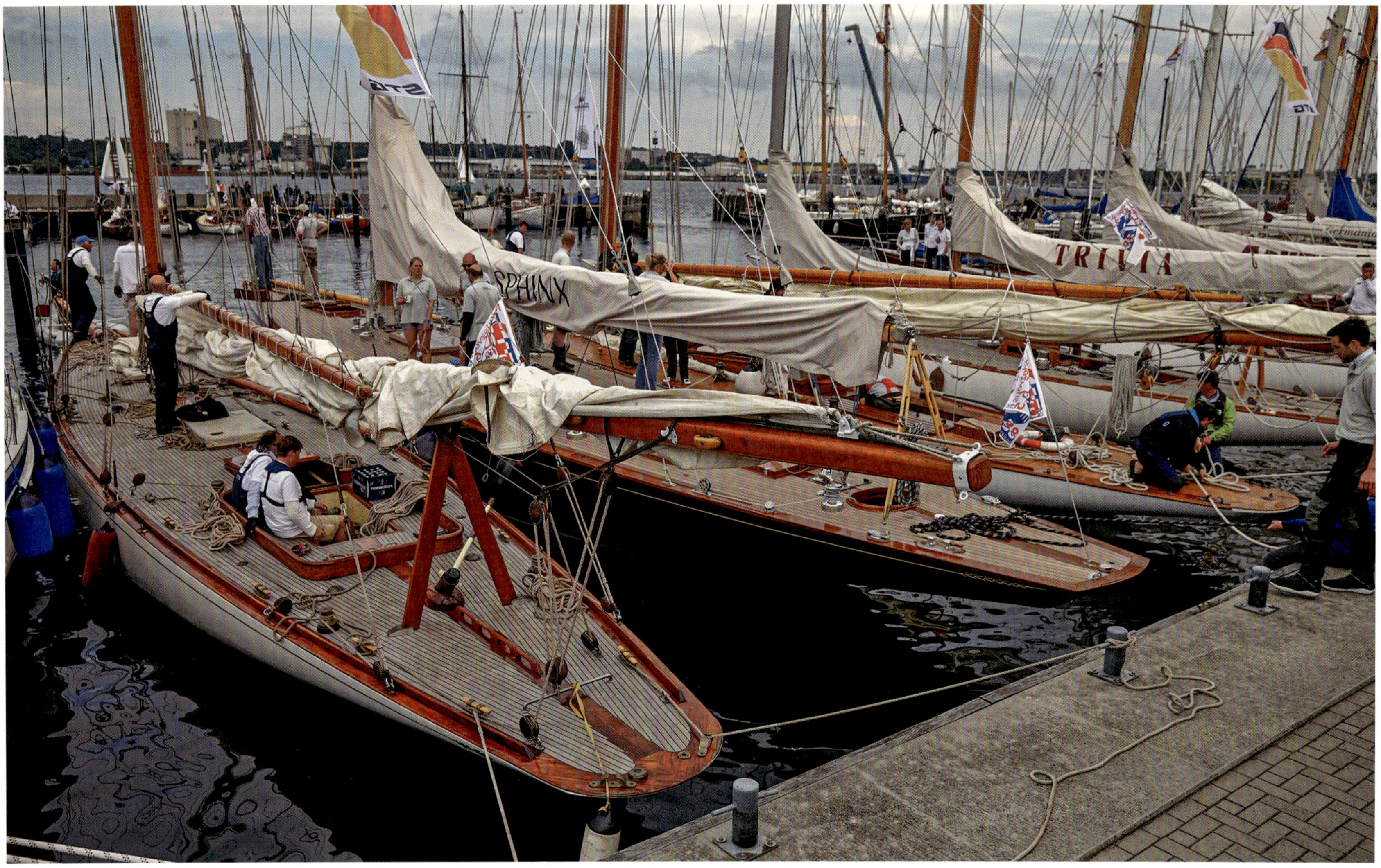

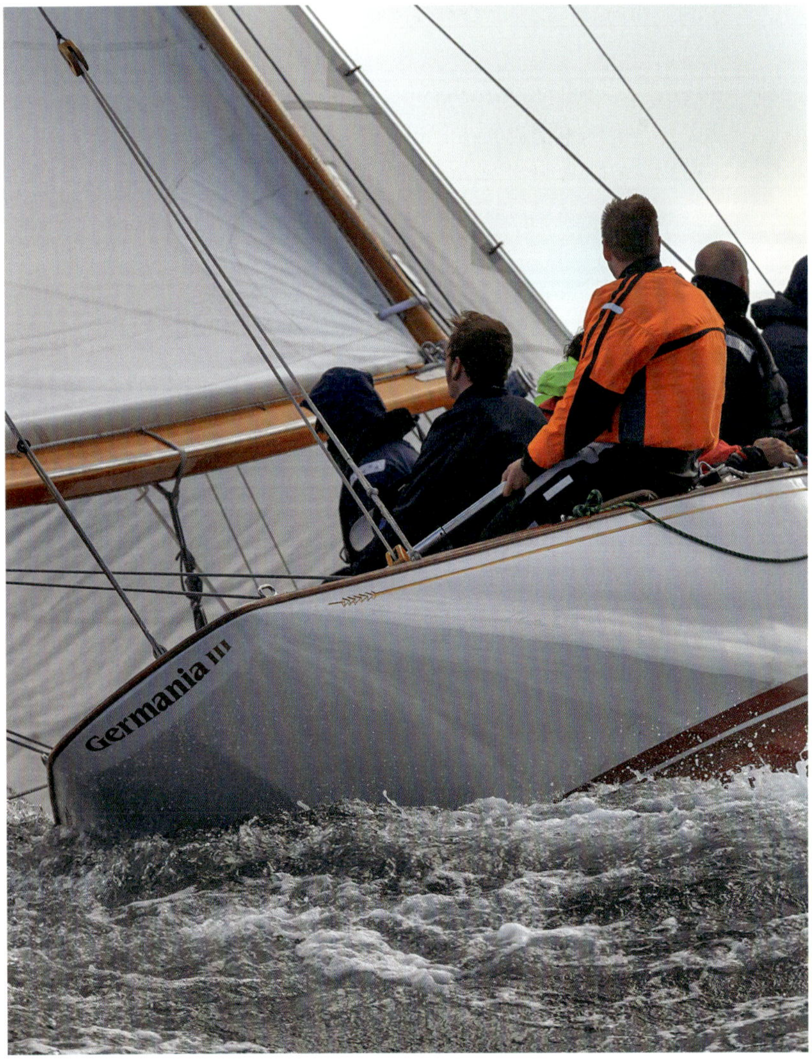

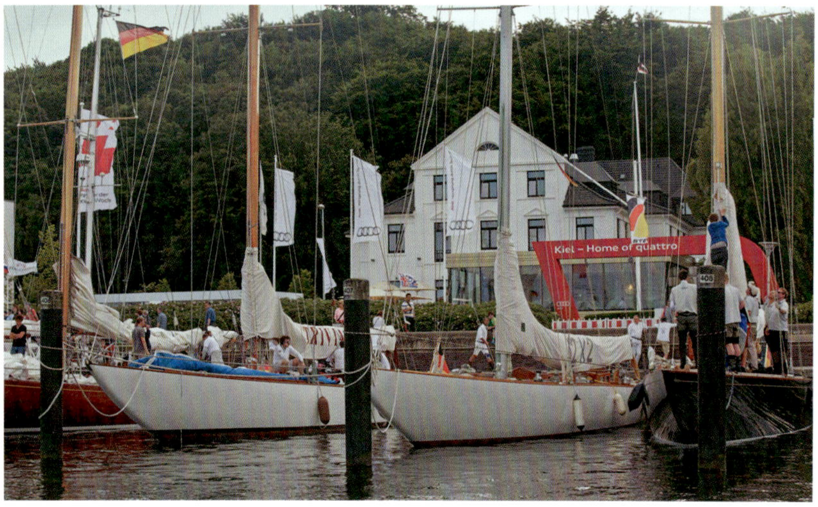

SEGELTRADITION SEIT 1887

Im sogenannten Millionenbecken vor dem Kieler Yachtclub liegt ein Teil der norddeutschen 12mR-Flotte, und bei Regatten auf der Förde dürfen auch andere Teilnehmer in den Clubhafen, wo einst Kaiser Wilhelm II. den Job eines Commodore innehatte.

»WIE GEMEINSAM UND FRÖHLICH DIE CREWS DAS FEST AN LAND MITEINANDER AUCH FEIERN, AUF DER REGATTABAHN GEHT ES EHRGEIZIG GEGENEINANDER.«

in besagtem »Millionenbecken« statt – dem Becken Nr. 4 des Olympiahafens von 1936 direkt vor der Terrasse des Kieler Yacht Clubs (KYC).

Gewertet wird je nach Teilnehmerfeld in bis zu elf Gruppen, darunter die großen Kreuzer und Zwölferyachten, die mittleren und kleinen Kreuzer, die Schärenkreuzer als eine Gruppe sowie fast immer auch die Folkeboote als eine eigene Wertungsgruppe. Wie gemeinsam und fröhlich die Crews das Fest an Land miteinander auch feiern, auf der Regattabahn geht es ehrgeizig gegeneinander. Der Respekt vor Alter, Schönheit und Holz gibt manchem Duell sicherlich mehr Raum, als man es vielleicht von GFK-Bahnen kennt – der Wille zum Sieg bleibt davon unberührt. Um mehr ausgleichende Gerechtigkeit unter all der Vielfalt der Holzschönheiten herzustellen, gibt es seit 2002 den »Klassiker-Rennwert« (KLR). Dabei handelt es sich um eine Ausgleichsformel, die möglichst gerecht versucht, das Rennpotenzial einer Yacht zu bewerten und in entsprechende Verhältnisse zu setzen. »Der Rennwert einer Yacht soll«, so heißt es in der Erklärung des FKY, »nur die tatsächliche Segelleistung bzw. das Potenzial dazu bewerten, inklusive eines Faktors für Rigg (Holzmast/Alumast) und Lateralplan. Für die Bewertung von Originalität, Zustand usw. stehen andere Einrichtungen wie etwa der Restaurierungspreis oder Veröffentlichungen in Mitteilungsblatt und Presse zur Verfügung.«

Ein eigener Ausschuss vergleicht die Formelergebnisse mit empirischen Daten, passt die Werte gegebenenfalls an und veröffentlicht seither jährlich eine aktuelle KLR-Liste, nach der die Boote dann gewertet werden. Der Ansatz scheint gelungen, denn bis heute gibt es kaum Änderungen der einmal festgelegten Werte.

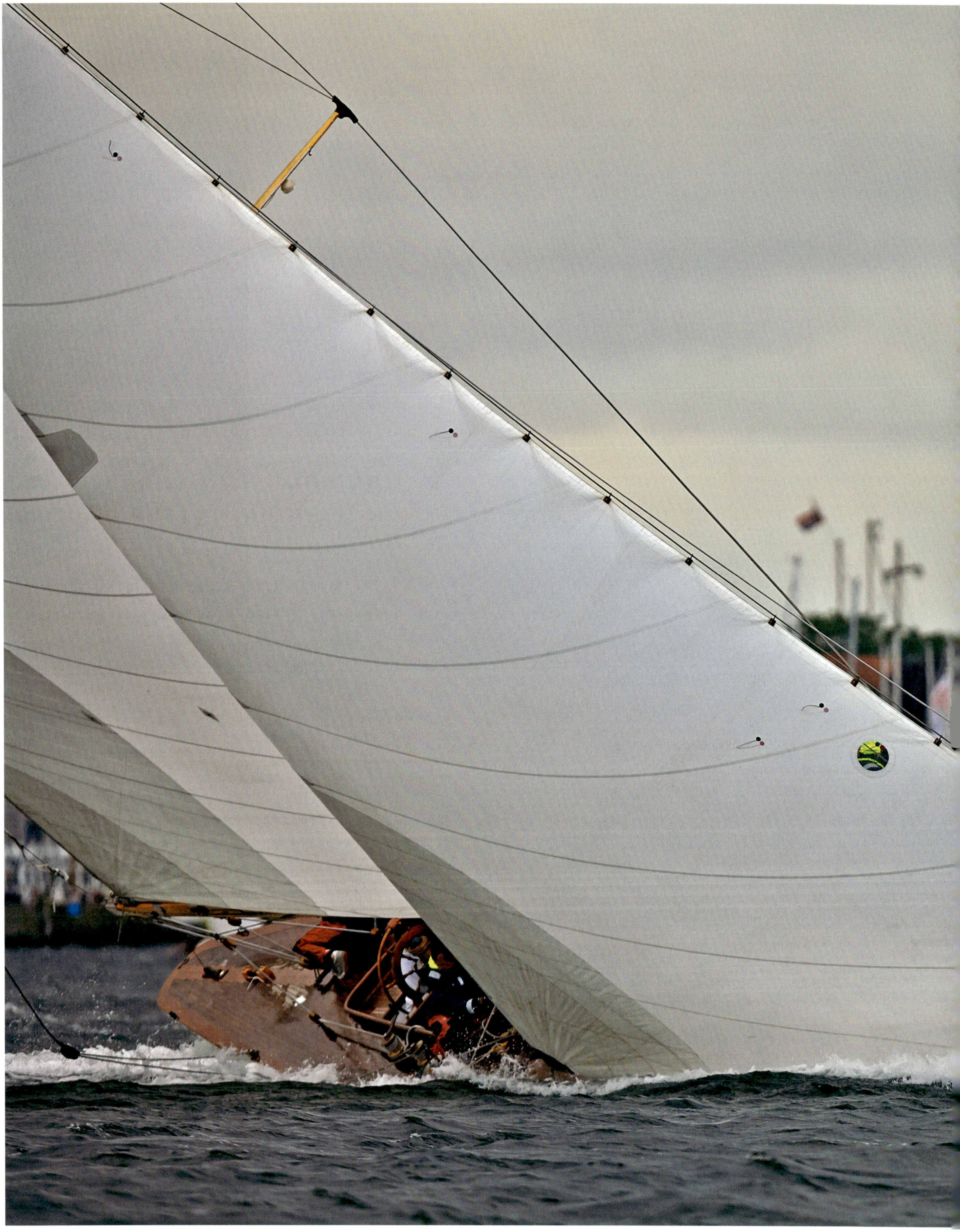

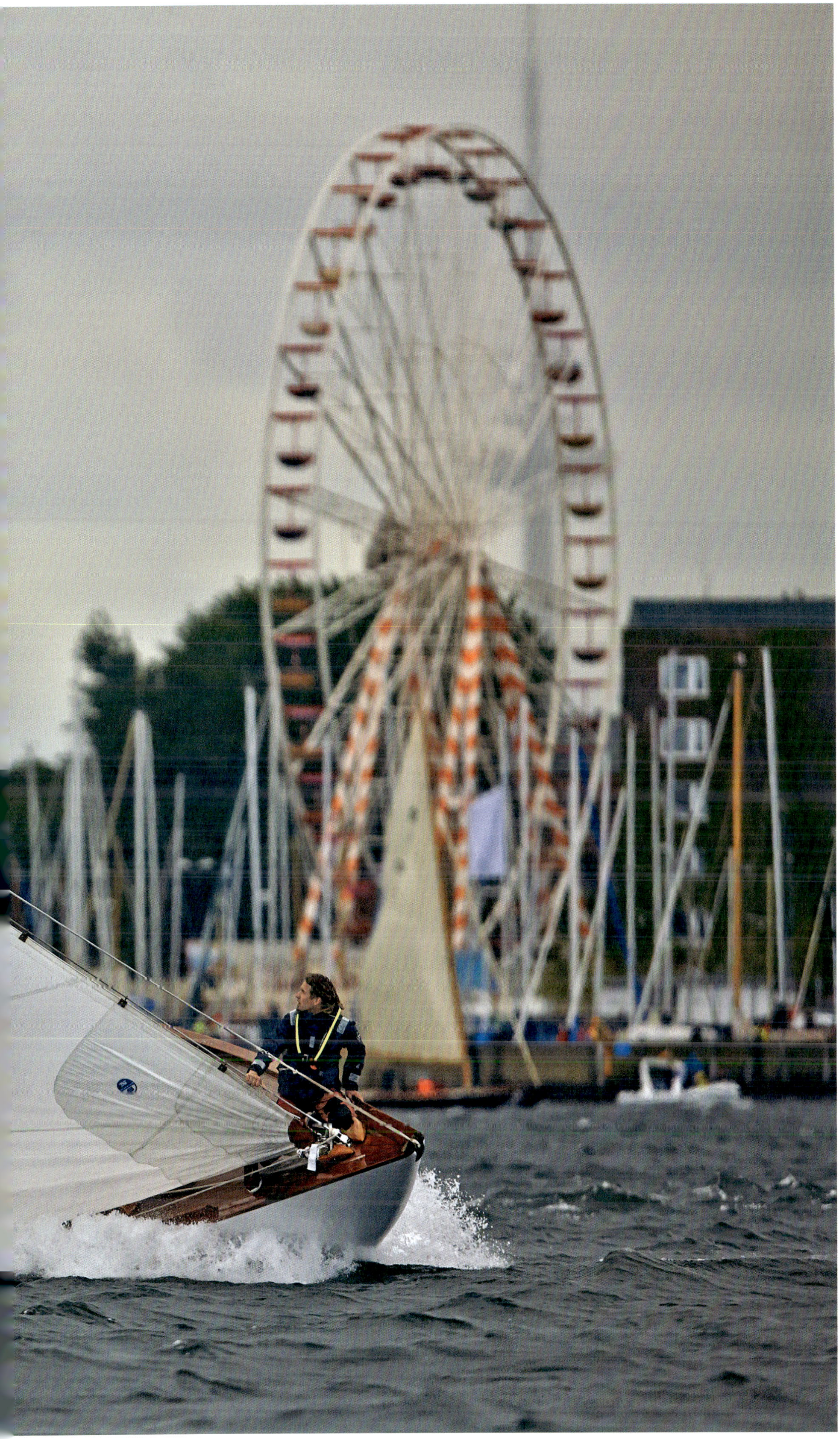

PARTYSTIMMUNG AN DER FÖRDE
Das Segelspektakel Kieler Woche hat nun auch ein spezielles Klassiker-Programm. Die 12mR-Rennyacht TRIVIA kreuzt dicht entlang der Kiellinie, wo sich die Landratten auf dem bunten Volksfest mit Livemusik auf vielen Bühnen vergnügen können.

SEKUNDEN VOR DEM SCHUSS
Auf der Kieler Außenförde drängeln sich die Yachten beim Start der German Classic Open. Hohe Meldezahlen und große Vielfalt belegen eindrucksvoll den Trend zum Klassiker (folgende Doppelseite).

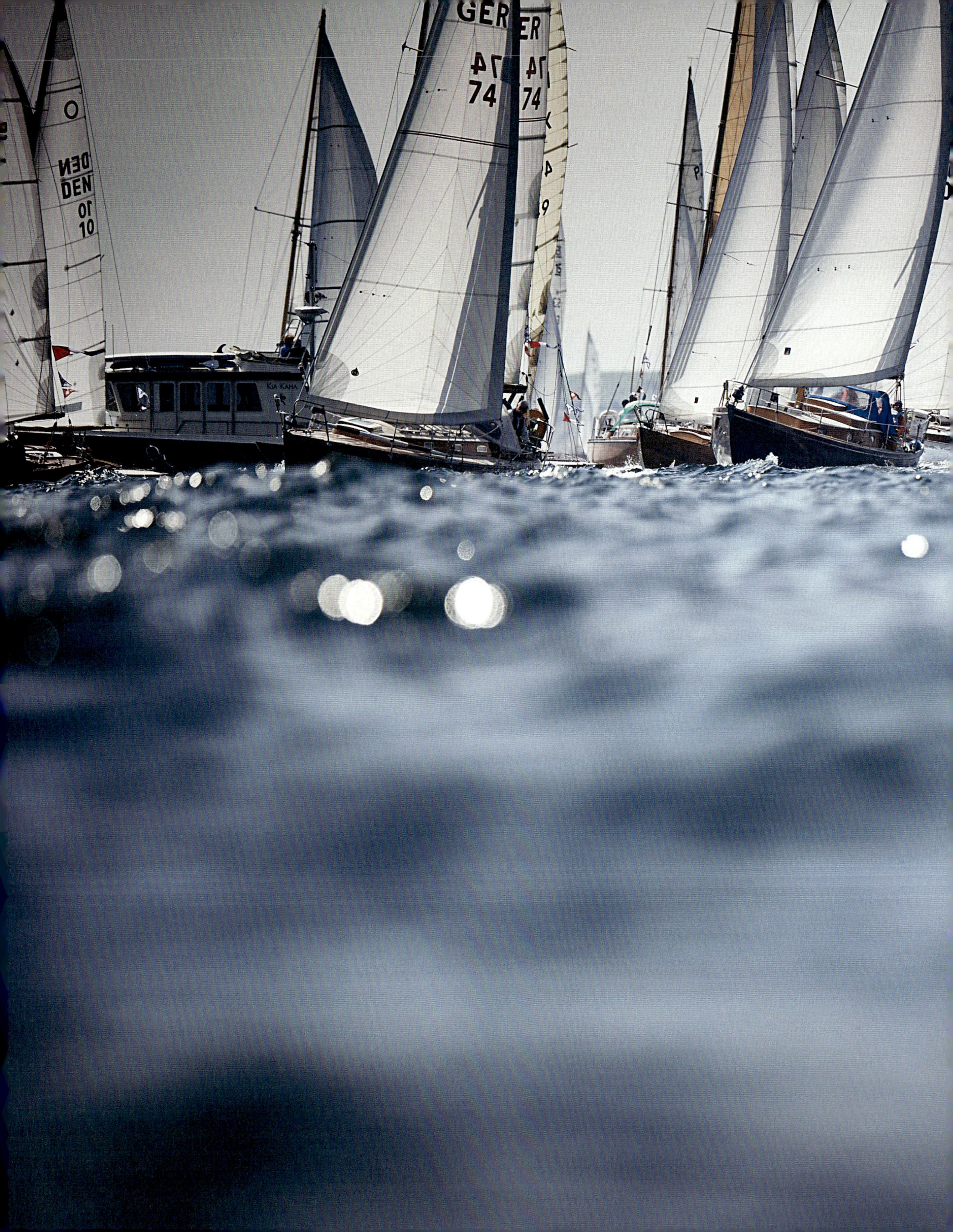
DEN
10
GER
74

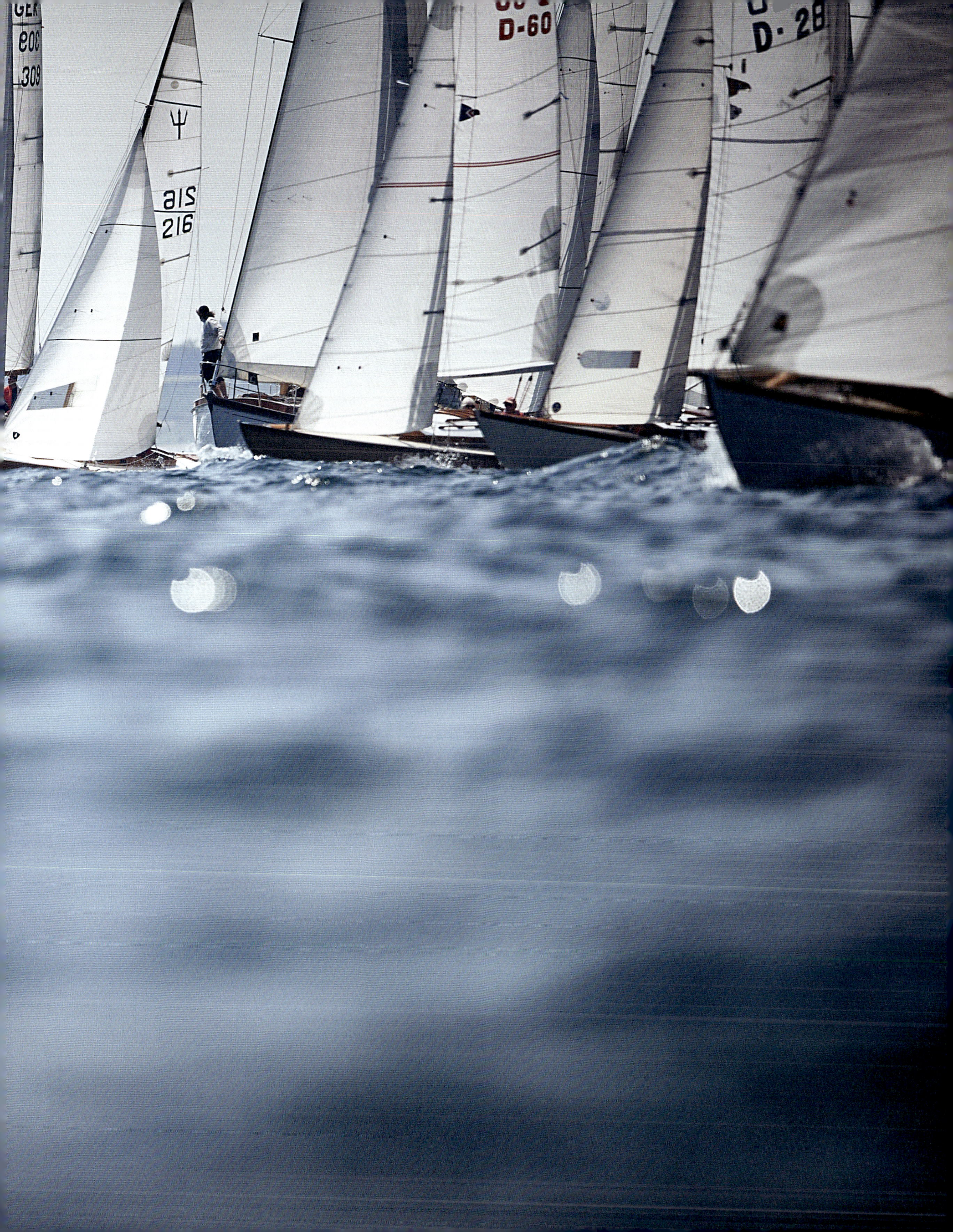
GER
309
216
D-60
D-28

N° 3
ALLE VIER JAHRE WÄCHST DAS RENDEZVOUS ZU EINER REISE DURCH DIE OSTSEE: DIE CLASSIC WEEK

Eine Woche voller Segeltage, gelebter Gemeinschaft und guter Laune pur: Sønderborg, Kappeln, Eckernförde und die Kieler Bucht, dazwischen Revierwettfahrten, Zubringerregatten, Stadtführungen, Klönschnack, Barbecue, Frühstück und Feiereien. Alle vier Jahre nutzt der Freundeskreis Klassische Yachten die Woche zwischen The Run und dem Rendezvous der Klassiker zu einer Rundreise über die Ostsee zwischen Fünen und schleswig-holsteinischer Küste. Das Besondere: An vorderster Stelle steht nicht allein die Regatta, sondern vor allem der Austausch und das Kennenlernen der Segler und Seglerinnen, der Reviere, der Boote und auch der Insiderblick auf Häfen und Buchten. Weil sich nicht alle eine ganze Woche Urlaub nehmen, finden viele Crewwechsel statt, was die Tour noch lebendiger und abwechslungsreicher macht, als das mannigfaltige Programm von Grund auf verspricht.

In der Teilnehmerliste findet sich vom kleinen offenen Dingi bis zur riesigen Hochsee-Rennyacht alles wieder, was einst das Bild des Segel- und Yachtsports prägte. Neben zwei Begleit- und Hilfsfahrzeugen fährt die gesamte Zeit quasi als »Trossschiff« ein ehemaliges Frachtschiff mit: Das Motorgüterschiff GESINE aus Flensburg begleitet die Klassiker und stellt seinen Frachtraum für den Transport von Ausrüstung und zum Übernachten für die Jollensegler zur Verfügung.

Der Startschuss für die Classic Week war jüngst die Auftaktregatta The Run mit Svendborgs altem Stadthafen als Ziel; früher war zumeist Sønderborg das erste Ziel der Tour. In Sønderborg wird auf der Sønderborg Bugt gesegelt – ein anspruchsvolles Revier mit klassischem Dreieckskurs vor der Kulisse der geschichtsträchtigen Düppeler Schanzen, wo einst die Preußen die dänischen Truppen bezwangen. Eine Zubringerregatta führt die Klassiker im Anschluss nach Kappeln. In der Schlei regattieren die Kleineren bei einer Binnenwettfahrt, während die Großen draußen vor Schleimünde im Seegatt ihre Sieger suchen. Nach Eckenförde führt schließlich eine Langstrecke, bevor am Tag darauf die Klassiker auf modernen »Up & Down«-Kursen die Bucht schmücken.

Die letzte längere Seestrecke führt am Folgetag südwärts nach Laboe an der Kieler Förde. Im alten Hafen werden die Segler mit Fischbrötchen und Bier empfangen, in einem großen Zelt wird für weiteres leibliches Wohl, Musik und Bewegung gesorgt, während später hinter dem Holzmastenwald der Sonnenuntergang glüht. Vor dem Kieler Yacht Club in der Innenförde wird am nächsten Mittag die Wettfahrt des Rendezvous der Klassiker gestartet, und unter den Augen der zahlreichen Schaulustigen finden hier die finalen Wettfahrten statt.

N° 4
THE RUN: EINE REGATTA DURCH DIE MITTSOMMERLICHE NACHT

Einmalig im Format, extrem unkompliziert, dafür eine Nacht lang Spannung pur: Aus vier verschiedenen Häfen starten die Segler für The Run in die Mittsommernacht und durchpflügen die Ostsee gen Svendborg, jedes Boot für sich allein, ohne Sichtkontakt zur Konkurrenz. Die Erkenntnis dämmert erst mit dem Morgen: »Bin ich Erster oder Letzter? Sehe ich meine üblichen Konkurrenten nicht, weil sie schon weit vor mir oder weil sie noch weit hinter mir sind? Kann ich auf den letzten Seemeilen gar noch jemanden holen?« Die Begeisterung und die Spannung vibrieren bei Mitinitiator Jan Lohrengel vom Freundeskreis Klassische Yachten in der Stimme: »Hier konzentriert sich alles aufs lange Segeln, ohne Gedöns an Land, einfach pure Langstreckensegelei, aber eben um die Wette – wie eine Sternfahrt, nur mit

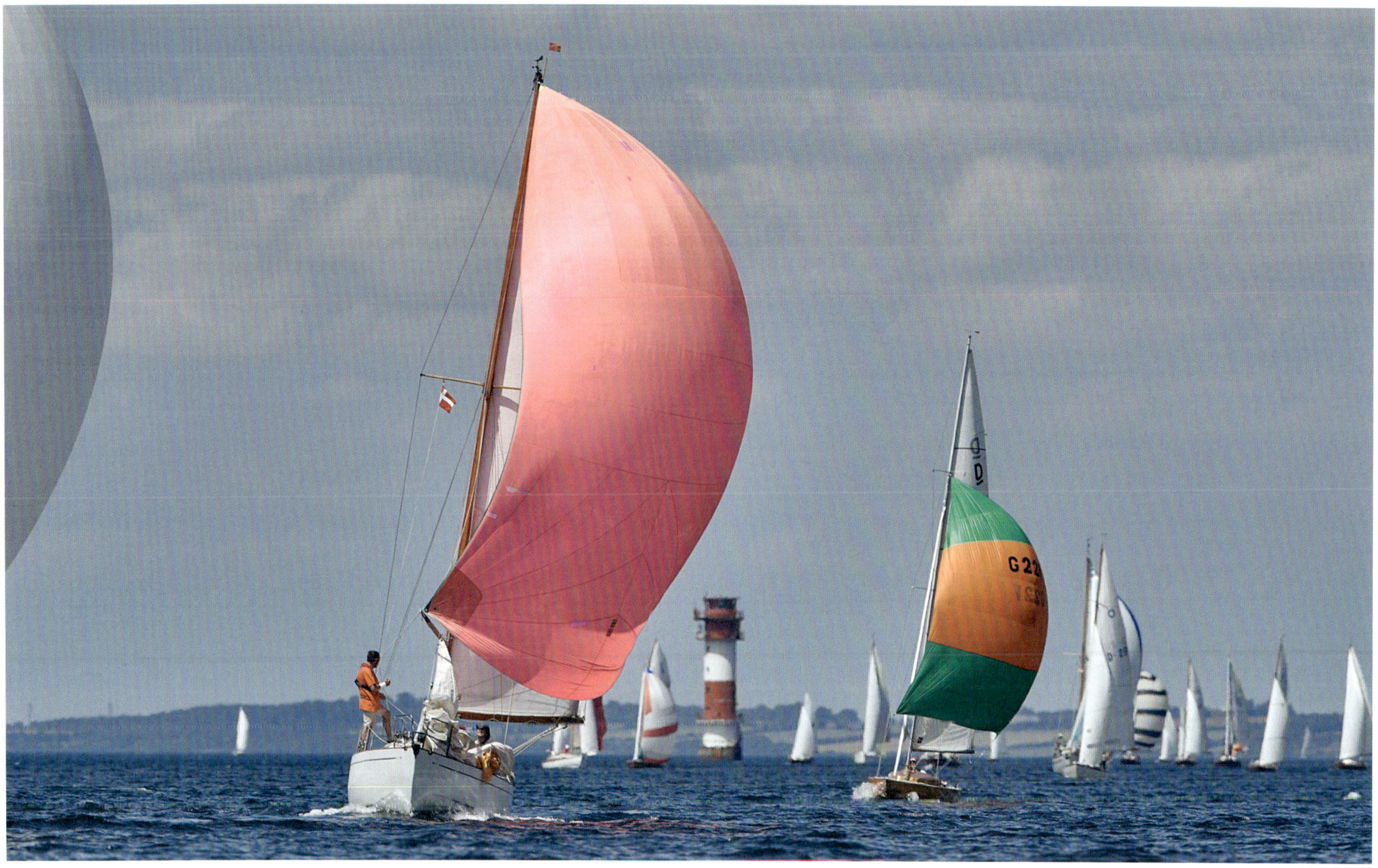

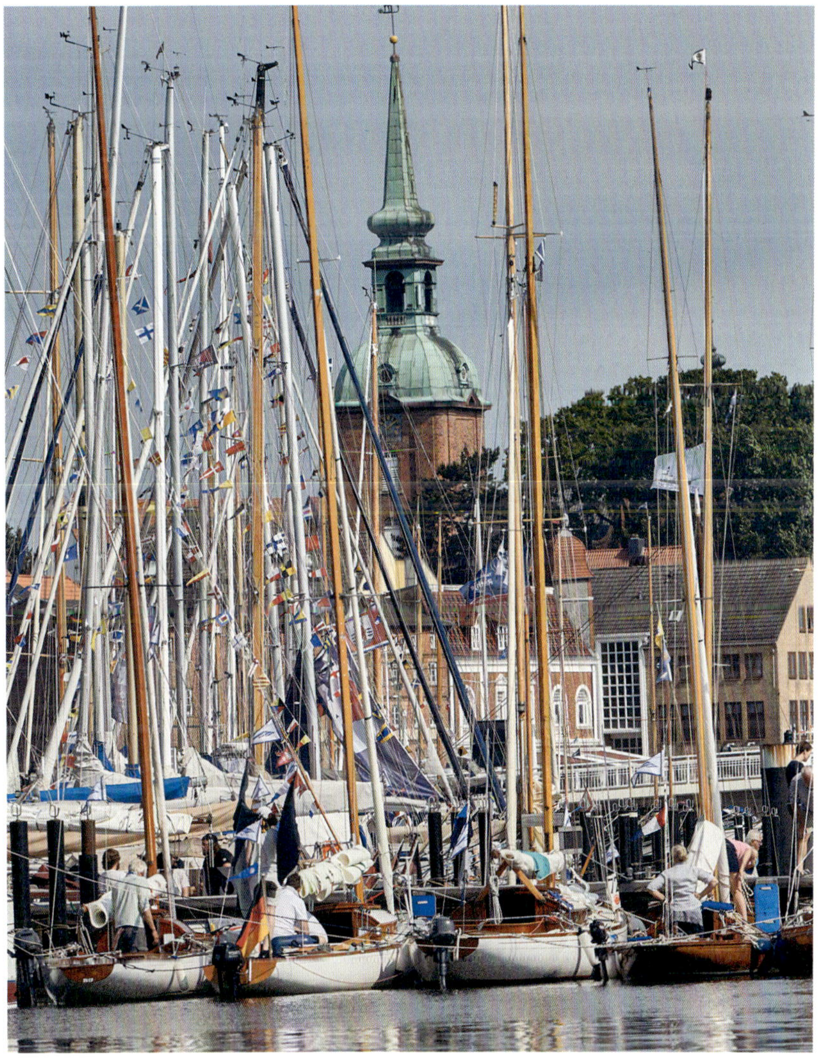

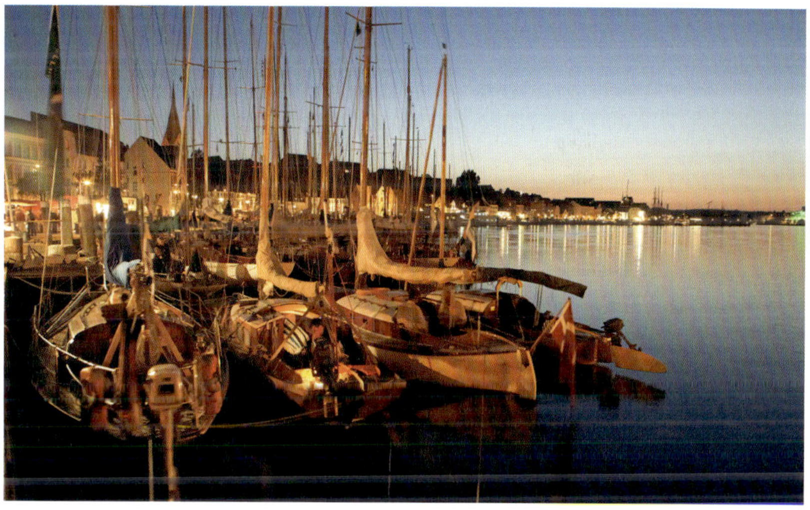

KLASSISCH DURCH DIE OSTSEE

Während der Classic Week wird eine Vielzahl von Häfen angelaufen. Von Flensburg (rechts oben) nach Sønderborg und weiter am Leuchtfeuer Kalkgrund (ganz oben) vorbei in die Schlei nach Kappeln (links).

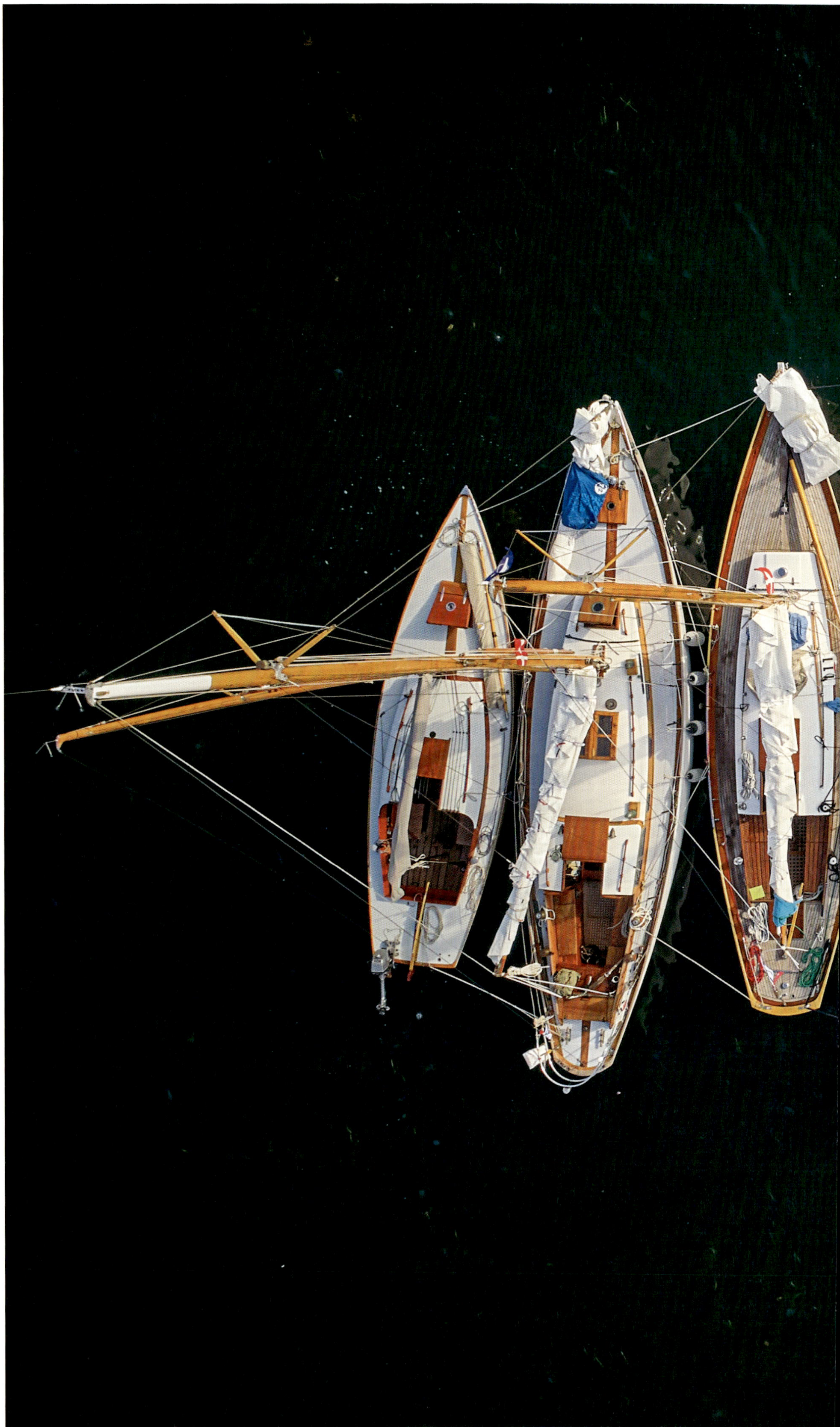

FAMILIENZUWACHS AUS HOLZ

Nicht nur aus dieser Perspektive bietet die Klassikerszene eine bunte Vielfalt unterschiedlicher Boote. Ihre Eigner und Crews kommen aus ganz verschiedenen Gesellschaftsschichten und bringen eigene Erfahrungen und Meinungen mit.

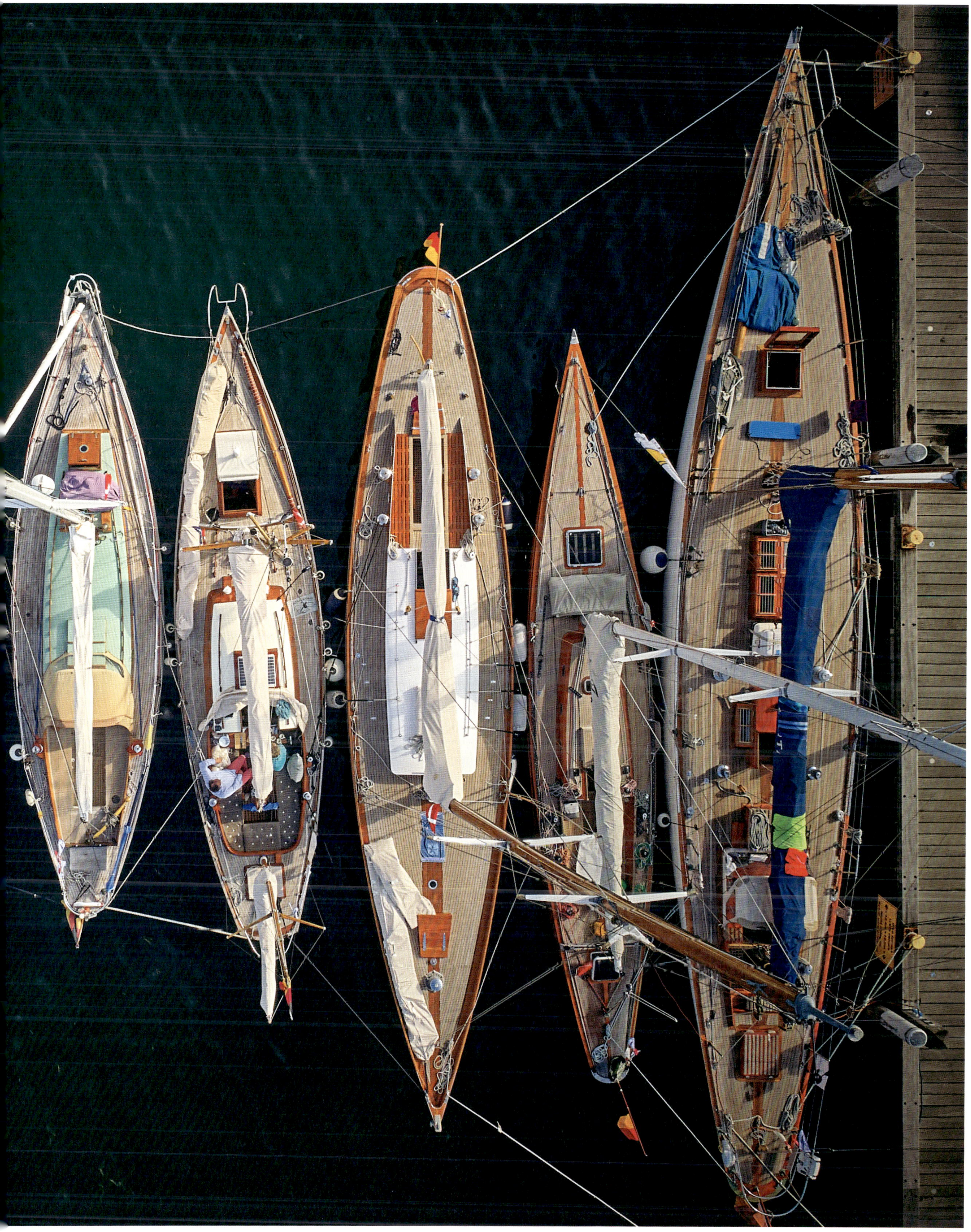

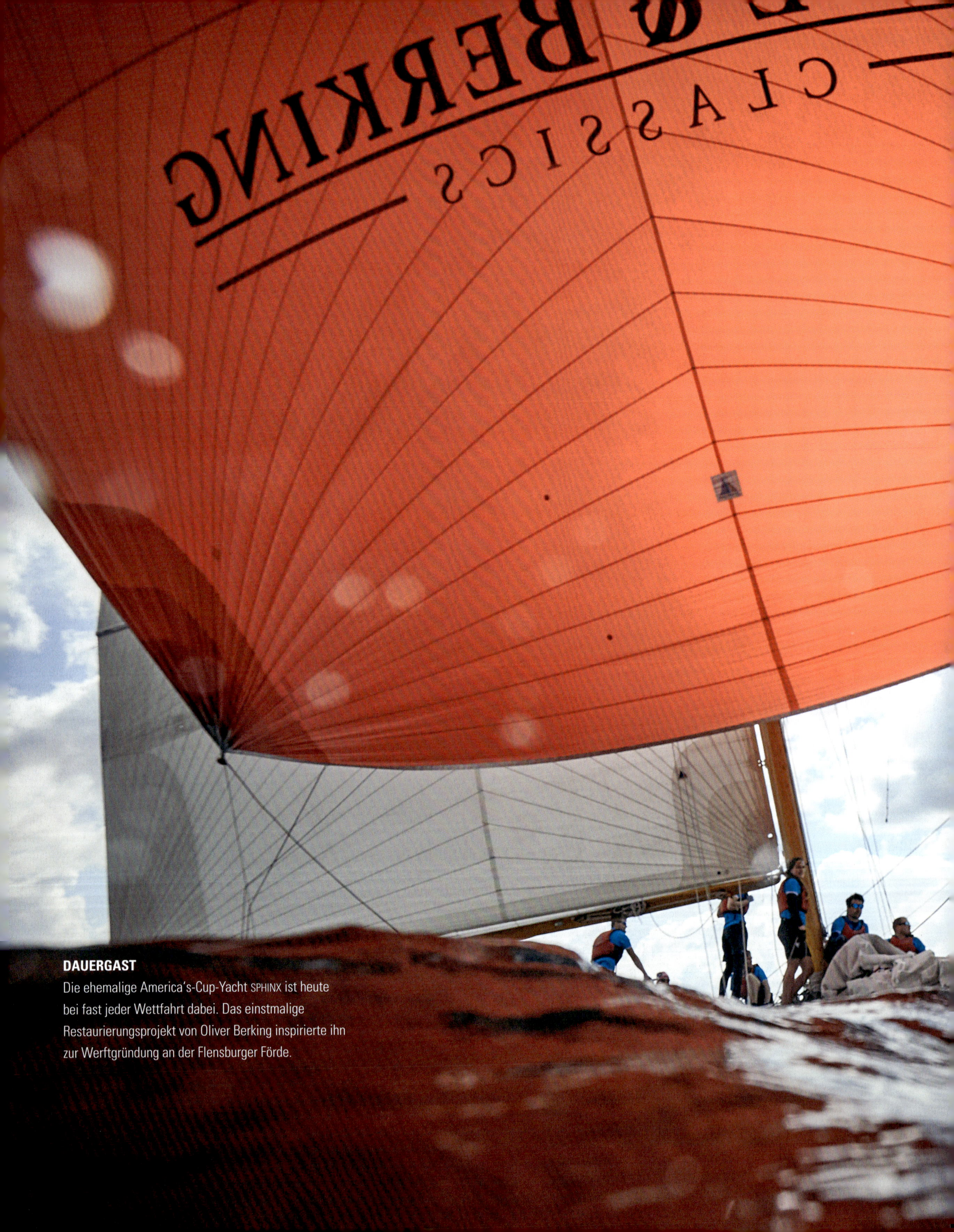

DAUERGAST

Die ehemalige America's-Cup-Yacht SPHINX ist heute bei fast jeder Wettfahrt dabei. Das einstmalige Restaurierungsprojekt von Oliver Berking inspirierte ihn zur Werftgründung an der Flensburger Förde.

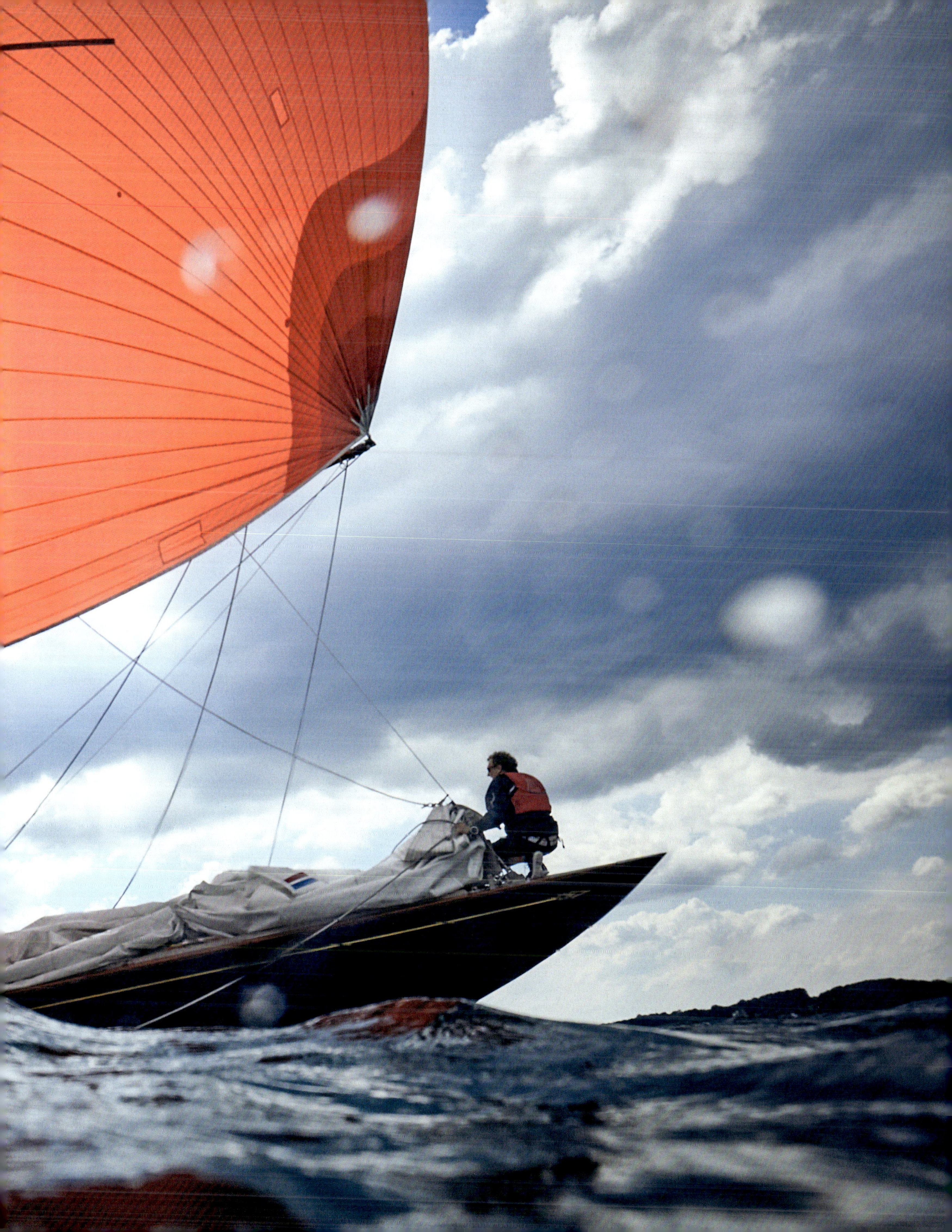

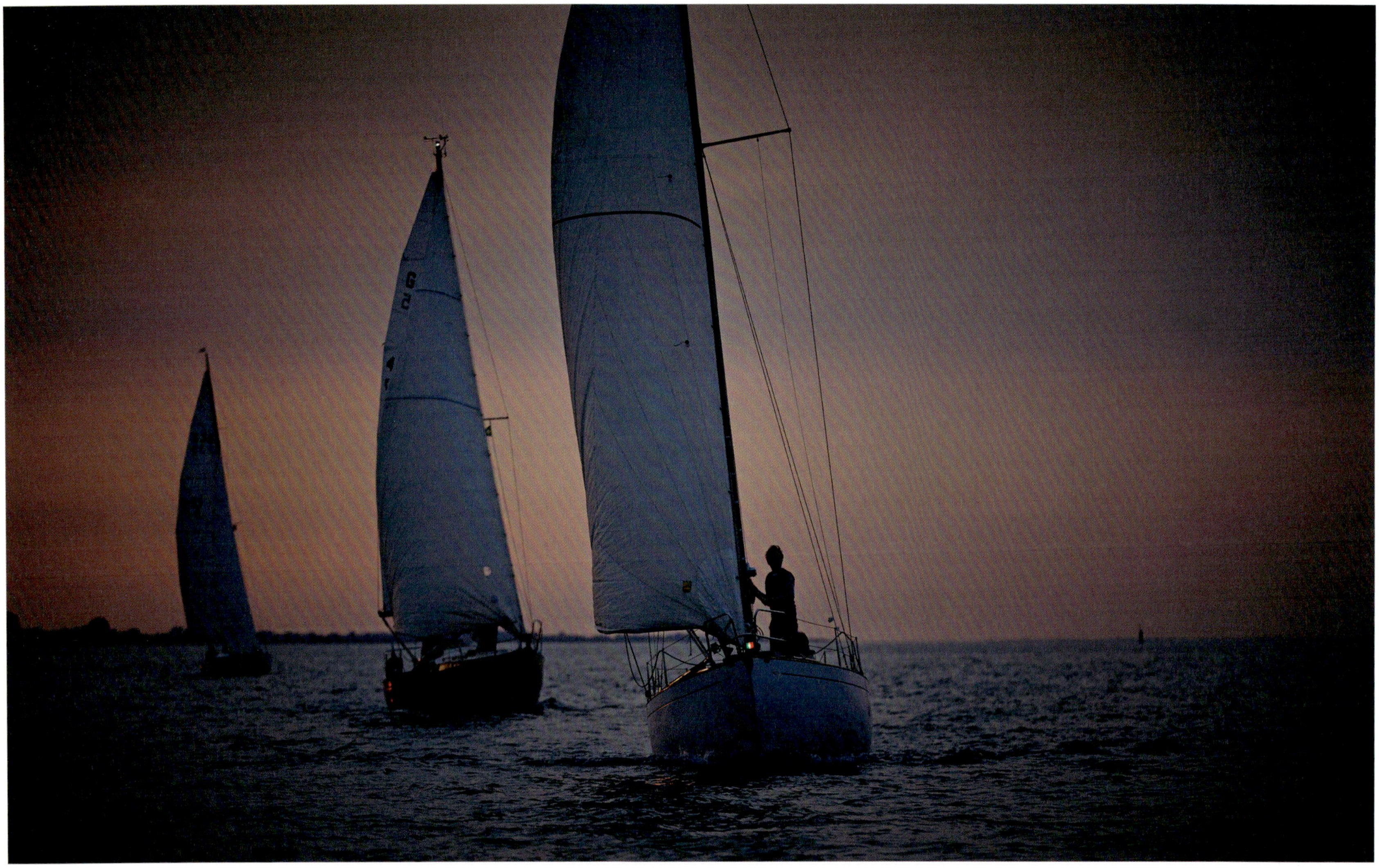

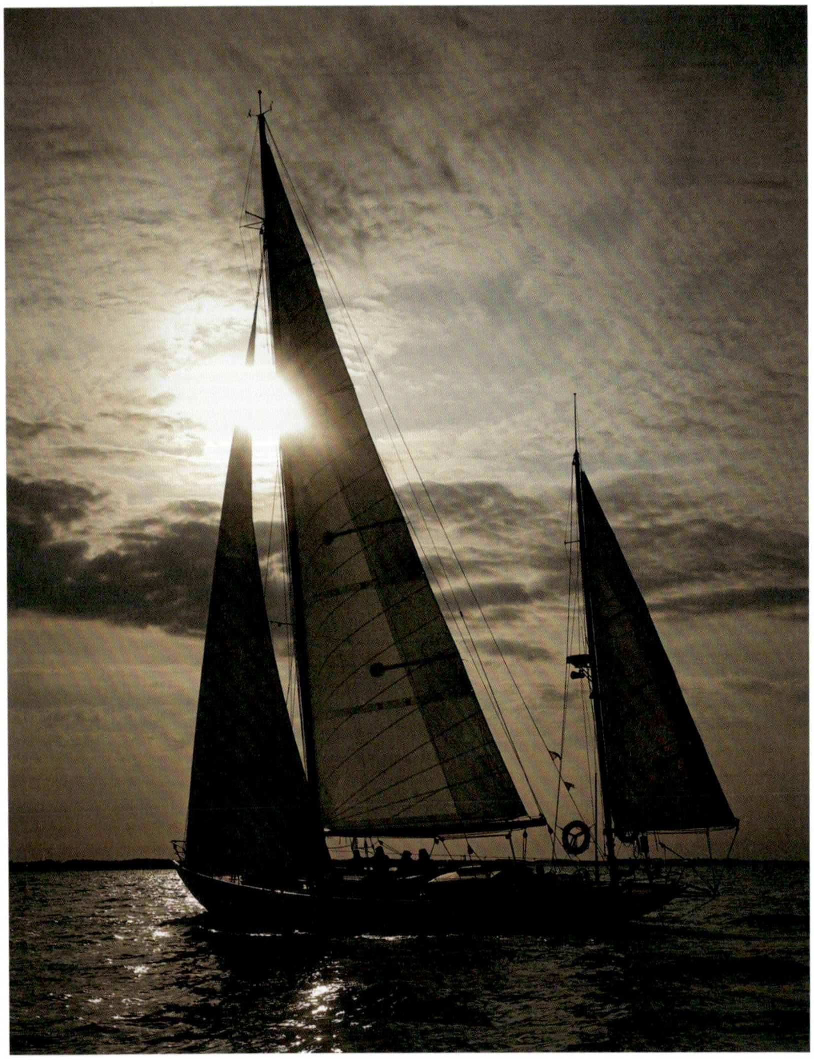

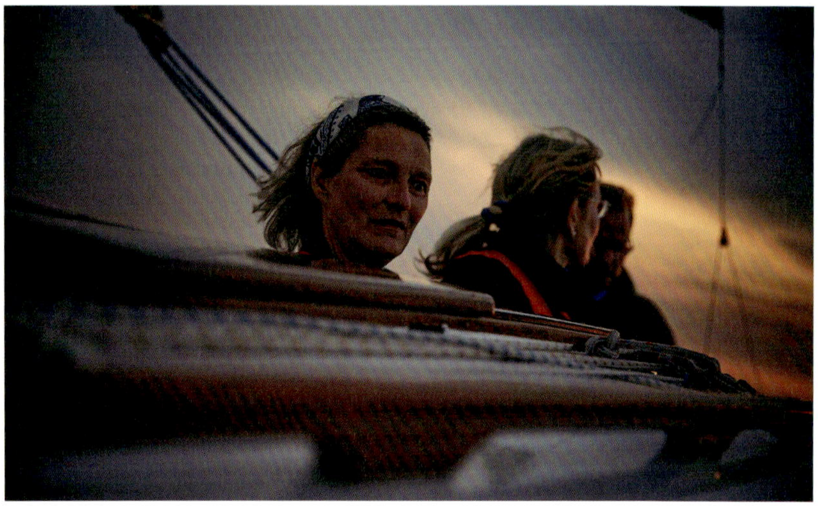

NACHTS AUF SEE

The Run ist eine beliebte Nachtregatta im südfünischen Inselmeer. Dabei steht gute Seemannschaft und das Erlebnis eines gemeinsamen Sommernachtstraumes im Fokus der Teilnehmer.

»DIE ERKENNTNIS DÄMMERT ERST MIT DEM MORGEN: ›BIN ICH ERSTER ODER LETZTER? KANN ICH AUF DEN LETZTEN SEEMEILEN GAR NOCH JEMANDEN HOLEN?‹«

Spannung und Pushfaktor. Quasi ein Muss für jeden regattaliebenden Oldtimerfan mit Hang zum Tourensegeln!«

Die Teilnehmer bei The Run starten abends zwischen 20 und 21:30 Uhr – die einen in Flensburg, die anderen in Schleimünde, in Kiel oder auf Fehmarn. Rund 60 Seemeilen führt der Kurs die jeweiligen Gruppen durch die dänische Südsee, in der Regel gen Svendborg – 50 bis 60 seegängige Klassikeryachten, gebaut in traditionellen Linien und Materialien mit mindestens zwei Personen an Bord, sind dann unterwegs, passieren die ein oder andere definierte Tonne, bevor sie sich am Ende selbst zeiten, zur leichteren Kontrolle inklusive Smartphone-Foto von der Zielpeilung.

Mit der Nachtregatta hat der Freundeskreis Klassische Yachten ein Format geschaffen, das es so nicht noch mal gibt: »Eine seemännisch anspruchsvolle und spannende Wettfahrt durch das südfünische Inselmeer mit seinen auch nachts gut navigierbaren Fahrwassern«, verspricht die Ausschreibung. Gerade zur Mittsommerzeit in der Tat eine besonders attraktive Herausforderung, wenn das Wetter mitmacht, die Wolken den Himmel freigeben und die Sonne die Teilnehmer mit traumhaften Unter- und Aufgängen begeistert. Und dank der vier Startorte auch völlig unkompliziert und ohne lange Anreise für die einzelnen Yachten.

Im Hafen von Svendborg liegen sie dann dicht an dicht und feiern ihre Siege, ihre Teilnehmer, ihren Segelspaß und natürlich ihre Boote, die wieder ein paar Seemeilen mehr auf der Logge haben. Tags darauf geht es wieder heim: ohne Regatta, nur mit Genuss.

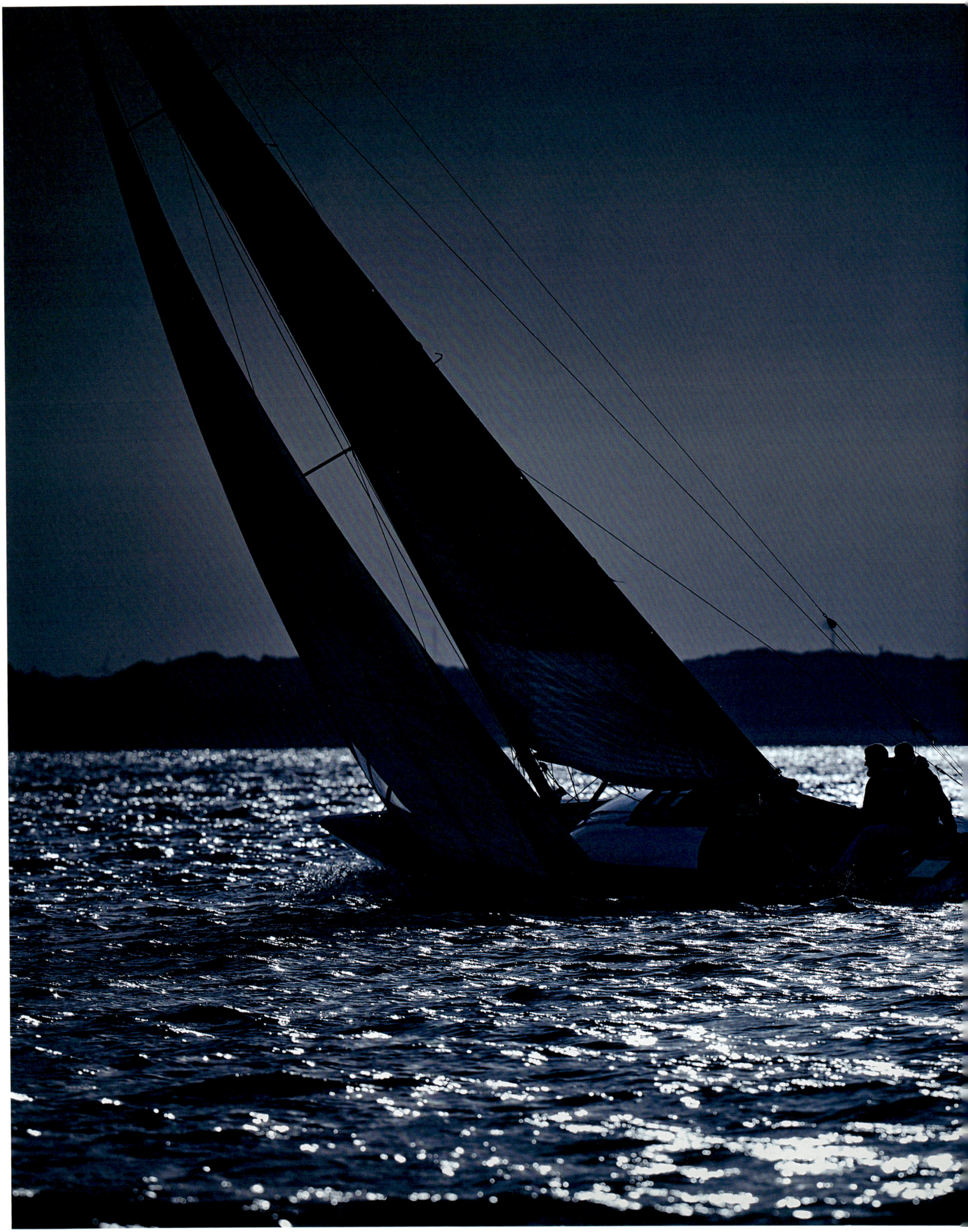

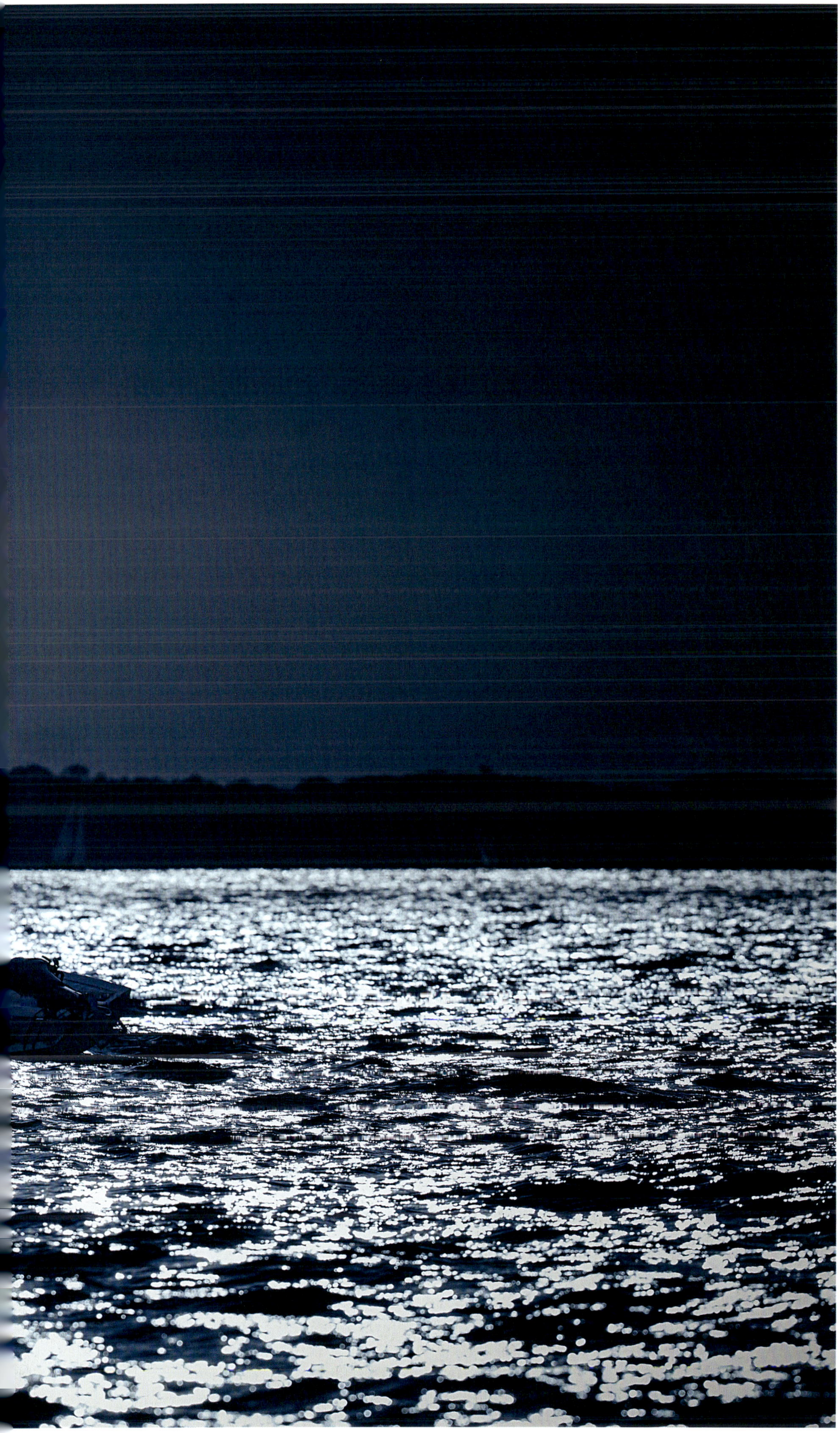

MORGENSTUND HAT WIND IM MUND

Ein Schärenkreuzer in seinem Element im fahlen Morgenlicht vor der südfünischen Küste. In Svendborg wartet ein opulentes Seemannsfrühstück und eine Mütze voll Schlaf auf die Nachtwache.

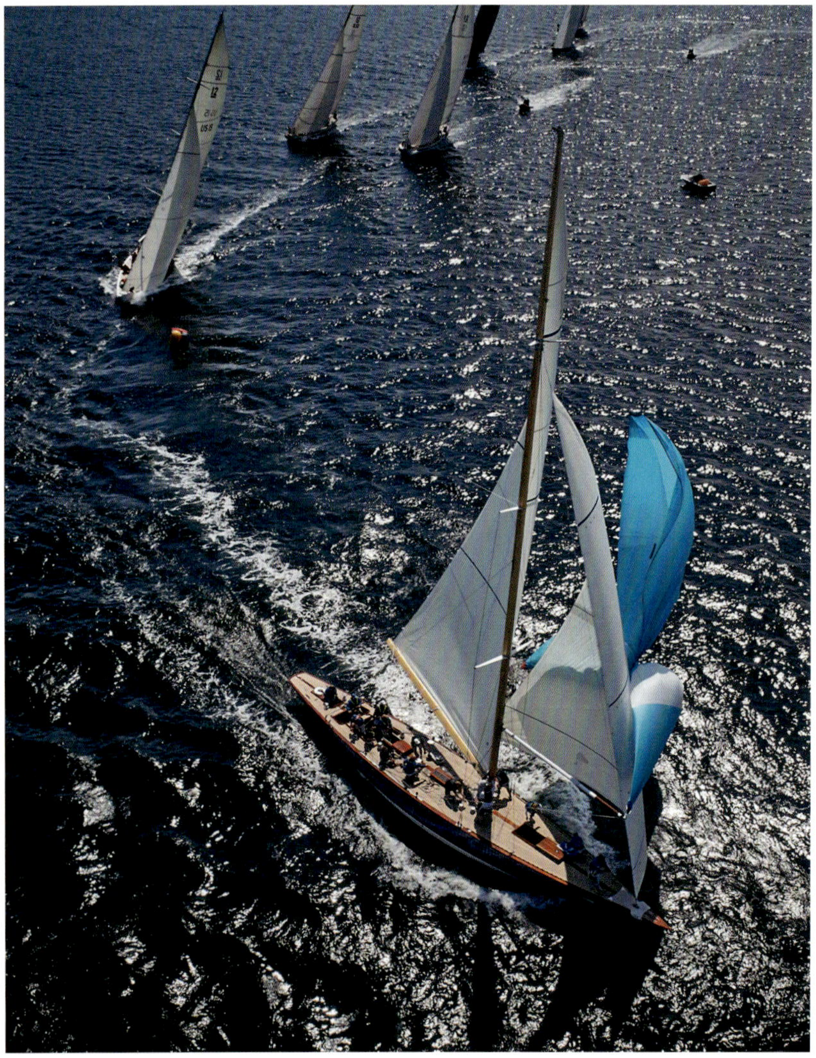

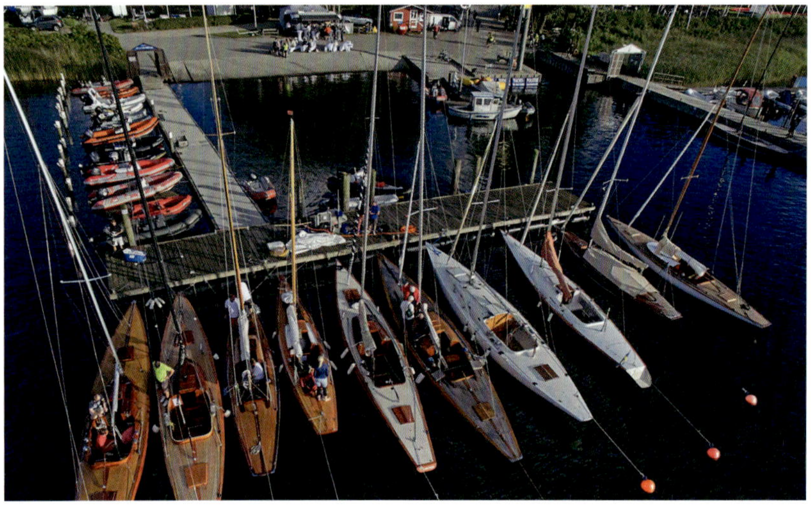

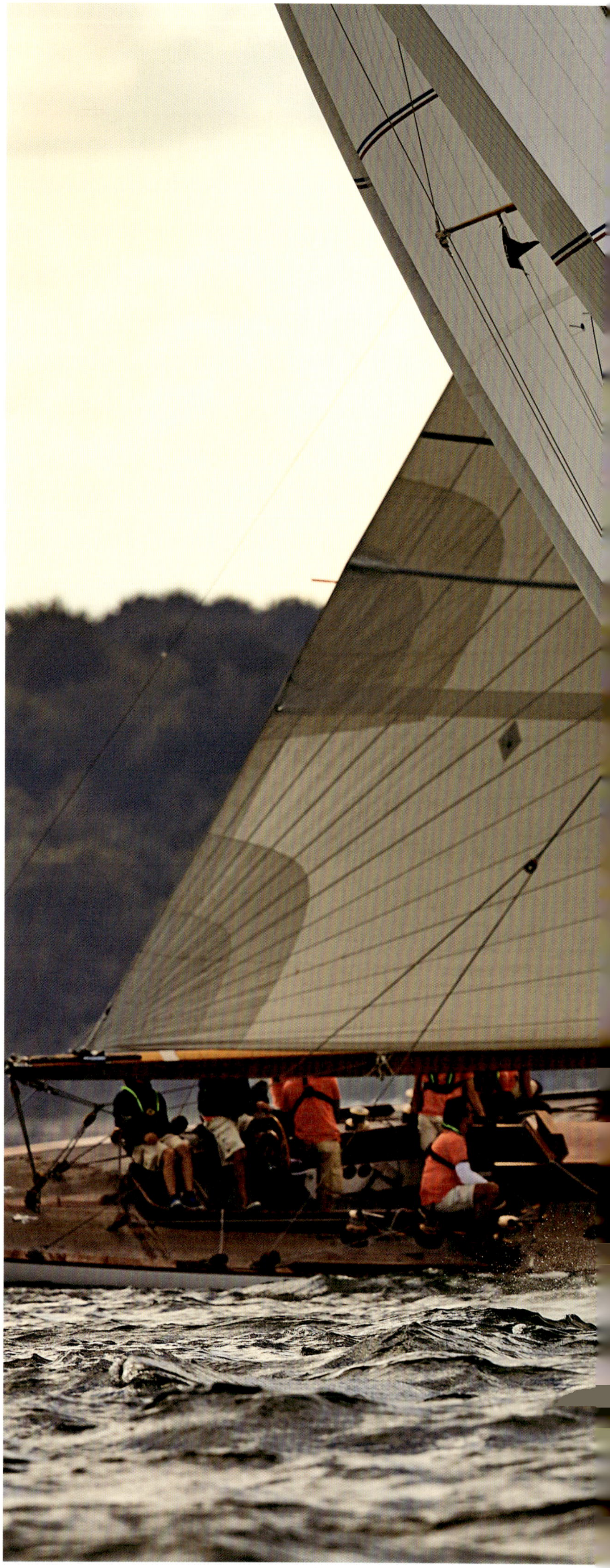

VON SILBER UND GOLD

Beim Robbe & Berking Sterling Cup sind bereits Welt- und Europameisterschaften der wichtigsten Rennklassen erfolgreich absolviert worden. Packende Duelle und taktische Manöver sind von Begleitbooten aus gut zu beobachten. Und der Wind steht günstig für weitere Wettbewerbe auf dem Wasser bei Flensburg.

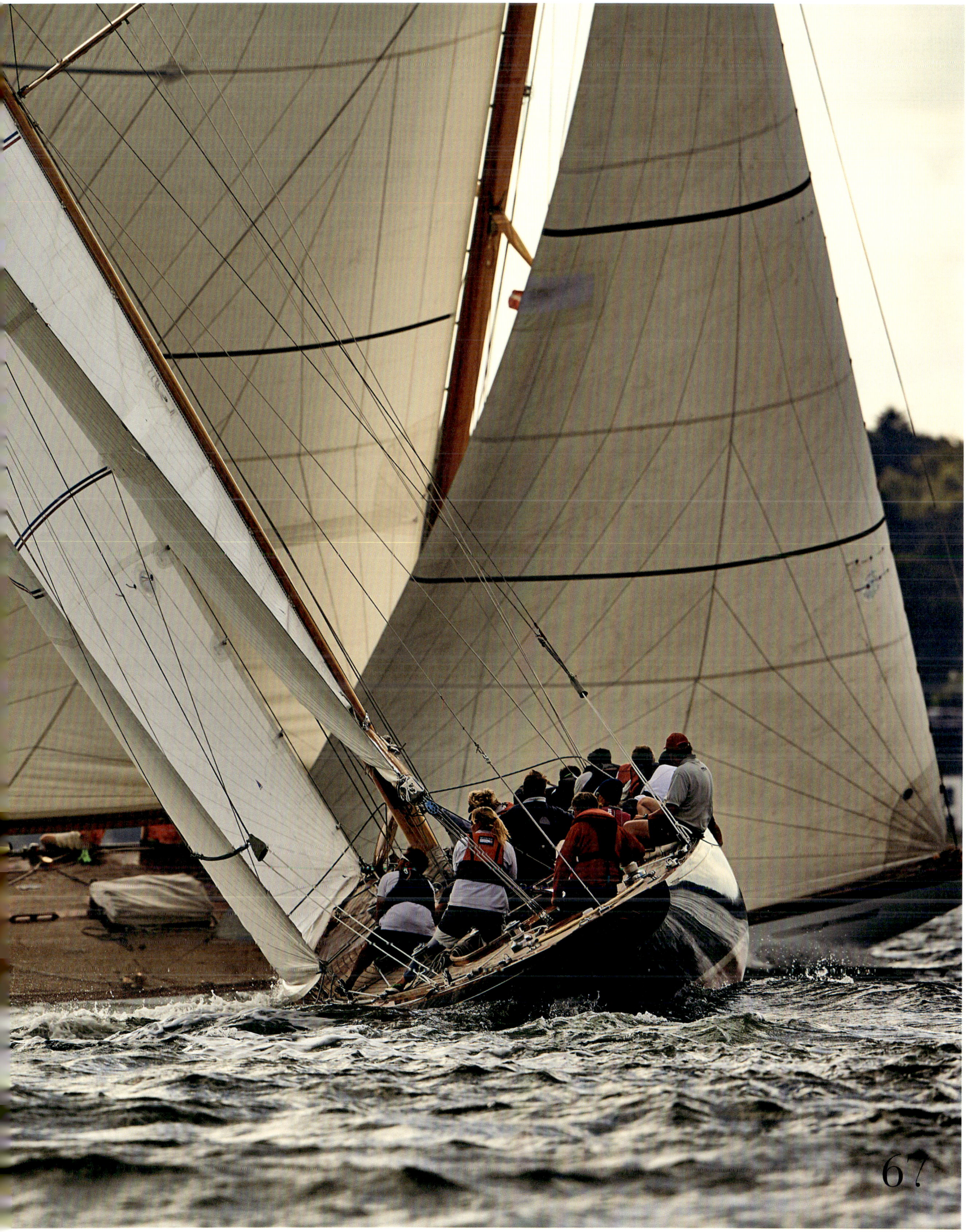

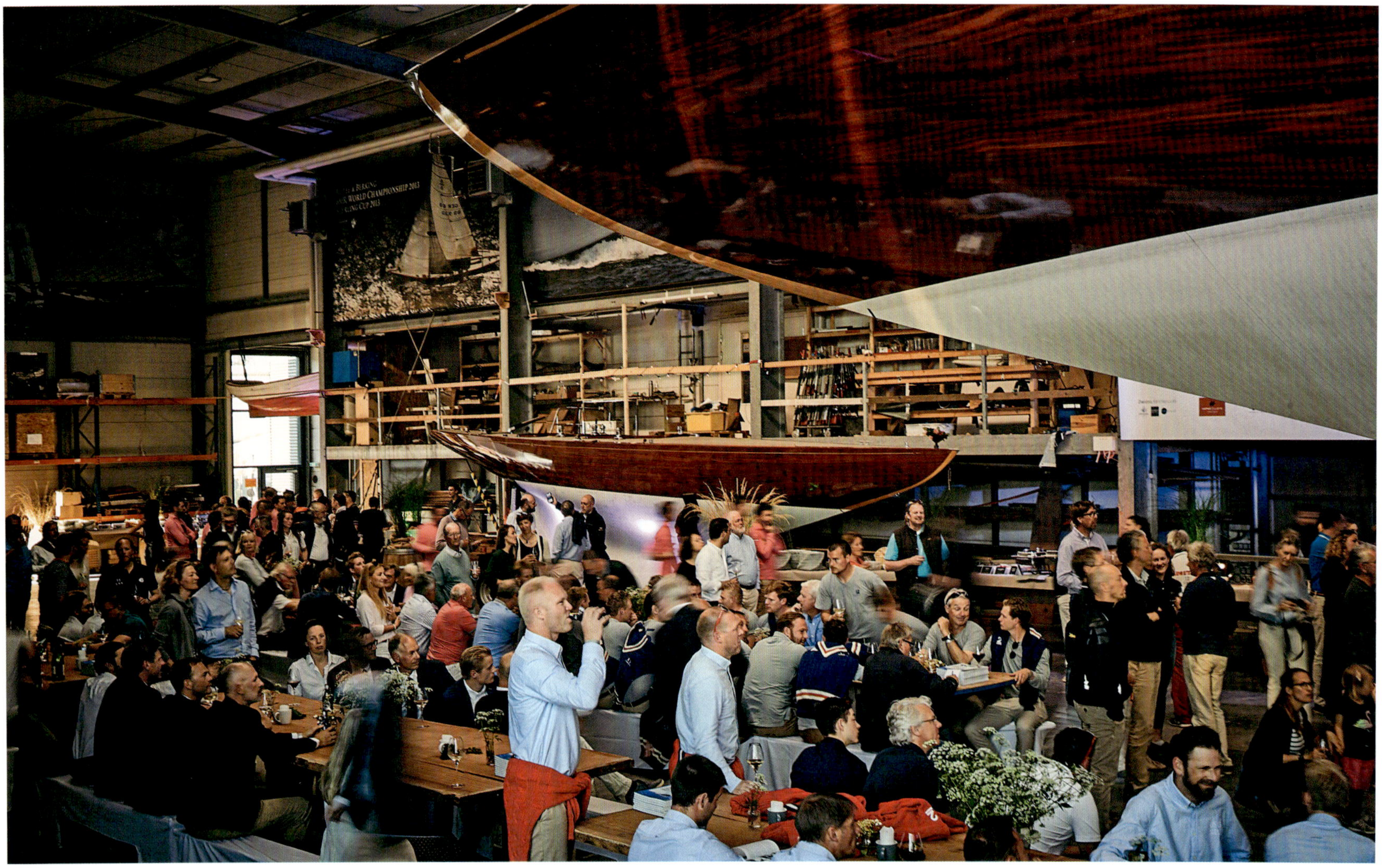

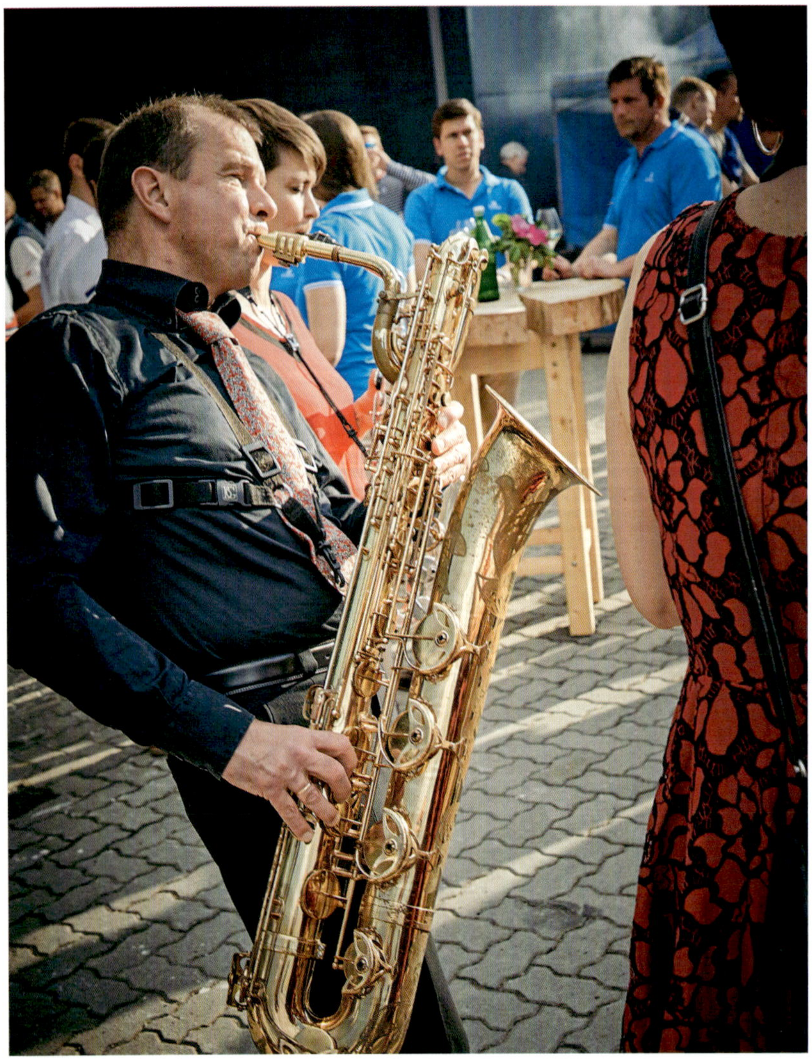

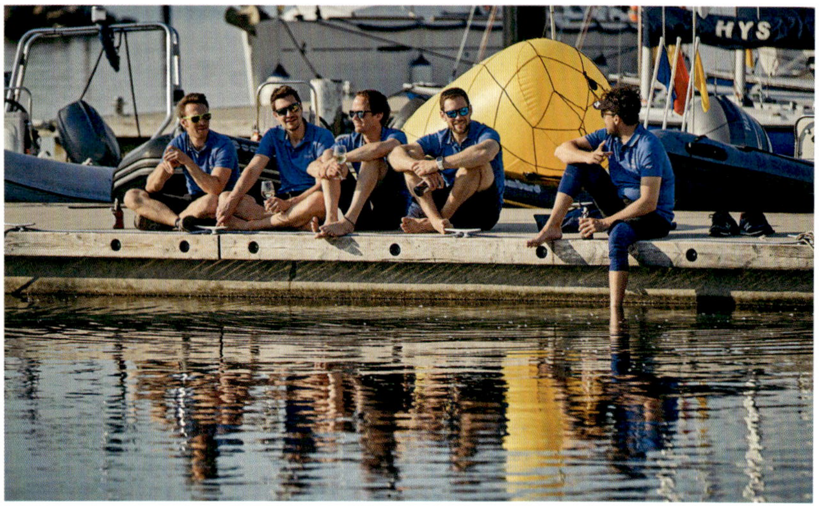

WE ARE THE CHAMPIONS

Wenn beim Robbe & Berking Sterling Cup der Organisator seine Werft zur Partybühne umbaut, werden alle Teilnehmer zu Gewinnern. Inmitten von Holzgeruch und Hobelspänen bekommt der Genuss von Bier, Champagner und Barbecue noch eine zusätzliche Note.

N° 5
JUWELEN AUS HOLZ: STELLDICHEIN DER METERKLASSEN BEIM ROBBE & BERKING STERLING CUP

Schaulaufen der ganz Großen: Auf der Flensburger Förde veranstaltet Oliver Berking seit 1995 den Robbe & Berking Sterling Cup, eine der ältesten und größten Klassikerveranstaltungen in Deutschland. Es war der Charme des Trebåtfestivals im norwegischen Risør, der Berking derart fasziniert hatte, dass er selbst ein solches Festival auf die Förde brachte. Und so wird seit bald 30 Jahren die Flensburger Förde zur Bühne der Meterklassen, allen voran die majestätischen und lange im America's Cup gesegelten 12mR-Yachten. Bis 1987 wurden die Rennyachten für den Olymp des Yachtsports eingesetzt und gelten bis heute als Ikonen und Vorreiter im klassischen Bootsbau. Der Robbe & Berking Sterling Cup wird in Zusammenarbeit mit dem Flensburger Segel-Club in Glücksburg veranstaltet. Schon nach wenigen Jahren wurde diese Veranstaltung mit über 200 teilnehmenden Klassikern auch eine der größten im Ostseeraum. Jetzt werden gezielt Klassen eingeladen, die hier dann ihre Welt- oder Europameisterschaften austragen. In Zahlen: Mindestens zwölf Welt- oder Europameisterschaften für Klassen wie die 5.5er, 6mR, 8mR, 22er-Schärenkreuzer – und die Fortsetzung folgt

»Höhepunkte waren unbestritten die beiden Robbe & Berking Welt- und Europameisterschaften für die 12mR-Yachten in den Jahren 2008, 2011, 2015 und 2017«, schwärmt Oliver Berking. Die Wirkung der Regatta – die sicherlich zu den professionellsten in Deutschland zählt – reicht deutlich weiter als in die Siegerlisten und Historienbücher der jeweiligen Klassen. »Aus dem Sterling Cup«, erzählt Berking, »ist am Ende auch 2008 die Yachtwerft Robbe & Berking Classics und 2016 das Robbe & Berking Werftmuseum (Yachting Heritage Centre) hervorgegangen. Anders gesagt: Ohne den Sterling Cup gäbe es beides nicht.«

Wohl ein entscheidender Grund, warum diese extravaganten Rennyachten hier oben im deutsch-dänischen Fördewasser eine ganz besondere Heimat gefunden haben und Flensburg neben Kiel zum Epizentrum der Zwölfer erstarkte: Mithilfe von Berkings Engagements segelt hier heute die weltweit größte Flotte der hölzernen 12mR-Yachten. Dass dem so ist, unterstreicht der Visionär mit dezentem Stolz: »An der Robbe & Berking Zwölfer-Europameisterschaft im Jahr 2015 nahmen 15 Boote teil. Das hatte es in der Geschichte der Klasse – und die gibt es immerhin seit 1907 – nur einmal zuvor gegeben, nämlich beim 150-jährigen Jubiläum des America's Cup 2001 in Cowes. Und im Winter stehen auf der Welt nirgendwo so viele Zwölfer wie bei uns in der Werft, nämlich elf. 2008 gründete die ITMA International (International Twelve Metre Association) bei uns in der Werft eine 12-Metre-Station. Vor ein paar Wochen fand dort ein internationales Zwölfer-Eignertreffen statt mit fast 40 Teilnehmern. Die meisten kamen dazu nach Flensburg.«

Die einzelnen Wettfahrten des Cups finden auf der Flensburger Förde zwischen den Ochseninseln und Schausende statt, sodass die Zuschauer auch vom Ufer aus die Segelwettkämpfe verfolgen können. Als besonderes Event hat sich in jüngster Zeit für die Zwölfer die Zubringerregatta von der dänischen Dyvig-Bucht über die Förde nach Glücksburg etabliert. Ist es der Nimbus der ganz Großen, der auf alle anderen ausstrahlt, oder sind es die heiteren, opulenten Feste abends in der Werft oder das Segeln auf – wie manch einer sagt – Deutschlands schönstem Segelrevier oder schlicht die Mischung aus allem?

Diese Frage bleibt offen. Sicher ist: Der Robbe & Berking Sterling Cup gehört auf jeden Fall zu den Festivals, bei denen einmal teilnehmen für die meisten nicht reicht. Das ist ganz im Sinne des Erfinders: »Wenn die Segler nach Hause fahren, sollen sie traurig sein, dass es vorbei ist. Dann habe ich mein Ziel erreicht«, so Berking. Und so kommen sie Jahr für Jahr alle wieder, zum Schaulaufen der Großen auf der Flensburger Förde, der Brücke zwischen Deutschland und Dänemark.

N° 6

SCHLANK & RANK AUF FEHMARN: WENN HÖLZERNE PLANKEN SALZIGES WASSER SCHNEIDEN

Achtung Ansteckungsgefahr – »Schlank & Rank«-Initiator Georg Milz ist Schärenkreuzerfan, durch und durch und nahezu ausschließlich. Viele davon hat er seit seinem ersten Boot 1974 restauriert, gesegelt und weitergegeben an Menschen, die sich infizieren ließen. Ab und zu nimmt er sich auch optisch verwandten Schönheiten an, aber schlank müssen sie sein. In Milz' Heimatrevier Lemkenhafen auf Fehmarn liegen mittlerweile eine ganze Reihe dieser schnittigen Schönheiten, die mit ihren spitzen Steven durch die Wellen schneiden. Die Initialzündung für die Schärenkreuzer-Duelle geht auf Georg Milz' Erleben der Hundertjahrfeier der klassischen Schärenkreuzer in Schweden zurück. Derart begeistert von dem Zusammentreffen der Gleichgesinnten, wollte er zu Hause ein ähnliches Format initiieren und bringt nun selbst im Zweijahresturnus die Ranken und Schlanken in Lemkenhafen zusammen, um Seite an Seite zu regattieren und zu feiern, ohne die Großen oder die voluminösen Modernen.

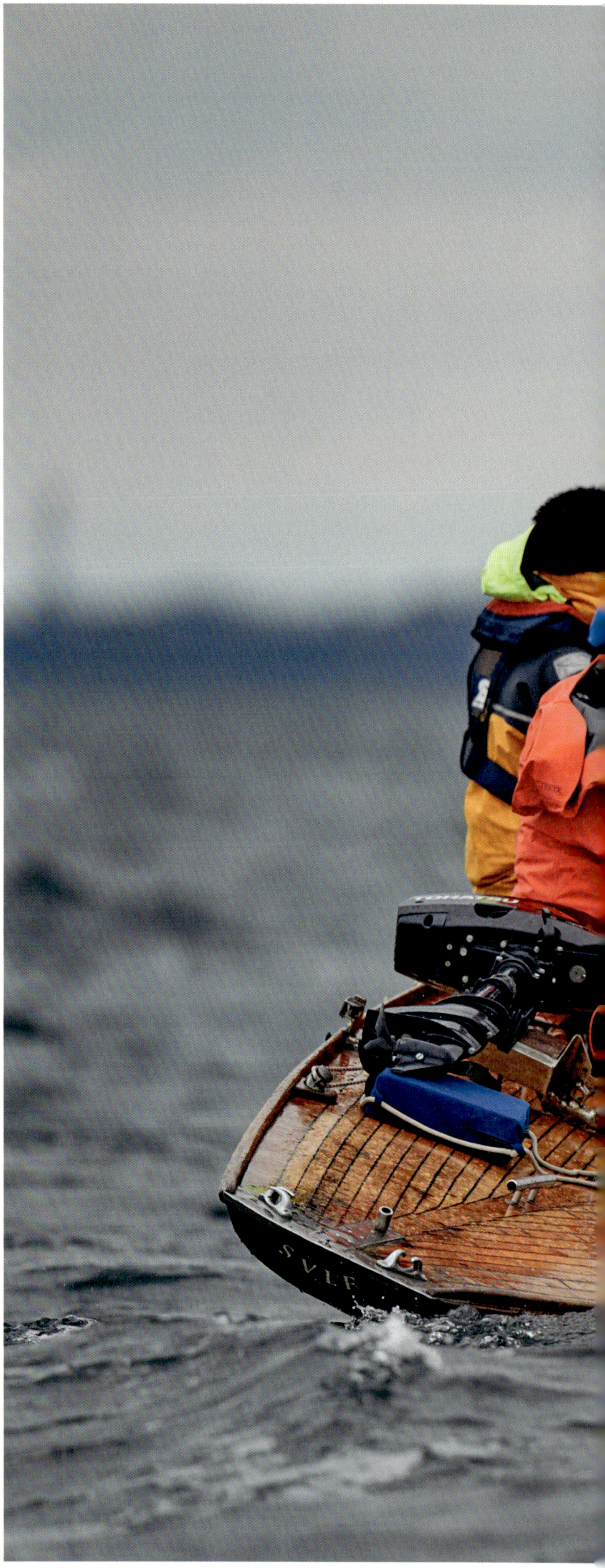

SCHARF WIE MESSER, SCHLANK WIE GERTEN

An der Küste der Ostseeinsel Fehmarn treffen sich die Schärenkreuzer zum Duell und machen abends in Lemkenhafen fest. Dann wird gegrillt und musiziert und ein Gottesdienst unter freiem Himmel abgehalten.

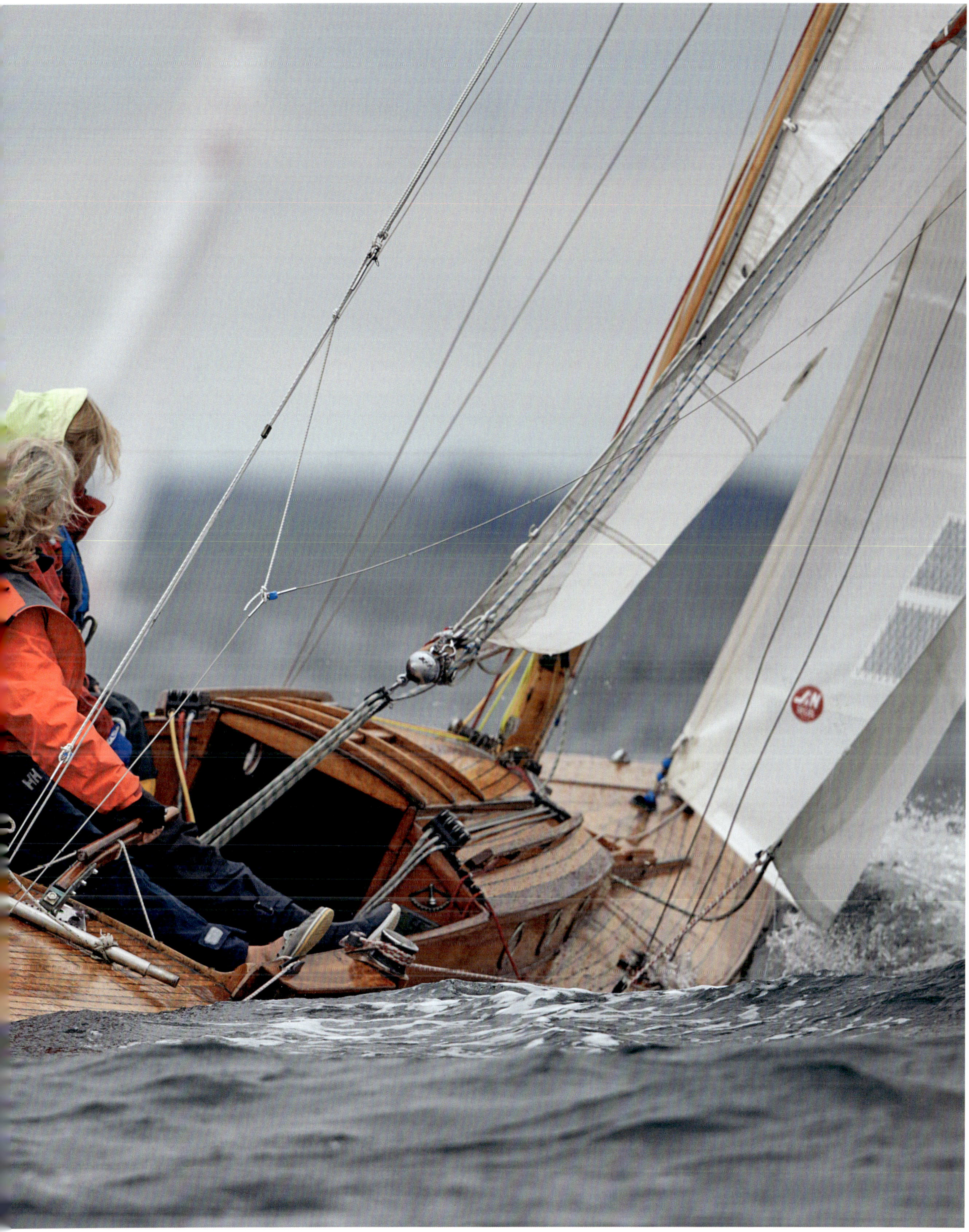

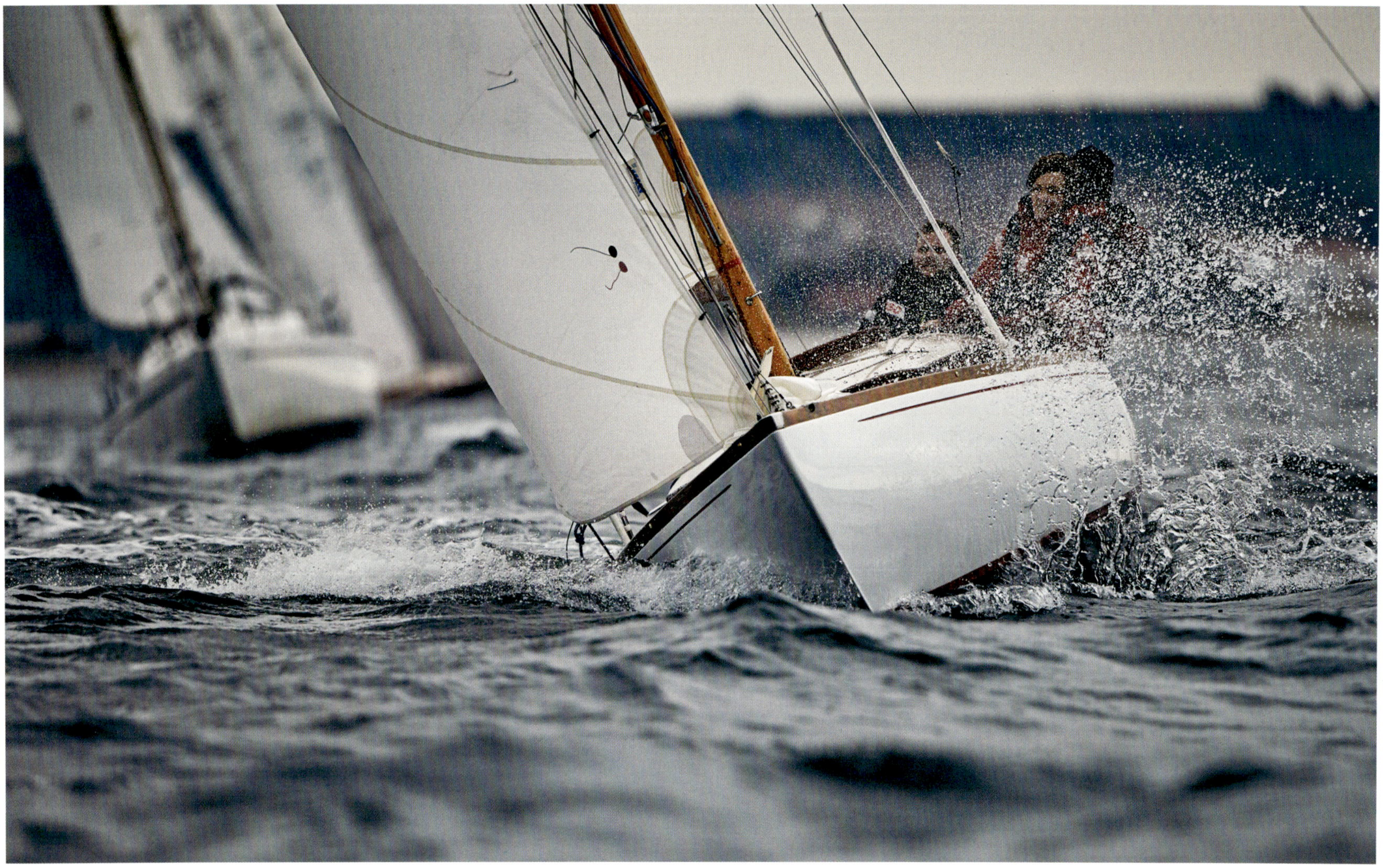

»Es ist schlicht DAS Treffen der Schärenkreuzerverrückten«, schwärmt auch Torsten Jegminat, Eigner der 22er-Schäre TRICKSONITA und einer der Vereinsaktiven im Freundeskreis Klassische Yachten. »Im Hafen eher privat, familiär und völlig unverkrampft, draußen auf dem Wasser will man's dann schon wissen. Wir regattieren hier zwar nicht mit dem Messer zwischen den Zähnen, aber doch zielorientiert. Nennen wir es freundschaftliches Regattieren«, beschreibt der 22er-Fan die Hotspotveranstaltung der Schärenkreuzer. Eingeladen sind neben klassischen Holzschärenkreuzern, wie den 15ern, 22ern, 30ern, 40ern und auch größeren Exemplaren, alle artverwandten schlanken und ranken Boote wie Drachen, Soling, H-Boot und deren größere Geschwister. Wenn schlank genug, darf sogar Kunststoff auf die Bahn. Gesegelt wird in der Orther Bucht im westlichen Fehmarnsund – im Hintergrund der »Kleiderbügel«, wie die Sundbrücke hier gern genannt wird. Das Landprogramm findet im Hafen und auf dem Clubgelände des Segelvereins Lemkerhafen Fehmarn in entspannter Atmosphäre statt. Eher heimelig und ohne Gedöns, wie man hier sagt. Denn zeitgleich feiern alle Lemkenhafener ihr Sommerfest, inklusive Gottesdienst unter freiem Himmel.

PLURALITÄT FÜR DIE PLANKEN

Bei den Regatten auf dem Fehmarnsund sind auch andere Bootsklassen zugelassen, allerdings müssen sie dem Design eines schlanken Bootes entsprechen.

WILFRIED HORNS: VON FREUNDEN, ALTEN BOOTEN UND KLASSISCHEN YACHTEN

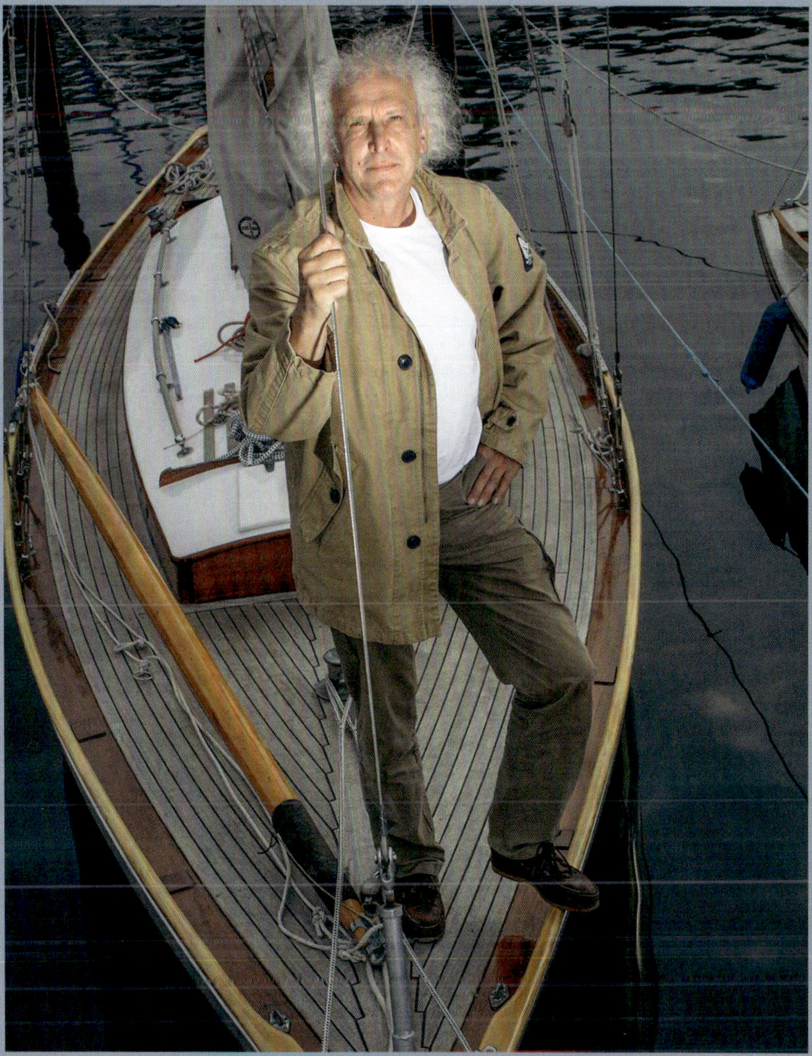

WILFRIED HORNS

Wilfried Horns steht nicht gern im Rampenlicht, ihm ist eine gemütliche Petroleumlampe im Salon einer hölzernen Yacht lieber. Und dennoch hat der Kieler mit einem Dutzend Seglern eine große Flottenbewegung ausgelöst: Die Gründung des »Freundeskreis Klassische Yachten« (FKY) 1994 bei einem Wintertreffen von Regattaseglern – dezent in einem Hinterzimmer der Segler-Vereinigung Kiel – hat Zahlen, Zustand und den Anblick klassischer Yachten binnen und buten erheblich positiv verändert.

Vor der Freundeskreisgründung gab es vereinzelte Bootsbastler auf zugigen Plätzen und in kalten Schuppen, die untereinander wenig vernetzt waren. »Es ging darum, diejenigen zu treffen, die man ein- oder zweimal im Jahr an sich vorbeisegeln sah, mit- und gegeneinander auch außerhalb des eigenen Segelvereins zu segeln, Renovierungsprobleme zu diskutieren und sich auszutauschen«, fasst Horns seine Ursprungsidee zusammen. Er selbst, seit 1985 Eigner der 7KR-Yacht PIRAYA, die 1949 bei Abeking & Rasmussen vom Stapel lief, gehört zu dem Typus Mensch, der durch eigene Recherche und Restaurierung aus einem Holzboot einen Klassiker macht. Um das vereinzelte Knowhow zu bündeln und gemeinsam zu regattieren, wollte er ursprünglich keinen weiteren Verein gründen, davon gab es in Kiel genug. Und überraschend wurde aus dem beschaulichen Kreis einiger Freunde trotzdem bald eine große Bewegung: Auf dem Wasser, in Werften, Bibliotheken, Archiven und in den Köpfen.

Warum ist der FKY so erfolgreich gewachsen? »Weil die Idee stimmte und die Aktivitäten – insbesondere die Regattaaktivitäten – die zeitgemäße Ursprünglichkeit und Bodenhaftung zeigten.«

Seitdem ist der Begriff »klassische Yacht« in aller Munde, ein »Freundeskreis« ein etabliertes Wort jenseits der Vereinsmeierei. Mit seiner Idee hat der Gründungsvater quasi einen Stein in die Kieler Förde geworfen. Seitdem breiten sich konzentrisch die Wellen aus, mit immer neuen Kreisen: Neben den Regatten gibt es den begehrten Restaurierungspreis, Workshops, Seminare, Website und Printmagazin, ein Yachtsportarchiv sowie das Zentrum Klassischer Yachtsport in Kiel. Mittlerweile ist der Freundeskreis so groß, ohne Rampenlicht geht's kaum noch. Aber zum Glück gibt es an Bord der PIRAYA noch eine Petroleumlampe.

FREUNDESKREIS KLASSISCHE YACHTEN
www.fky.org

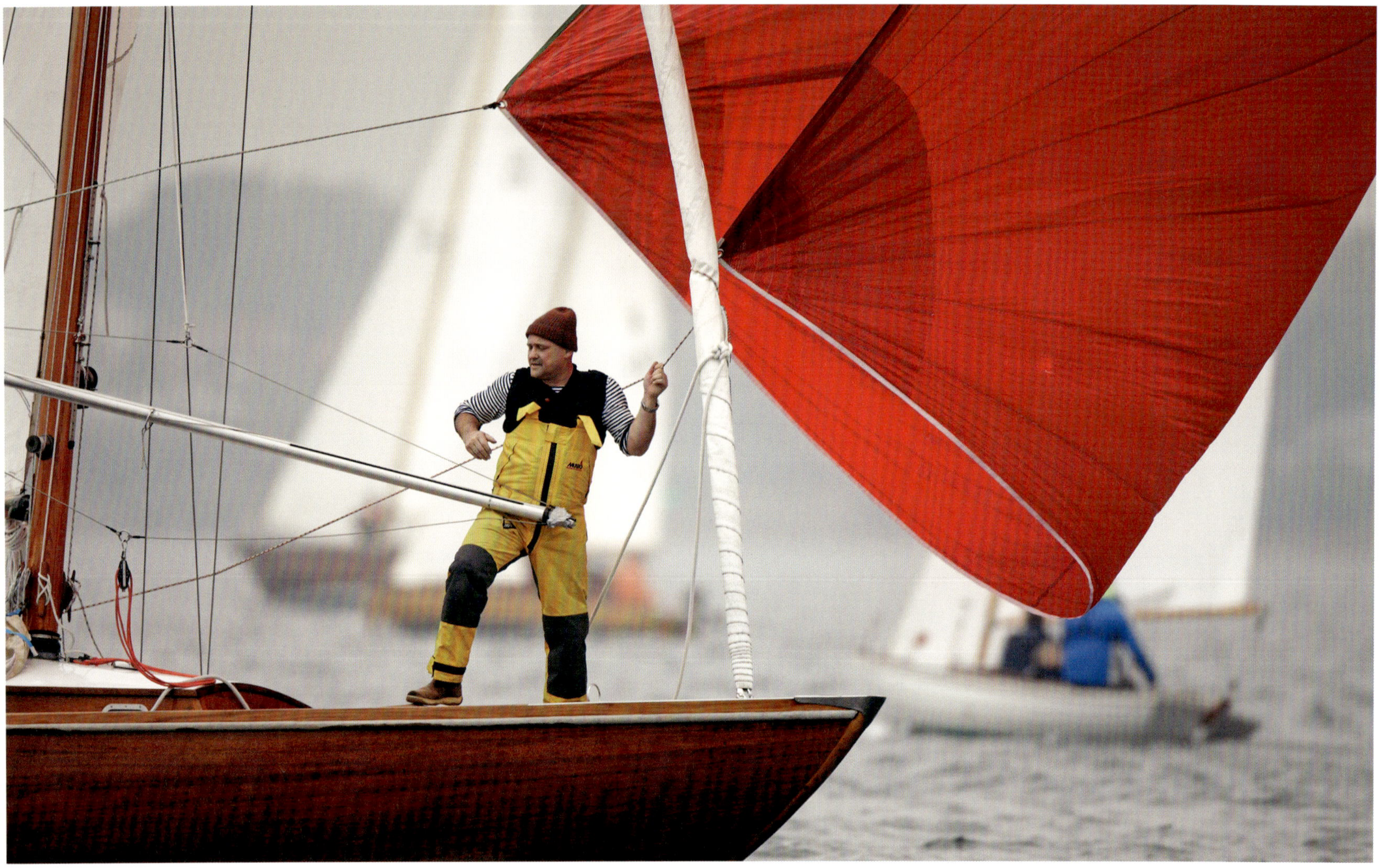

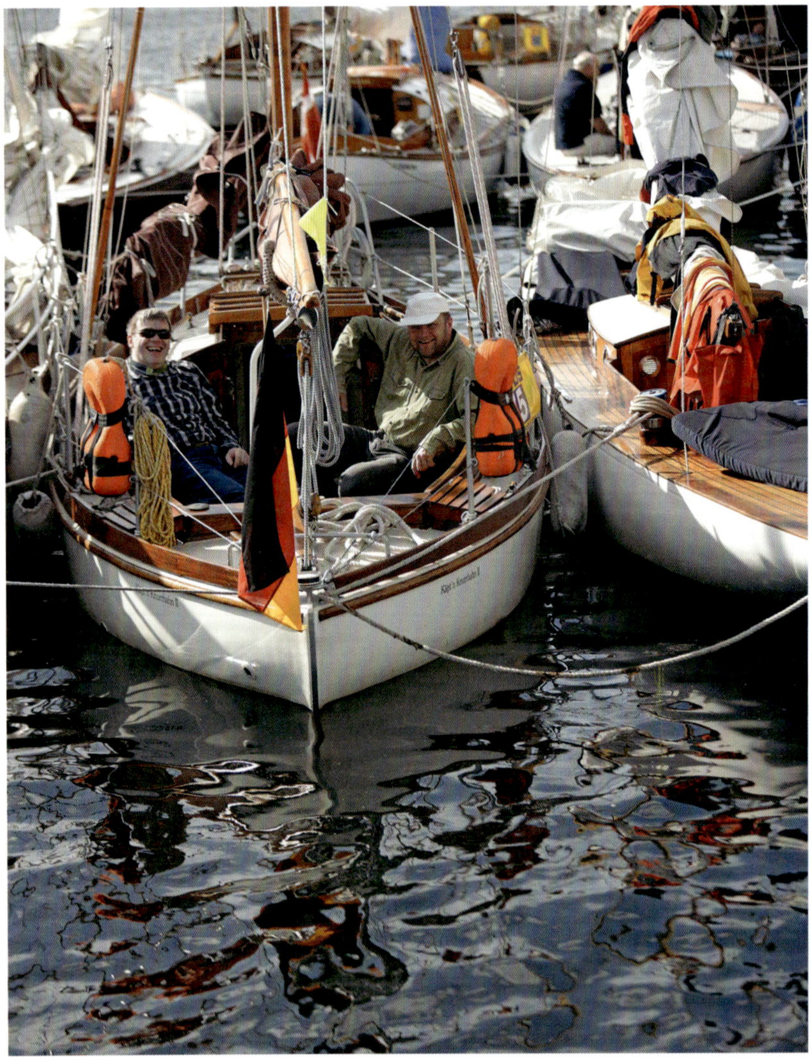

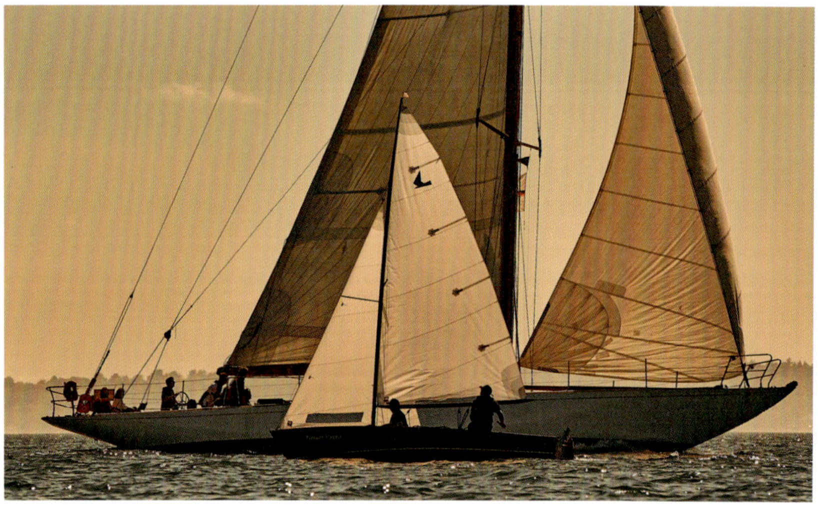

SAISONSTART VOR NEUSTADT

Im Mai treffen sich die Frühaufsteher zum sagenhaften Frühstück, um dann sportlich auf der Regattabahn den Ballast wieder munter abzusegeln. Das alles findet im Namen und zu Ehren eines ehemaligen Bewohners des Städtchens statt: Schiffsbaugenie Max Oertz. Neben Yachten aus seiner Feder sind viele andere Klassiker am Start.

»HIER IST ALLES EIN BISSCHEN KLEINER UND FAMILIÄRER – ABER WIR HABEN HIER SCHLICHT DAS FANTASTISCHSTE FRÜHSTÜCK AN DER GANZEN KÜSTE!«

N° 7

FAMILIENFEST IM FRÜHLING MIT DEM BESTEN FRÜHSTÜCK AN DER GANZEN KÜSTE: DIE MAX OERTZ REGATTA IN NEUSTADT

Der geniale Yachtkonstrukteur Max Oertz, der mit seinem unglaublichen Gespür für Ästhetik in den Anfängen des deutschen Segelsports nicht nur sehr schnelle, sondern eben auch besonders formschöne Boote konstruierte, verbrachte die ersten fünf Jahre seines Lebens in Neustadt. Ihm zu Ehren hat der Freundeskreis Klassische Yachten vor über 20 Jahren unter der Federführung von Oliver Bahr die Max Oertz Regatta für klassische Yachten und Jollen ins Leben gerufen. Ende Mai ist sie die erste Klassikerregatta der Saison und lockt jährlich um die 40 eher mittelgroße Klassiker in die Lübecker Bucht.

»Hier ist alles ein bisschen kleiner und familiärer – aber wir haben hier schlicht das fantastischste Frühstück an der ganzen Küste, ein Frühstücksbüffet, das es locker mit dem des Atlantic in Hamburg aufnehmen kann!«, grinst Oliver Bahr. Ziemlich kennzeichnend für eine Regatta, bei der nicht der sportliche Aspekt an allererster Stelle steht, sondern vielmehr die Freude am gemeinsamen Segeln, am Fachsimpeln, Lachen und Tanzen. Hier kommen Familien mit Kindern zu Freunden und genießen die Gemeinschaft der Holzbootenthusiasten. Der »Ich-bin-schneller-Faktor« kommt in dem Regattaformat eines Up & Downs und mehrerer Dreiecksregatten zwar auch zum Tragen, »aber längst nicht so sehr wie bei anderen Regatten an der Küste. Hier geht's um Zusammensein!«, schwärmt Bahr, selbst Eigner einer Max-Oertz-Yacht. Und in seiner Stimme schwingt so viel Begeisterung mit, dass man sich auch unabhängig von Regattasieg und Co. überlegen sollte, auch hier mal hinzufahren. Schließlich liegen die Yachten dicht gedrängt in dem engen historischen Hafen, sodass selbst noch für Landratten die Magie der traditionellen Yachten spürbar wird.

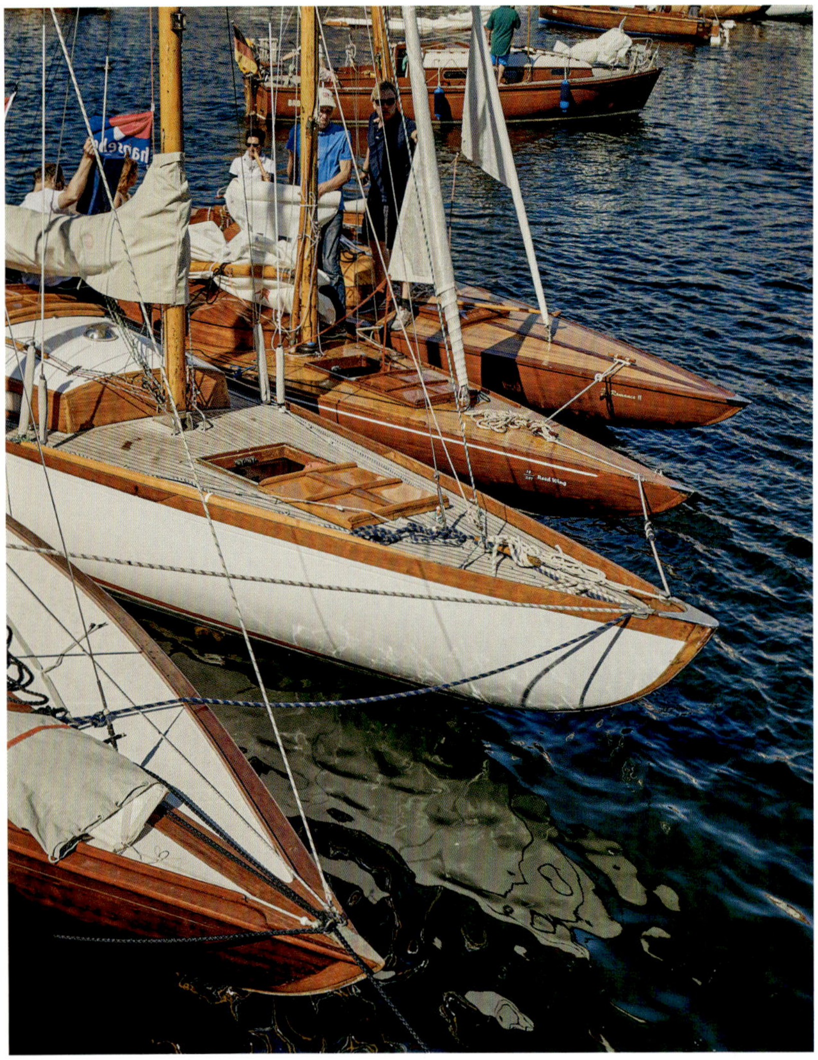

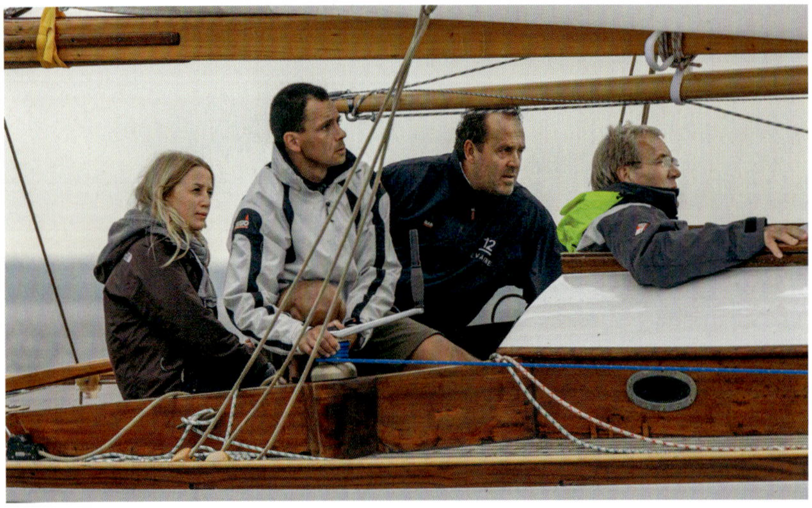

FREUNDSCHAFTLICH UND FAMILIÄR
Jollen, Schärenkreuzer, Kreuzeryachten, Folkeboote, Meterklasse – auf der Lübecker Bucht vor Neustadt kommen sehr unterschiedliche Konstruktionen zum Einsatz. Der Spaß am Segeln hat hier Priorität – ein typisches Merkmal aller Klassikerregatten im Norden.

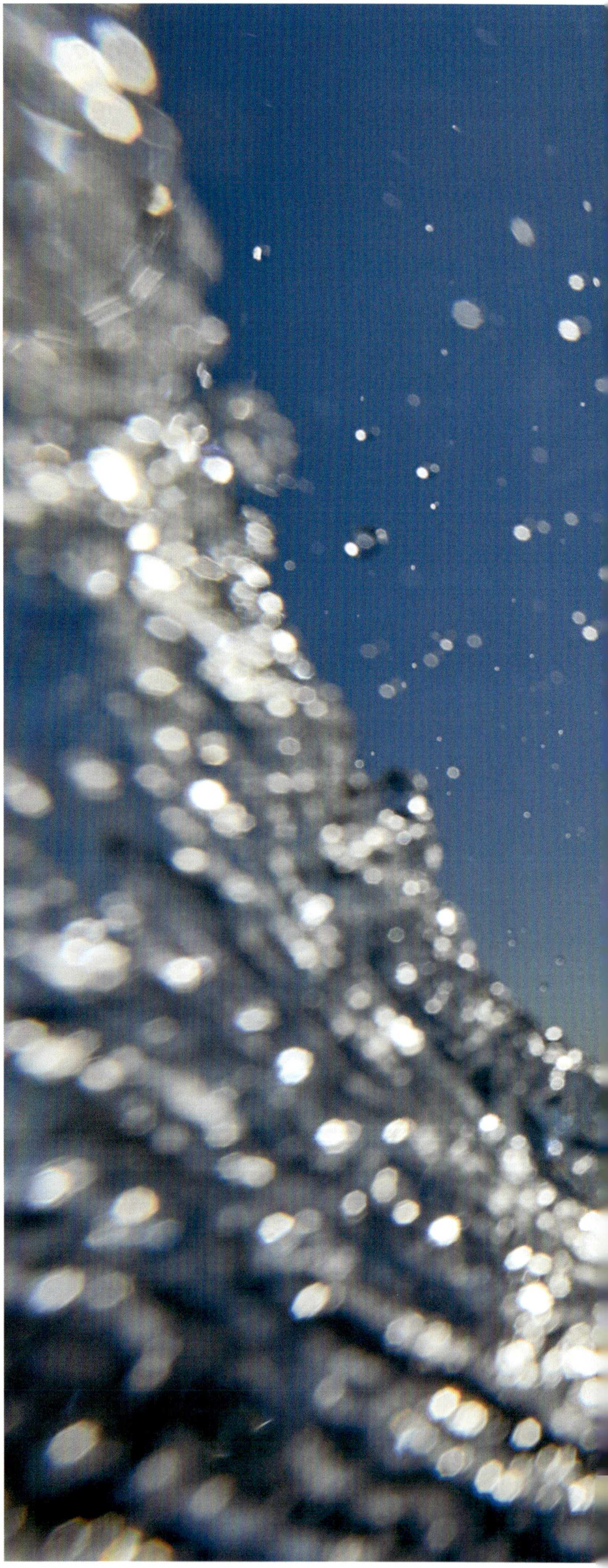

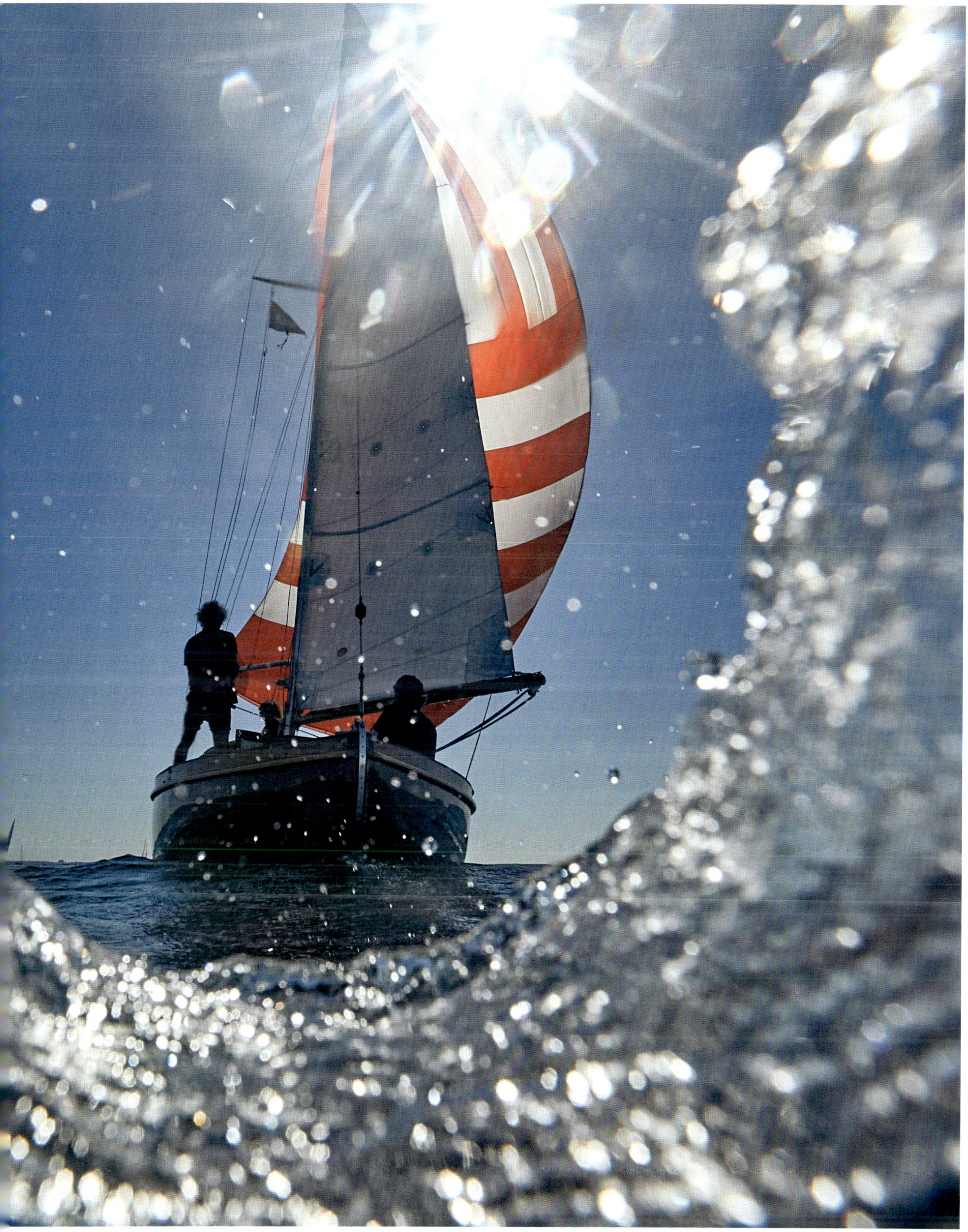

4

NORD DEUT SCHE BINNEN REVIERE

WENN DIE KLEINBOOTE KOMMEN: HOL HOCH DAS SCHWERT!

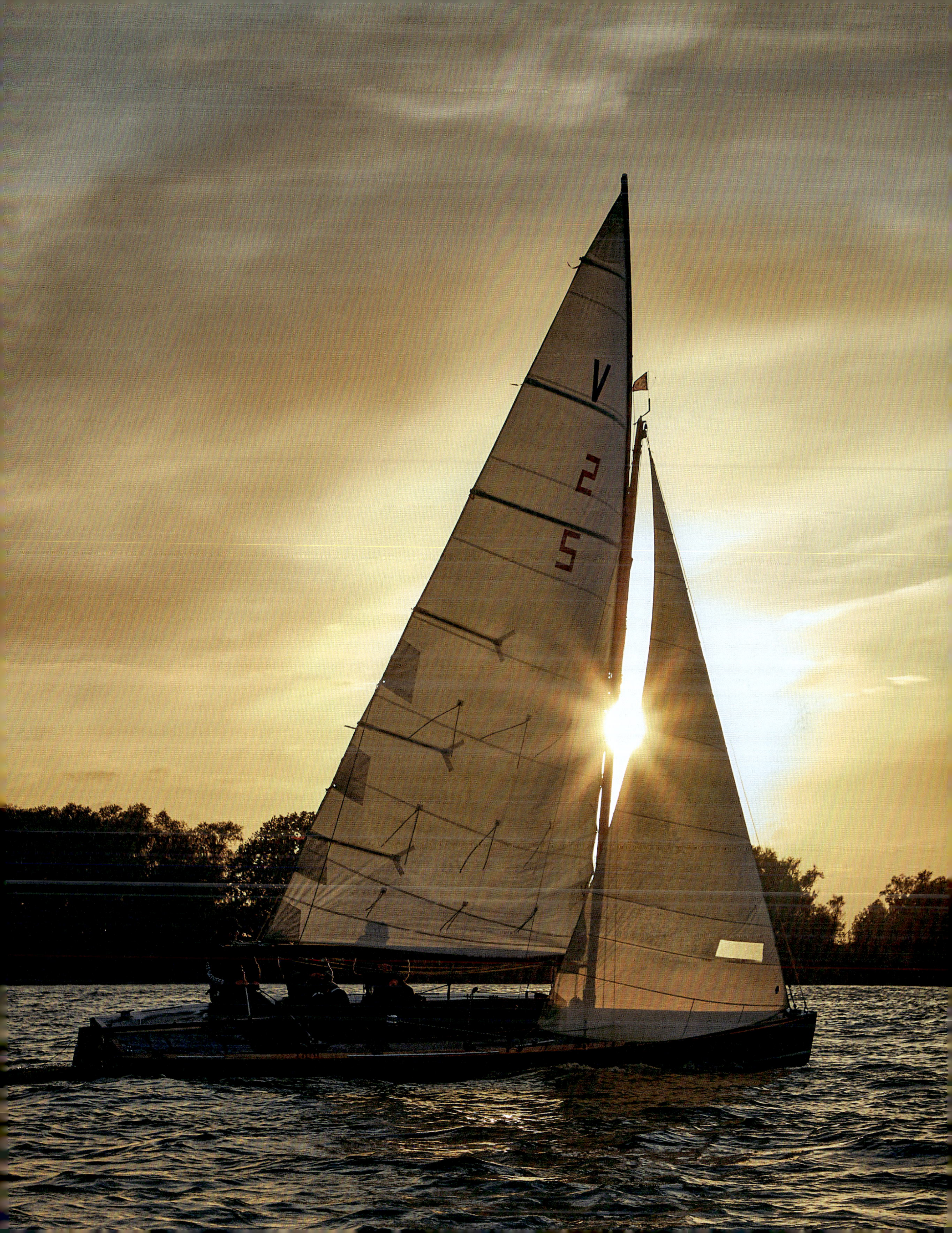
V
25

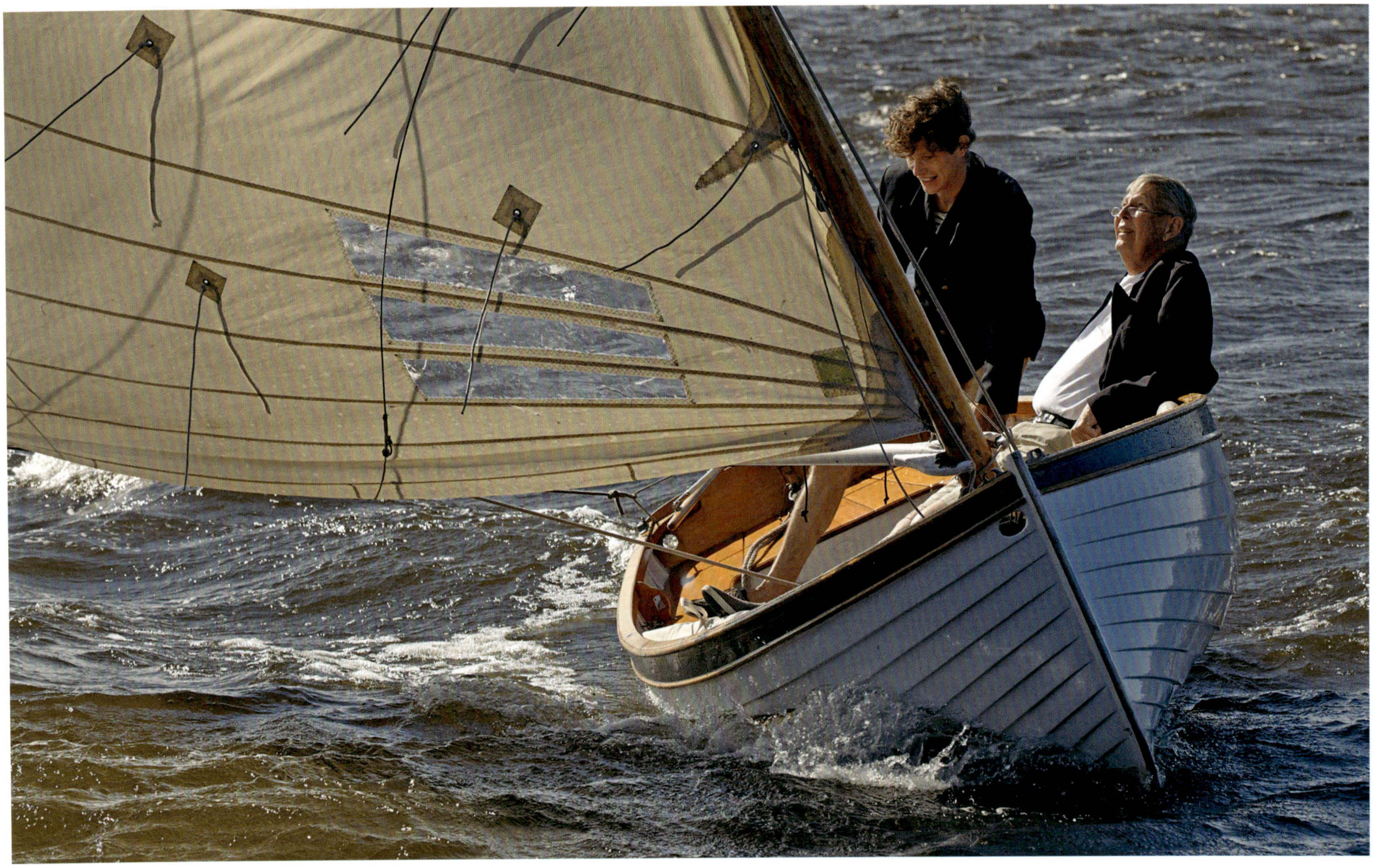

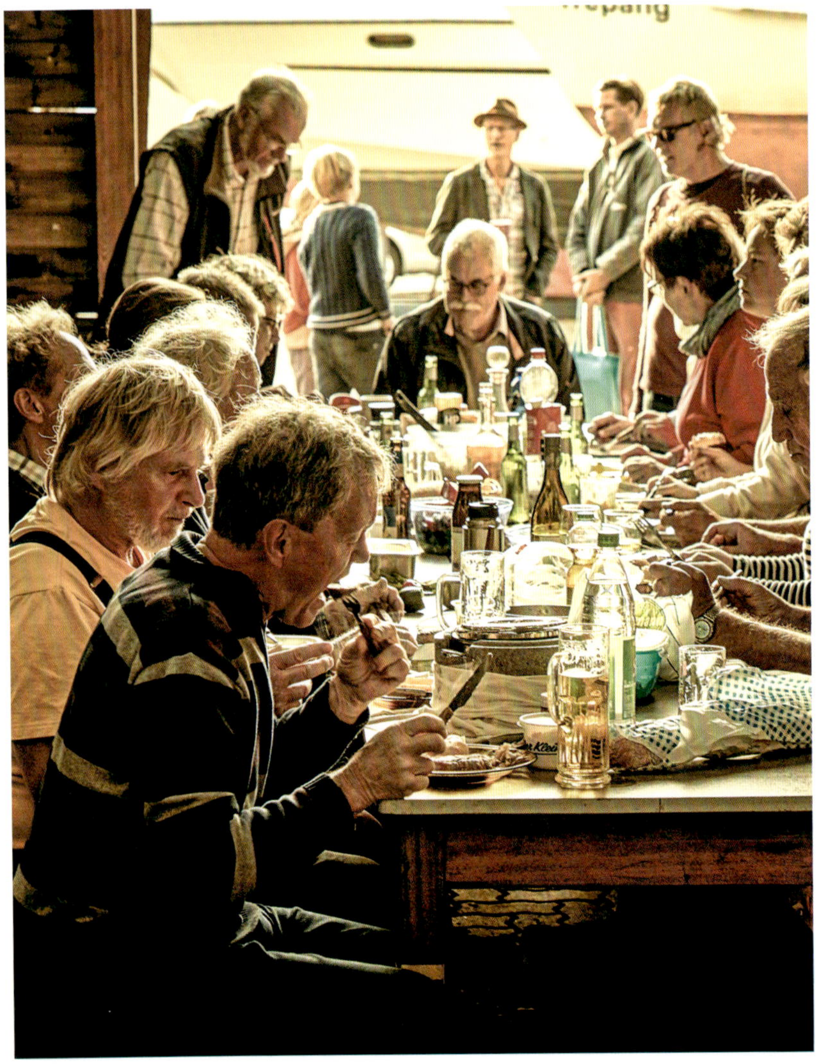

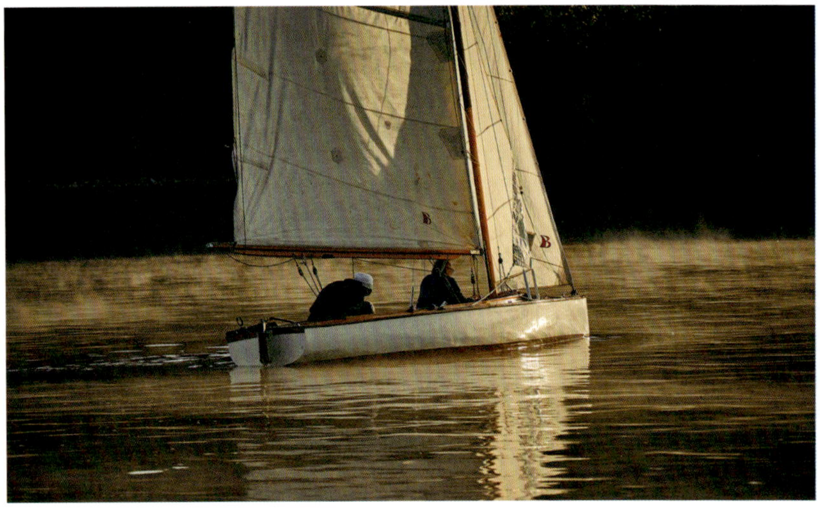

NACH DER EBBE? KOMMT DIE FLUT!
Elbsegler sind ein beinhartes Volk und navigieren nach dem Takt der Tide. Auf einer Geschwaderfahrt mit Grillabend werden viele Geschichten erzählt und neue kommen hinzu. Gäste sind immer willkommen.

WÄHREND DIE EINEN MIT KIEL, TIEFGANG UND BOOTSLÄNGEN SCHNELL ÜBER ZEHN METER UND MEHR ORDENTLICH WIND VERTRAGEN UND SEIT KAISERZEITEN IDEAL FÜR DIE KÜSTENGEWÄSSER UND DAS MEER GEEIGNET SIND, HABEN SICH IM BINNENLAND, IN DEN BODDENGEWÄSSERN UND ÜBERALL SONST, WO DAS WASSER SO FLACH IST, DASS MAN MIT VIEL TIEFGANG NICHT WEITERKOMMT, ANDERE BOOTSTYPEN ETABLIERT: JOLLEN, DARUNTER VIELE SOGENANNTE NATIONALE JOLLEN UND JOLLENKREUZER. »KLEINBOOTSEGLER«, WIE MAN IN DEN ANFÄNGEN DES SEGELSPORTS ZU SAGEN PFLEGTE.

Heute haben sie alle den unfassbaren Vorteil, dass die Boote leicht zu trailern sind oder, im Falle der Jollenkreuzer mit ihren Kajüten, das kleine Glück für mindestens ein Wochenende bedeuten können – auch für all die Menschen, die nicht an der Küste leben. Während also die Küste Hotspot der seegängigen Holzschönheiten wurde, verstecken sich in Hamburg und Berlin zahllose wunderschöne kleine Schmuckstücke von alten Elbkähnen über Jollenkreuzer bis hin zu schnittigen J-Jollen. Bei den Festivals im norddeutschen Binnenland treffen sie aufeinander, in jedweder Couleur. Dabei haben sie in den vergangenen 20 bis 30 Jahren ihre eigene Art gefunden, »miteinander« zu sein. Und von »ursprünglich« bis »nobel« ist alles dabei.

N^{O} 1
ELBE-KLASSIK: IM GESCHWADER ÜBER DIE ELBE

Nicht Wettkampf, nicht schneller, besser, erster, sondern ganz gemächlich im Takt der Tide die Elbe hinab bzw. hinauf. Oder, um es mit den Worten Ulrich Körners, dem Gründungsvorsitzenden des Freundeskreises Klassische Yachten, zu sagen: »Elbe-Klassik – das ist Segeln in seiner Ursprünglichkeit, ohne viel Reglement und Regattaregeleien. Vorbestimmt sind naturgemäß Orte und Zeiten. Der Wandel ist bei dieser Veranstaltung Programm und führt jedes Jahr zu einem anderen verträumten Ort an der Niederelbe.«

Je nach Tide trifft man sich an einem vorher definierten Ort, wartet aufeinander, und dann geht's los! Wichtigste Regel: Immer hinter dem Führungsboot bleiben und die allgemeinen Kollisionsverhütungsregeln sowie die Regeln der Seeschifffahrtsstraßen-Ordnung beachten. Wettfahrtregeln? – Nein, hier nicht. Allemal »Schoten frei« heißt das Kommando, wenn es dann auf dem letzten Stück doch noch darum geht, Erster zu werden, aber nur so, just for fun, ohne jegliche Vergütung und nur, wenn es die Wetterlage erlaubt.

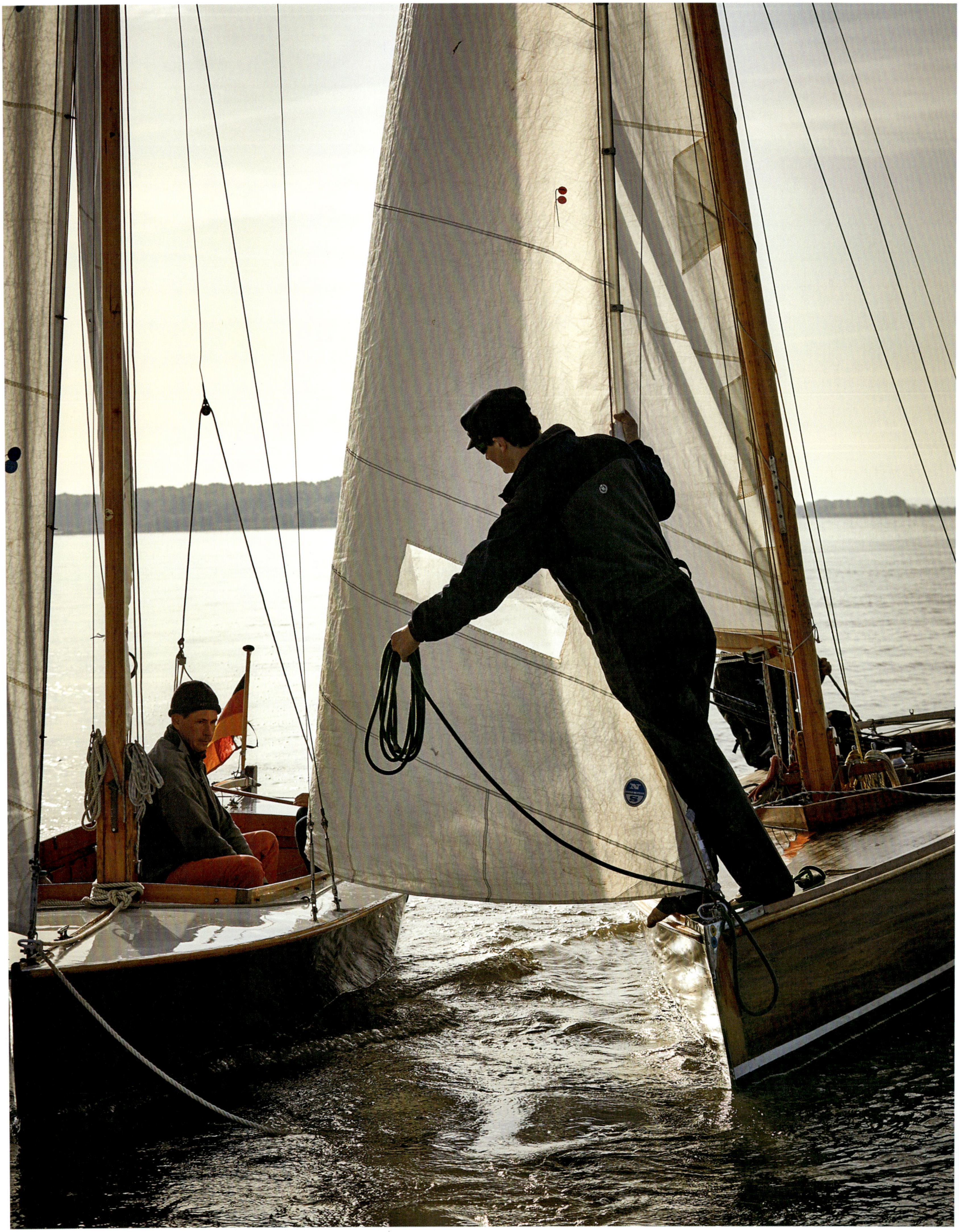

»DER WANDEL IST BEI DIESER VERANSTALTUNG PROGRAMM UND FÜHRT JEDES JAHR ZU EINEM ANDEREN VERTRÄUMTEN ORT AN DER NIEDERELBE.«

Erkennungszeichen dann: Das Beidrehen des Führungsbootes zusammen mit einem langen Ton und dem Niederholen der blauen Flagge.

»Die Elbe-Klassik«, so die »Verklarung«, wie hier die Segelanweisung genannt wird, »ist eine Geschwaderfahrt, bei der das gemeinsame Segelerlebnis im Vordergrund steht. Sie ist keine wassersportliche Veranstaltung und wird daher auch nicht gegenüber den Schifffahrtsbehörden als genehmigungspflichtige Regatta angezeigt. Es wird ausschließlich nach den Regeln der KVR und der SeeSchStrO gesegelt!«

Der Reiz liegt in den wechselnden Start- und Zielhäfen, immer wieder neu, immer wieder anders und immer mit dem Minimum Grill und Bier, vielleicht noch einem Museumsbesuch, einer Werftführung oder anderen maritim orientierten kulturellen Einlagen. Insgesamt versuchen die Veranstalter, an dem Hafen weiterzumachen, an dem im vorangegangenen Jahr aufgehört wurde. Ohne großes Tamtam. Zum Grillen bringt dann jeder seine eigenen Zutaten mit – die Basics werden gestellt: Grill, Kohle und Bier und die einmalige Atmosphäre einer Wanderfahrt aus längst vergangener Zeit.

N° 2
WENN DIE ALSTER ZUM MUSEUM WIRD: HAMBURG SUMMER CLASSICS

Einmal im Jahr holen die Hamburger für die Hamburg Summer Classics ihre segelnden Schmuckstückchen, hölzernen Jollen und kleinen Klassiker von den Liegeplätzen und drehen auf der Alster an der Zeitmaschine: zurück auf anno dazumal. Vor der beeindruckenden Kulisse von Michel, Elbphilharmonie und bezaubernder Innenstadtszenerie gehen Jollenkreuzer, Hansa-Jollen, H-Jollen, J-Jollen, Drachen, Folkeboote, Schwertzugvögel, Piraten, Flying Dutchman, O-Jollen, Korsare und andere klassische Yachten in den Wettkampf um das schnellste Boot und die besten Segler. Pro Bootsklasse – so die Ausschreibung des

ABSCHLEPPEN OHNE REUE
Ist der Gezeitenstrom zu stark und der Wind zu schwach, freuen sich die Jollensegler über eine Leine und lassen sich zum Ziel ziehen.

DER KLÜGERE GIBT NACH
Im Fahrwasser haben die dicken Pötte Vorfahrt, da müssen die Segler rechtzeitig den Kurs ändern und sich freihalten (folgende Doppelseite).

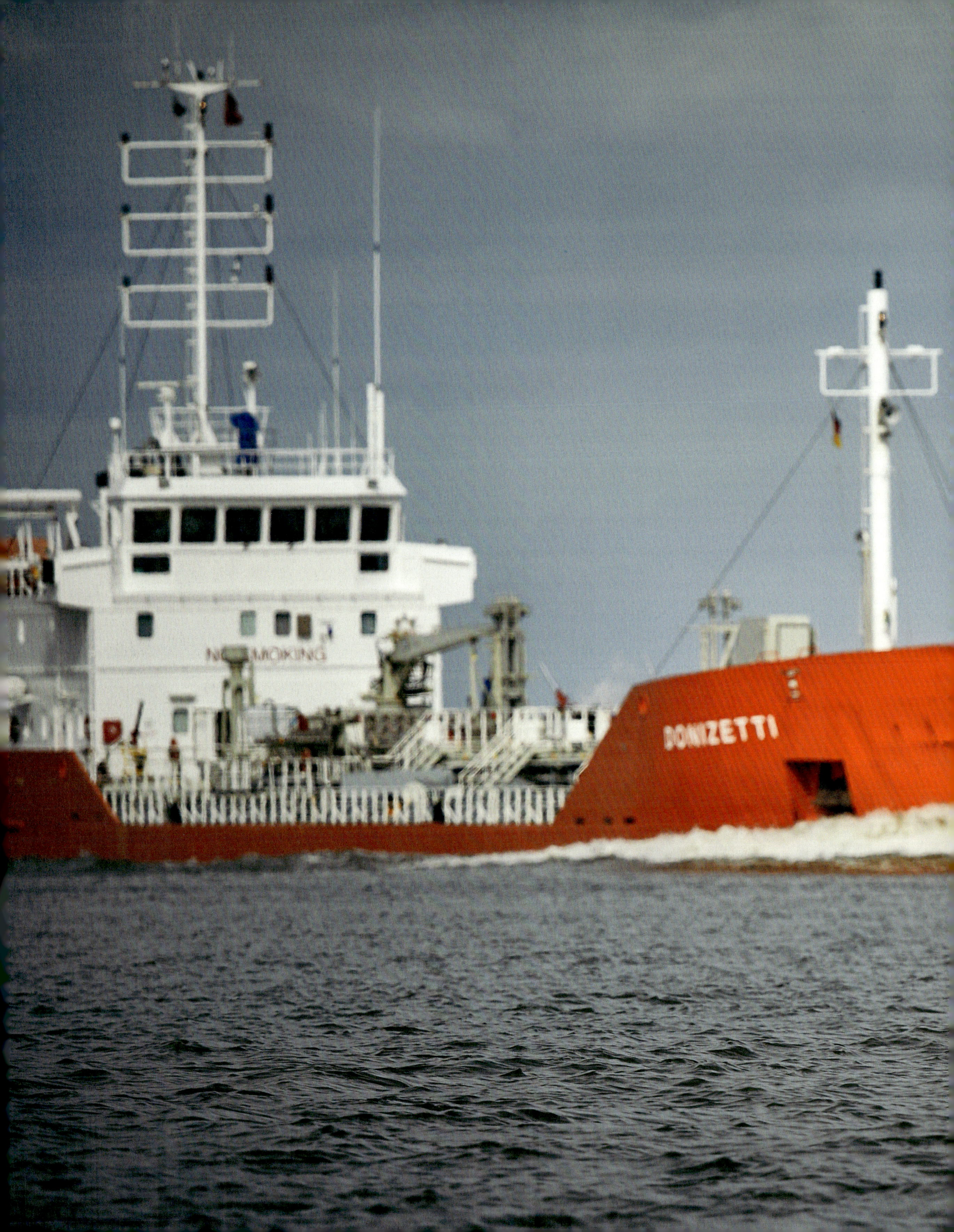
DONIZETTI

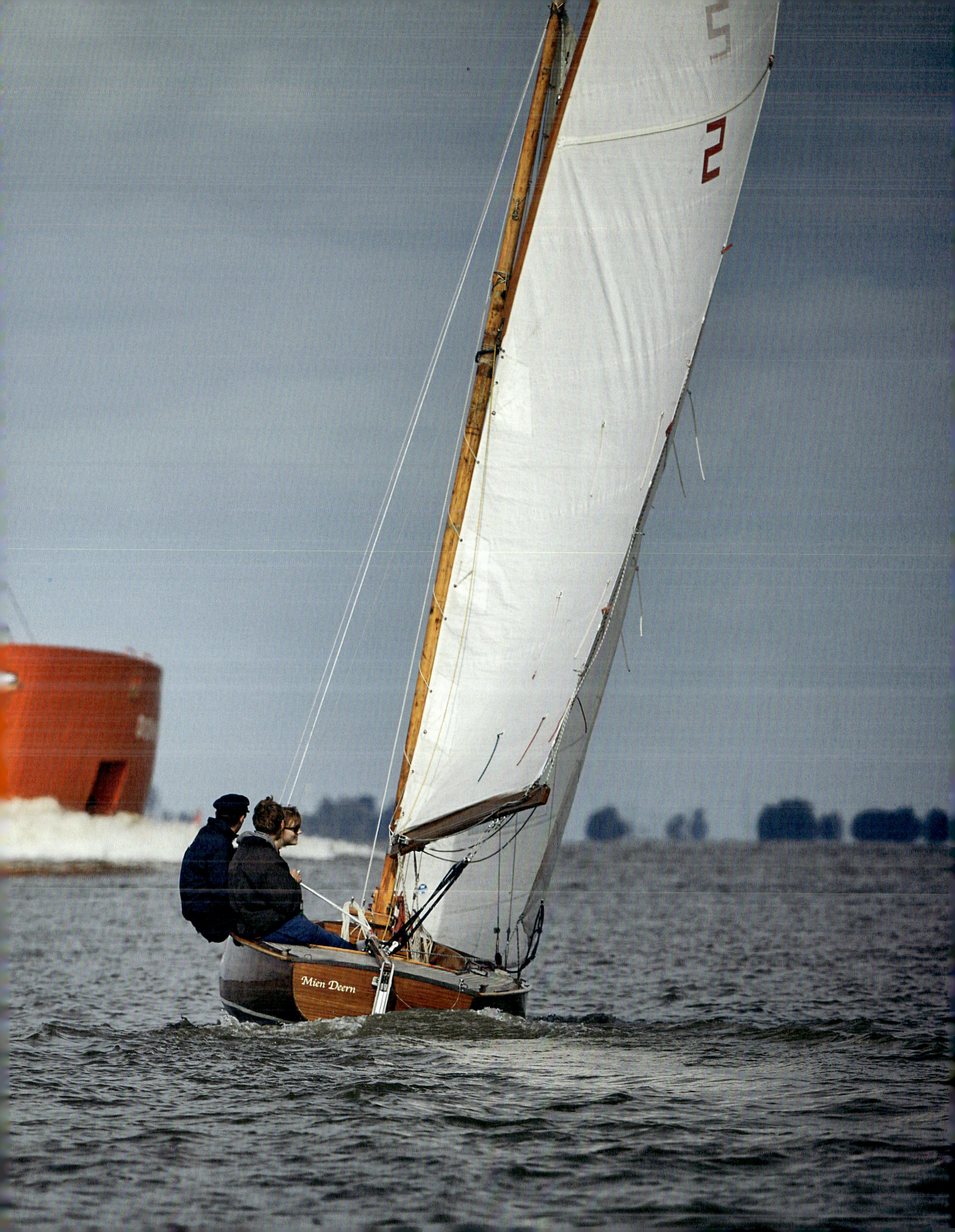
Mien Deern

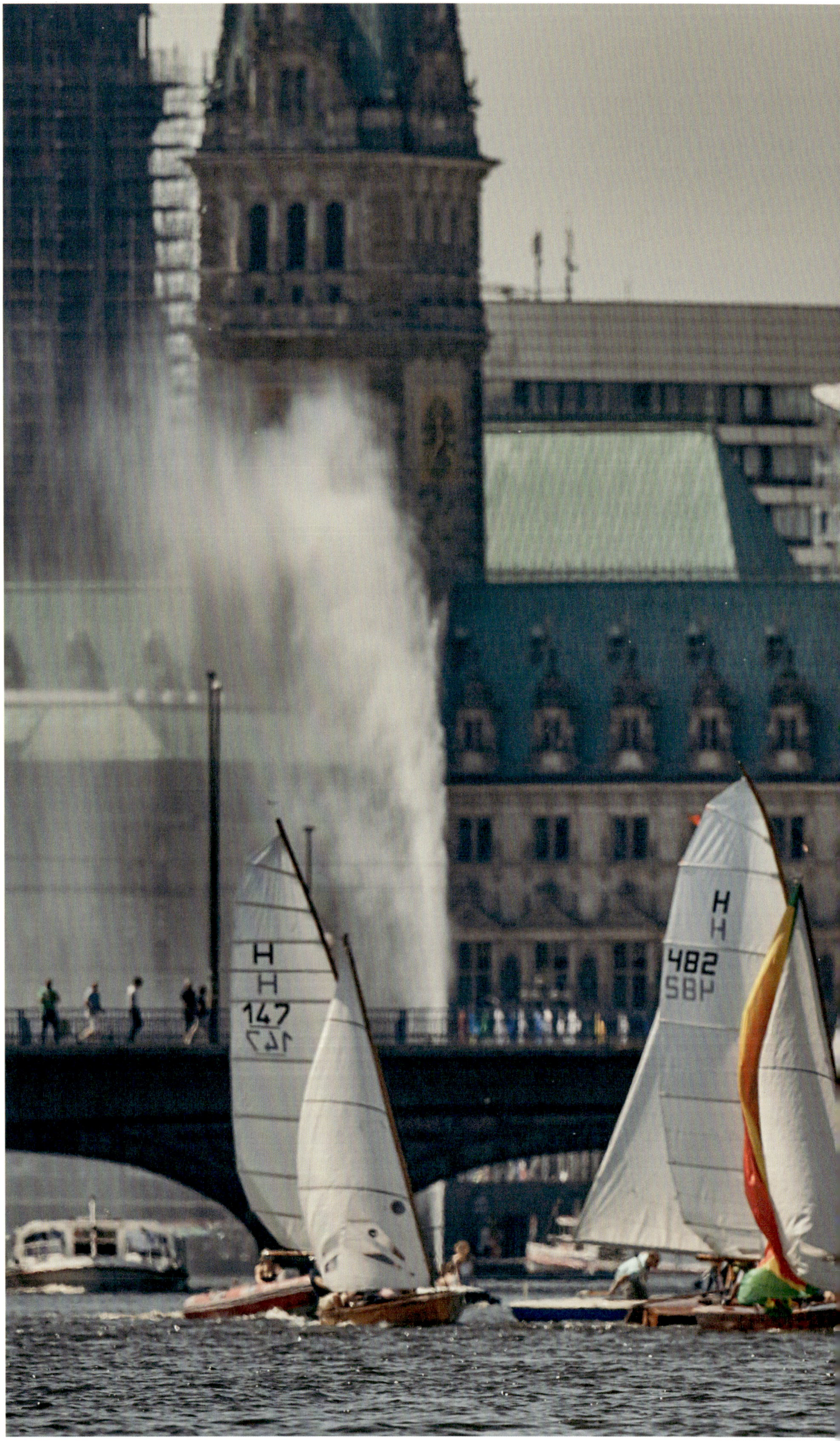

IM HERZEN HAMBURGS
Mit Blick auf Brücke, Rathaus und Elbphilharmonie haben die Alstersegler echte Hingucker – und sind es selbst auch. Viele Regatten finden hier statt, und die Summer Classic mit den schönen Holzjollen ist ein Highlight im Kalender.

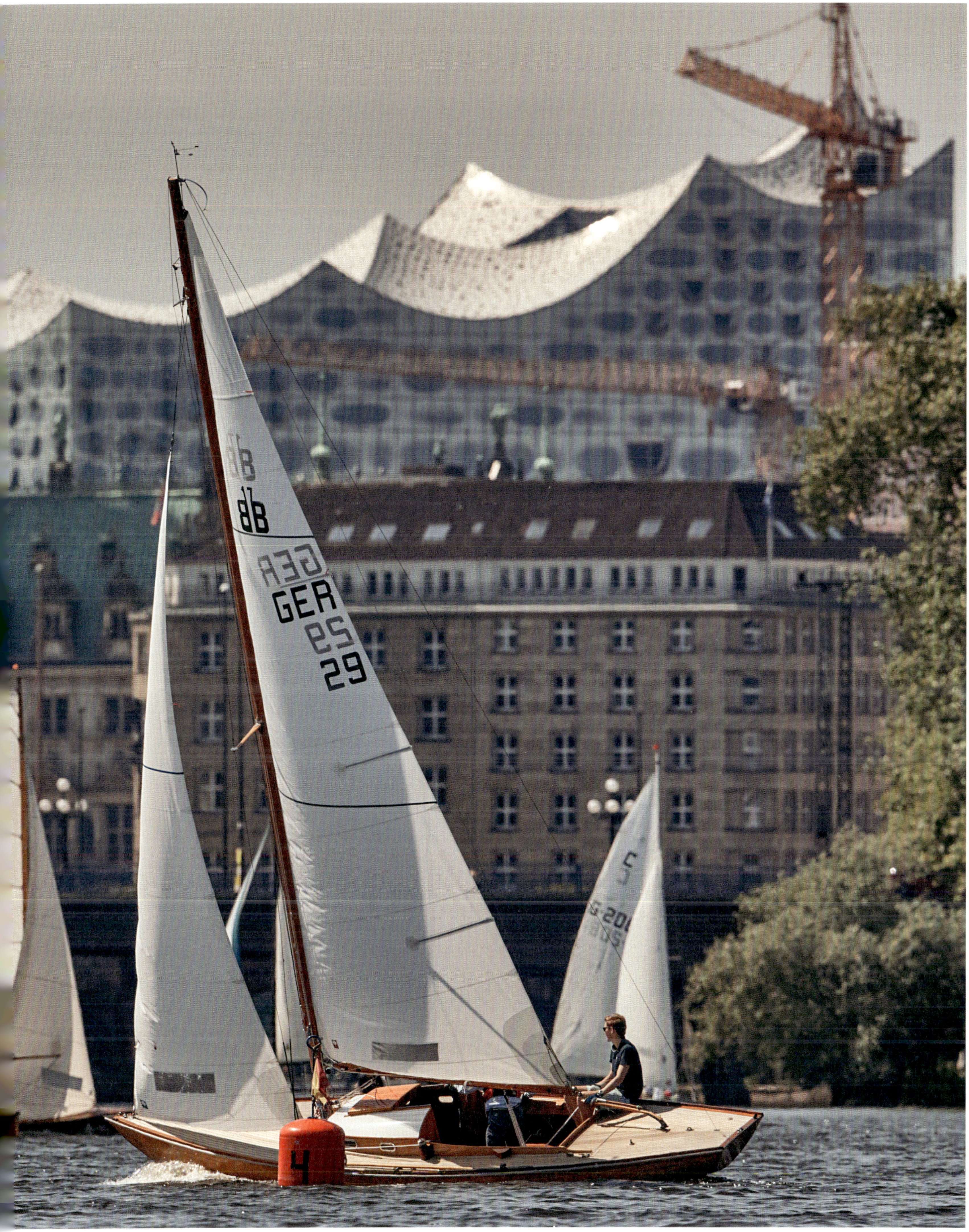
GER
29
4

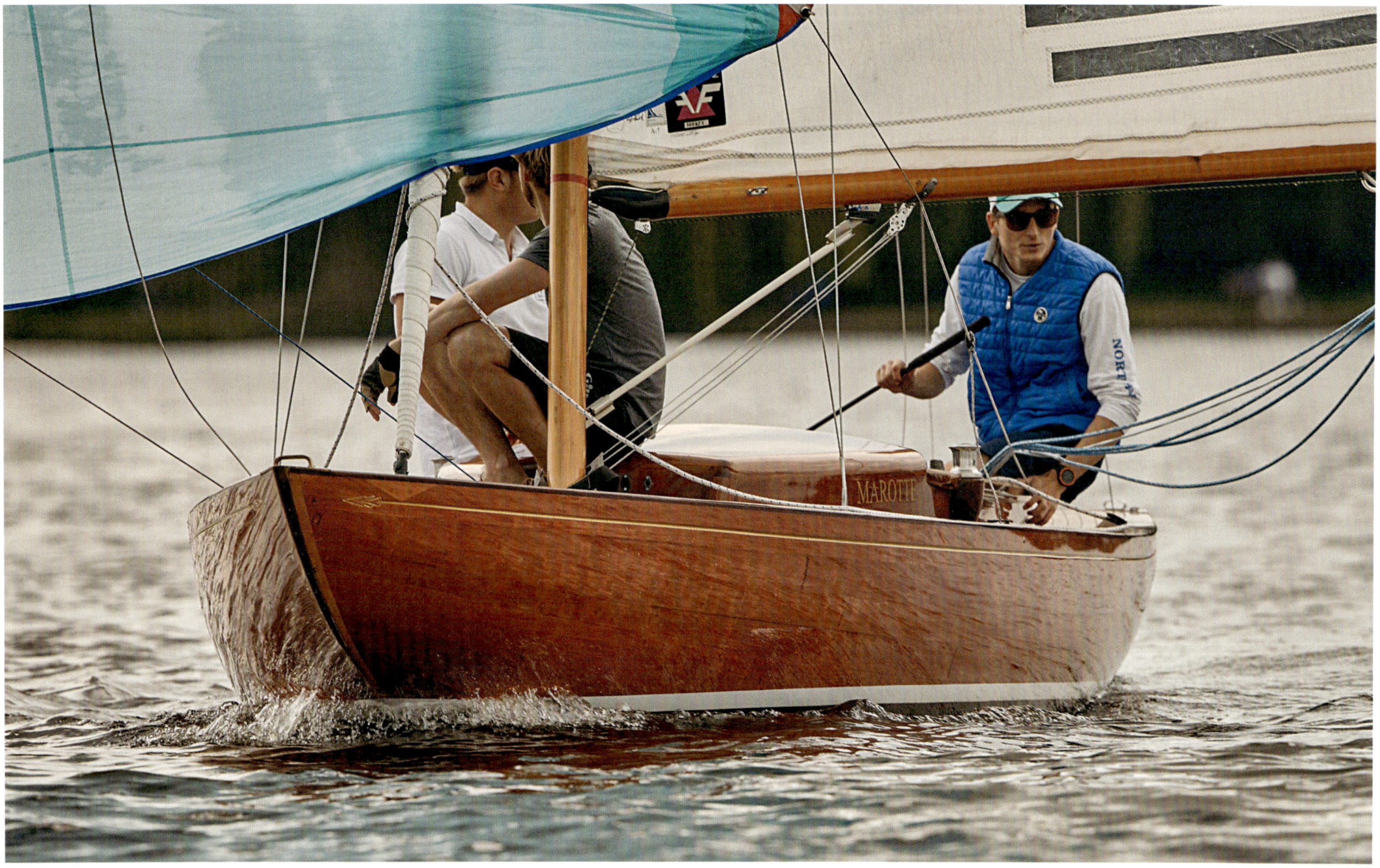

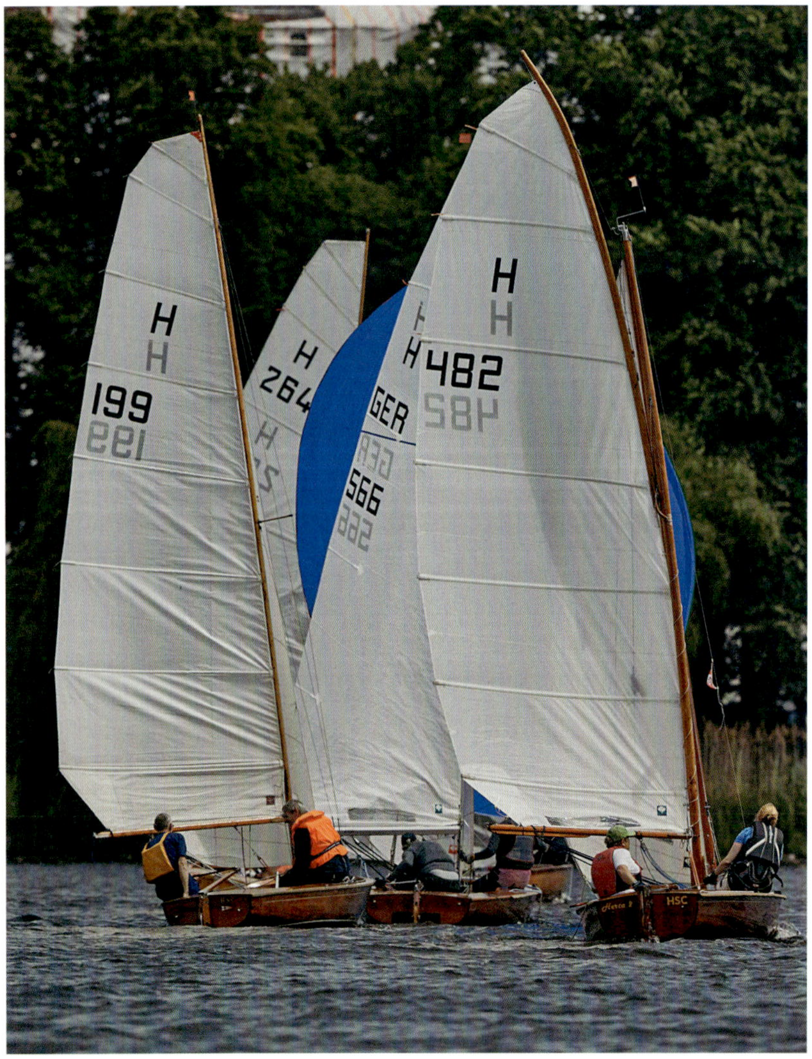

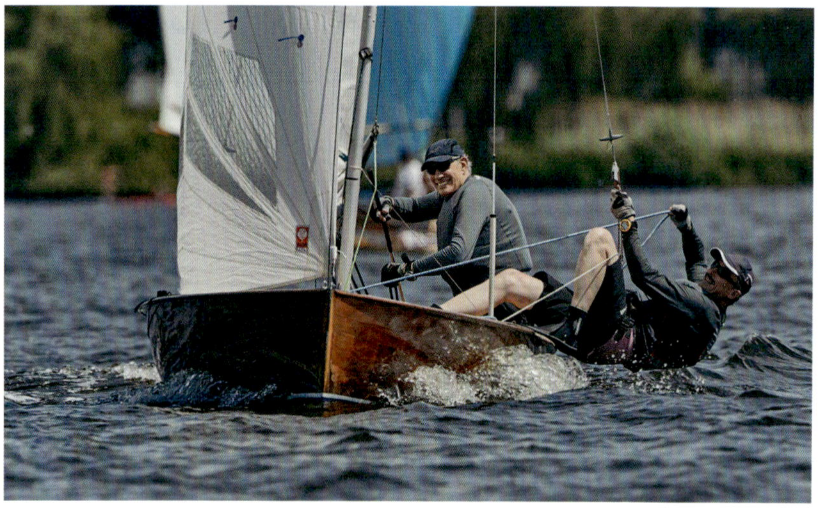

SEGELN IM GROSSSTADTREVIER

Ob traditionell norddeutsch mit der H-Jolle oder dem seit 1929 bewährten Kielboot Drachen – die Alster ist ein berüchtigtes Revier für plötzliche Winddreher und heftige Böen.

»DA MACHT EINER DAS FENSTER IM HOTEL ATLANTIC AUF, UND DER NÄCHSTE WINDSTRICH KOMMT VON DORT ... WAHNSINN, ABER EBEN GENAUSO REIZVOLL!«

ausrichtenden Hamburger Segel-Clubs – darf die Anzahl der Schiffe zehn nicht überschreiten, sonst wird es zu voll auf dem Revier mitten im Herzen Hamburgs und außerdem zu wenig bunt. Gesegelt werden vier Wettfahrten – und das ist tatsächlich in der Klassikerszene selten – im sogenannten »Känguru-Startverfahren«. Das bedeutet: Die rechnerisch langsamsten Boote starten zuerst, alle weiteren Boote mit einem berechneten Abstand, bis zuletzt das potenziell schnellste Boot über die Startlinie geht. Der Vorteil hier: Die Reihenfolge des Zieleinlaufs der knapp 60 Boote ist zugleich die Platzierung in der jeweiligen Wettfahrt.

»Eine wunderschöne Regatta, mit richtig vielen Preisen und einer liebevollen Orga, die ihresgleichen sucht, aber mit Windverhältnissen, die nur die Alster kann.« Manfred Jakob, J-Jollen-Vorsitzender und im Freundeskreis Klassische Yachten Ansprechpartner der Jollensegler, ist hin- und hergerissen zwischen Begeisterung und Ohnmacht ob der äußeren Rahmenbedingungen: »Da macht einer das Fenster im Hotel Atlantic auf, und der nächste Windstrich kommt von dort ... Wahnsinn, aber eben genauso reizvoll, halt mitten in Hamburg. Es gibt ja einige Regatten im Binnenland mit schwierigen Windverhältnissen – ist halt so!«

N° 3
»EINE WIRKLICH LANGE REGATTAPISTE«: DIE HAVEL KLASSIK DES AKADEMISCHEN SEGLER-VEREINS

Der Akademische Segler-Verein in Berlin gehört zu den ältesten Segelvereinen in Deutschland. Direkt hinter der letzten Schleuse in Berlin Spandau an der »Scharfen Lanke« gelegen, liegt der Club noch fast mitten in Berlin und doch auch fast unmittelbar im grünen Gürtel der Hauptstadt. Verein und Vereinsgelände begeistern spätestens mit dem ersten Blick auf das über 100 Jahre alte, aber tipptopp erhaltene

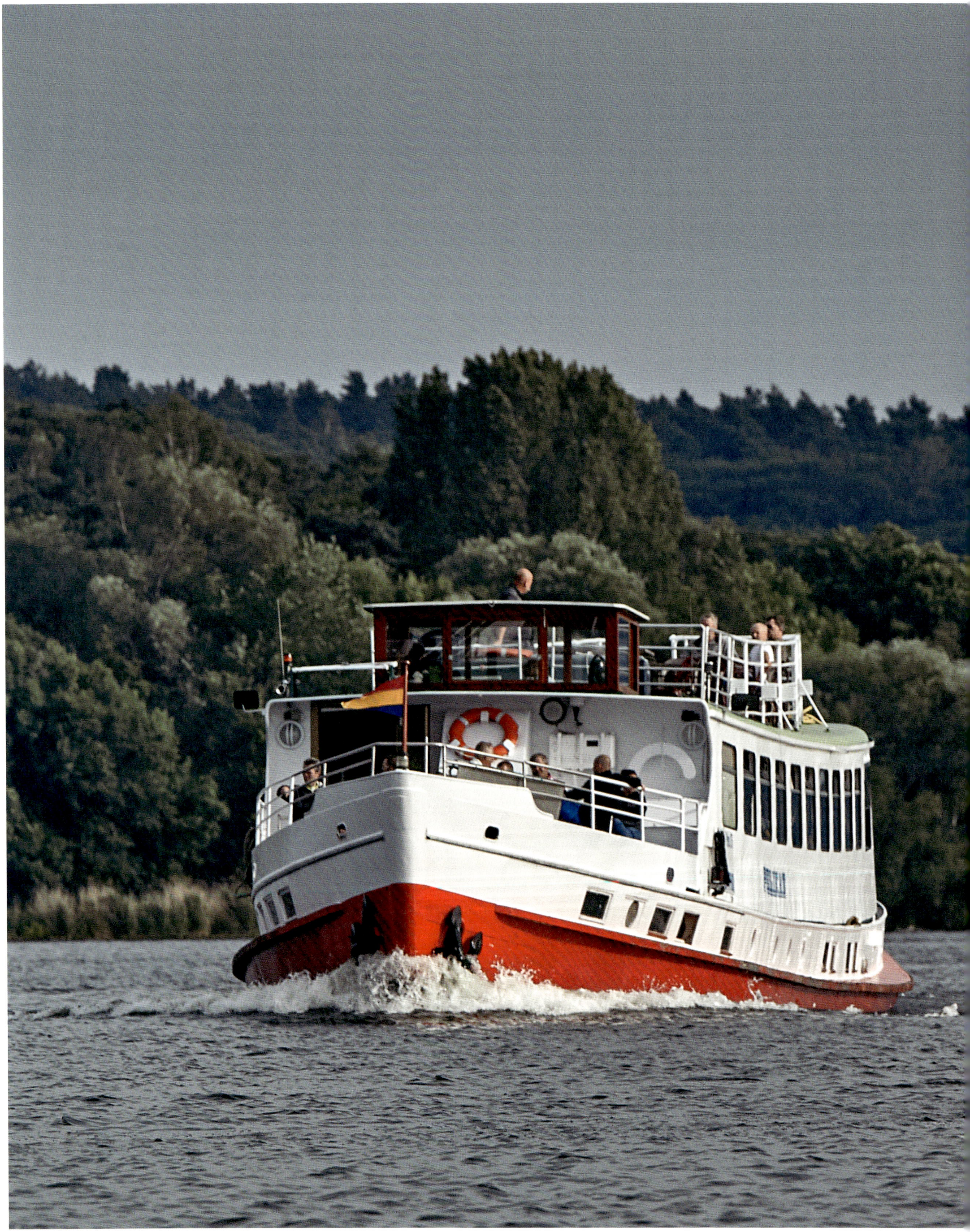

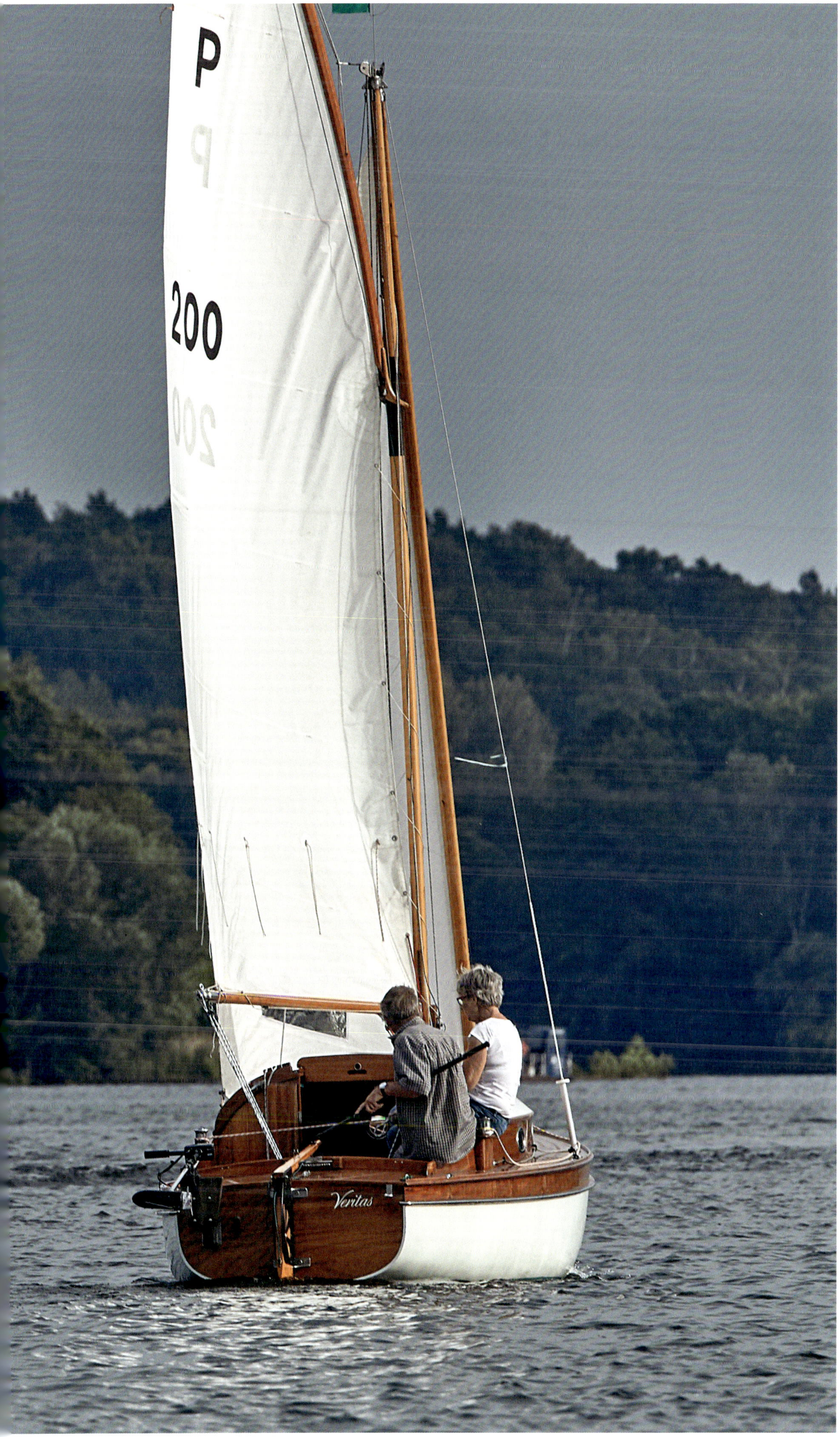

HEIMLICHES HEIMATREVIER
Der Jollenkreuzer, eigentlich vor allem für das Wattenmeer konstruiert, ist auf dem Berliner Binnenrevier ein beliebtes Boot. Er ist wendig und schnell, wenn auch nicht mit Lichtgeschwindigkeit. Sei's drum, selbst Physikgenie Albert Einstein war begeistert und selbst Eigner.

Seglerhaus im Fachwerkstil. Davor grüne Wiese, ein Lagerfeuerplatz und Gartentische mit Blick aufs Wasser. Der akademische Geist ist hier allgegenwärtig, und das Studentische lebt nicht nur in Schlafsälen und Bibliothek, sondern strahlt aus dem gesamten Ensemble.

Der perfekte Rahmen für die Havel Klassik – eine Veranstaltung, die über 80 Klassiker in der Regel Ende Juni in die Scharfe Lanke zieht. Kaum eine andere Regatta kann mit solch einem zahlreichen Aufgebot an Jollenkreuzern aufwarten – über 30 15er-, 16er- und 20er-Jollis gehen hier ins Rennen. Dazu noch Schärenkreuzer, Folkeboote und auch ein paar Meterklassen, aber dominant bleiben die Jollenkreuzer – ein heimliches Erbe Einsteins? Denn Albert Einstein gehört wohl ohne Frage zu den berühmtesten Jollenkreuzer-Seglern weit und breit. Der Nobelpreisträger hatte zu seinem 50. Geburtstag den 20er-Jollenkreuzer TÜMMLER geschenkt bekommen und war – bis ihm die Nazis das Boot raubten – regelmäßig auf den Gewässern der Unterhavel unterwegs. Ein Zeitvertreib für den sich, wie man an den Meldezahlen sieht, auch heute noch viele begeistern.

Die Langstreckenregatta der Havel Klassik führt die Teilnehmer von Berlin-Spandau bis nach Potsdam durch die wunderbare Natur- und Kulturlandschaft im Südwesten Berlins mit Buchten, Seen und Inseln, entlang fantastischer Villengrundstücke, historischer Bauten und den Ufern des Grünewalds – eine Tour, die einmalig in der Klassikerszene Deutschlands ist. Über eine Länge von knapp 15 Kilometern läuft die Regatta nach dem Start havelabwärts bis zum Jungfernsee und von dort wieder zurück zur Scharfen Lanke.

Manfred Jakob, dessen Heimatrevier – wie oben erwähnt – eigentlich Hamburg ist, trailert seit Jahren nach Berlin: »Die Wettfahrt ist an und für sich gar nicht so spannend: eine lange Rennpiste mit drehenden Winden und viel Abdeckung und Ablenkung durch Wald und Villen – aber das Gesamtpaket ist schlicht und ergreifend großartig. Hier passt alles! Vom malerischen Grundstück über das alte Seglerhaus, die Lagerfeuerromantik am Abend, die Livemusik und vor allem die ausgelassene Stimmung aller Teilnehmenden – kurz: einfach perfekt und wunderschön!«

Und bis vor einigen Jahren noch konnten einige Glückliche am Abend zuvor schon einen Schlepp durch Berlin genießen, wenn es von Köpenick durch Berlins Mitte über die Spree gen Scharfe Lanze geht – aber dazu muss man zum Beispiel eher aus Berlin-Grünau kommen, wie Jutta Boergers, die für den Freundeskreis Klassische Yachten nach einer Havel-Klassik-Ausgabe mit viel Wind und ungemütlichem Regen schreibt: »Am Ende ist es aber doch immer wieder schön bei der Havel Klassik des ASV. Wer sonst spendiert einen Schlepp mitten durch die Hauptstadt, Sightseeing inklusive; wo sonst kann man auf historischem Terrain regattieren – hier tummelten sich einst der Kaiser, die Prinzen und Genies wie Albert Einstein und Max Oertz – und das auch noch vor der Kulisse eines landschaftlichen und architektonischen Gesamtkunstwerks, das von der UNESCO zum Weltkulturerbe erklärt wurde; und wo sonst kann man schließlich in einem weitgehend im Originalzustand erhaltenen Seglerhaus mit schönem Garten unter prächtigen alten Bäumen relaxed feiern und wird am Ende auch noch nach Hause geschleppt!«

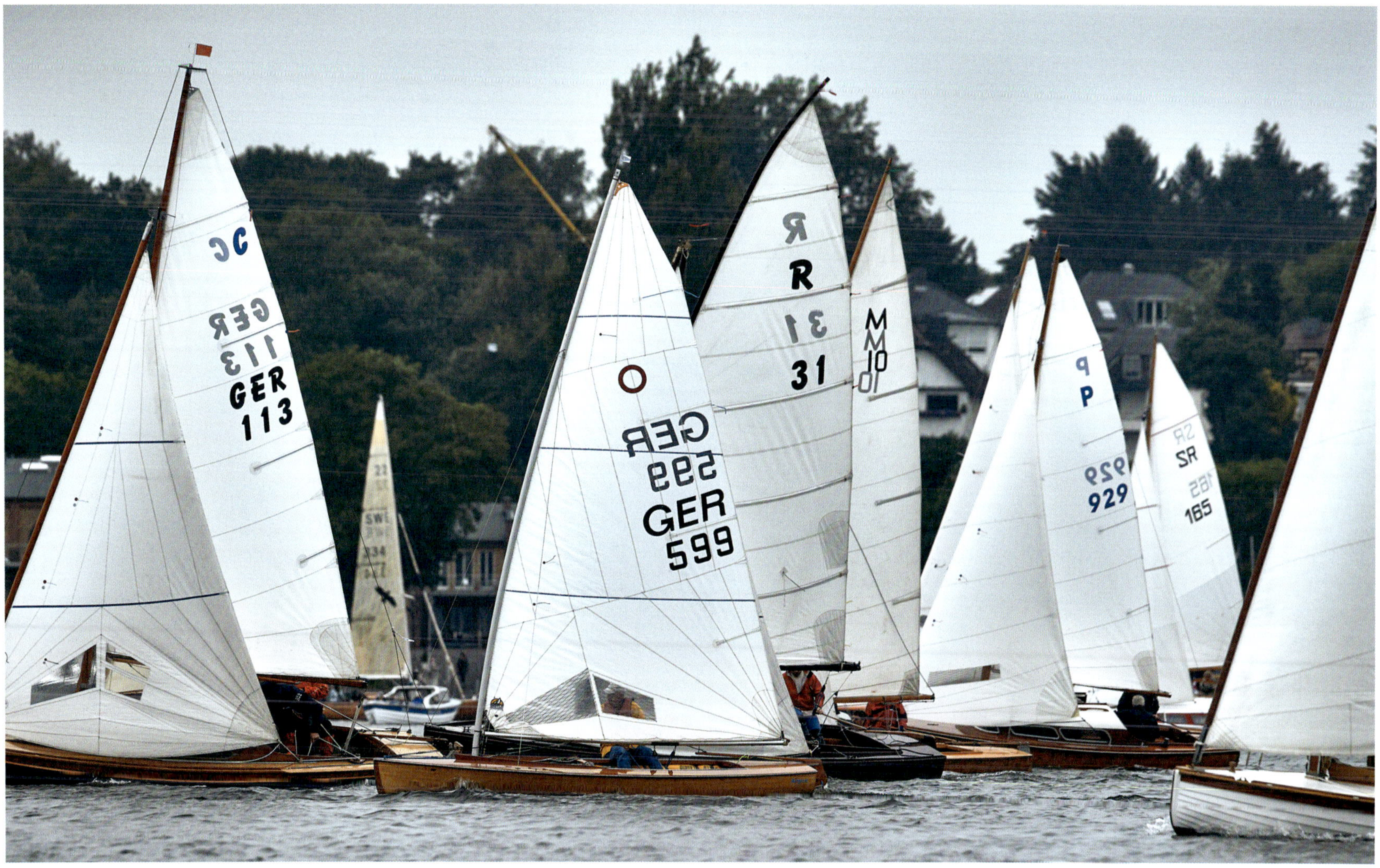

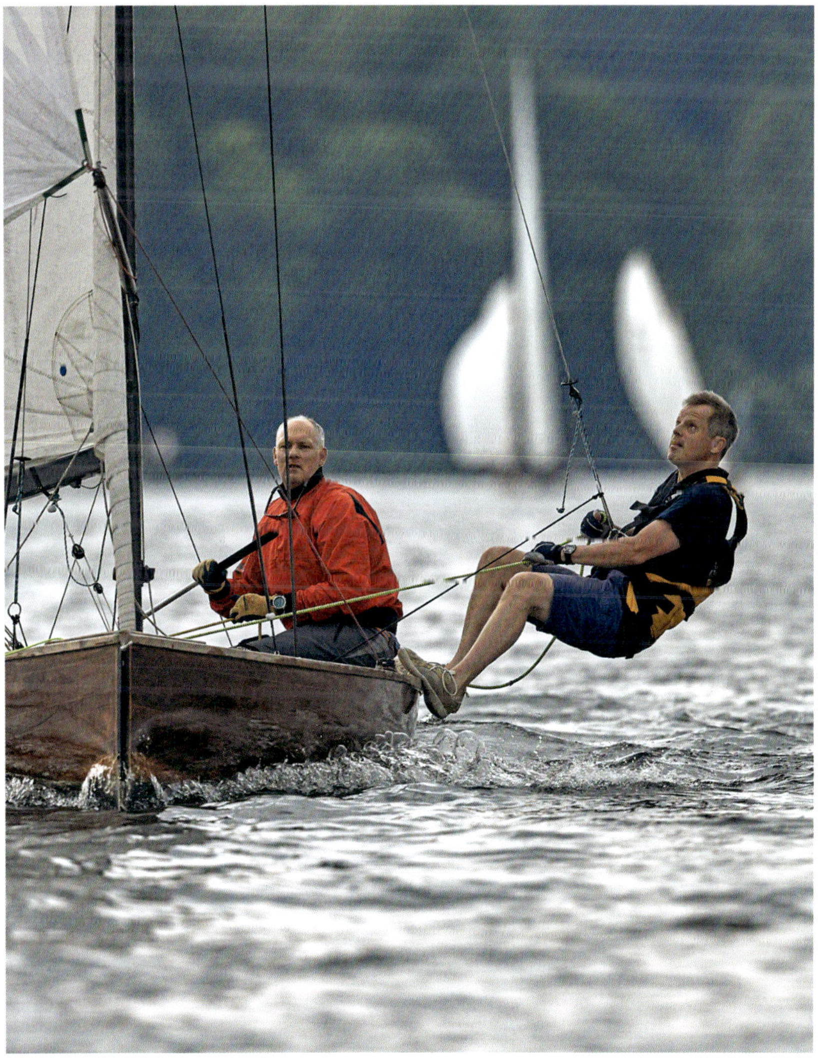

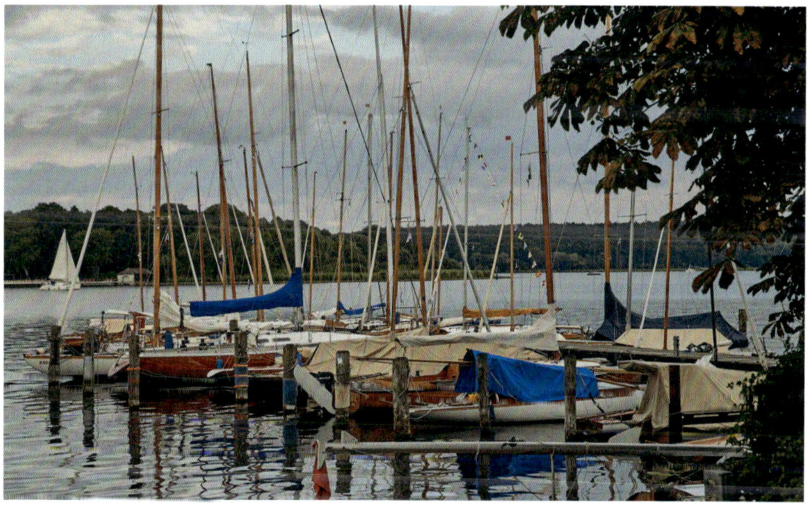

GRÜNER GÜRTEL UND BLAUES BAND
Die Havel Klassik bietet neben dem sozialen und sportlichen Aspekt ein unerwartetes Naturerlebnis am Rand einer Hauptstadt. Hektisch wird es nur, wenn sich bis zu 80 Boote der Startlinie nähern.

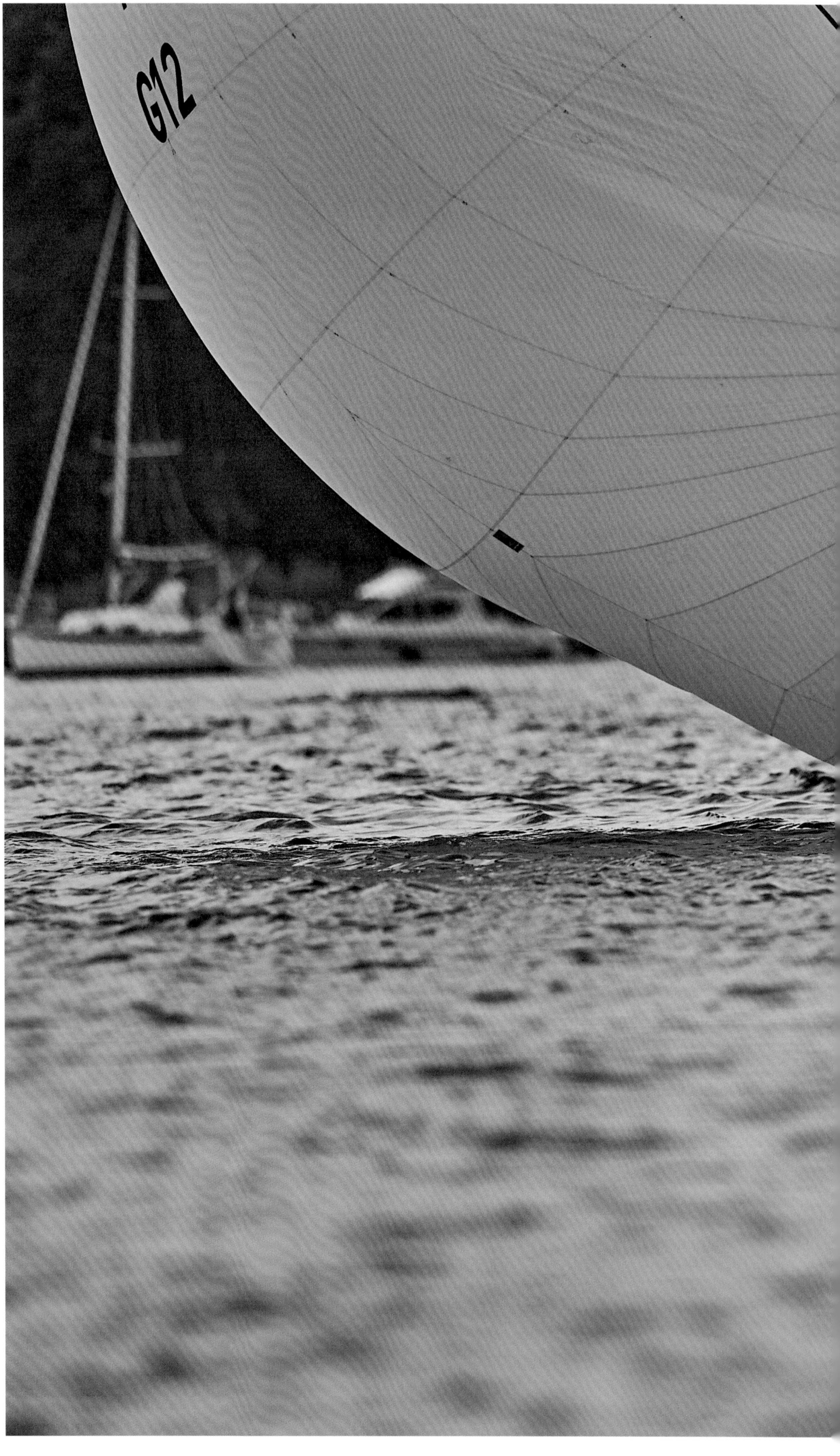

MIT FEINEM TUCH ZUR JUNGFERNINSEL

Kleine Kielboote wie der Drachen sind auf der Langstreckenregatta gut im Rennen, vom Start in Spandau geht es acht Kilometer flussabwärts und wieder zurück. Volle Konzentration für Taktik und Trimm – der Wald und die Bebauung am Ufer sorgen für widrige Winde.

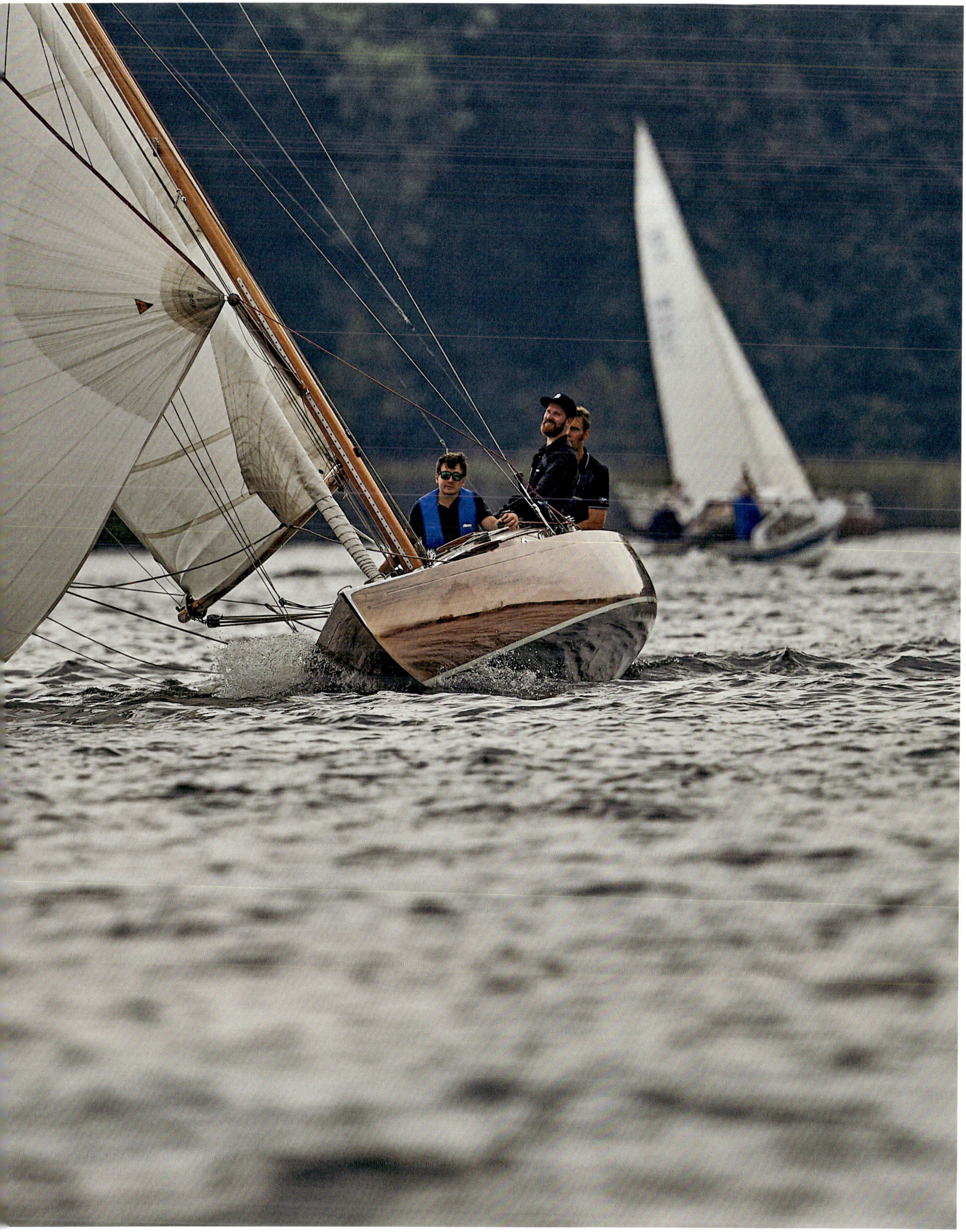

5

SÜD DEUTSCH LAND UND ALPEN

BERGBLICK FÜR DIE HOLZSCHÖNHEITEN: REGATTEN IN DEN HEIMATREVIEREN DER KLEINEN KLASSIKER

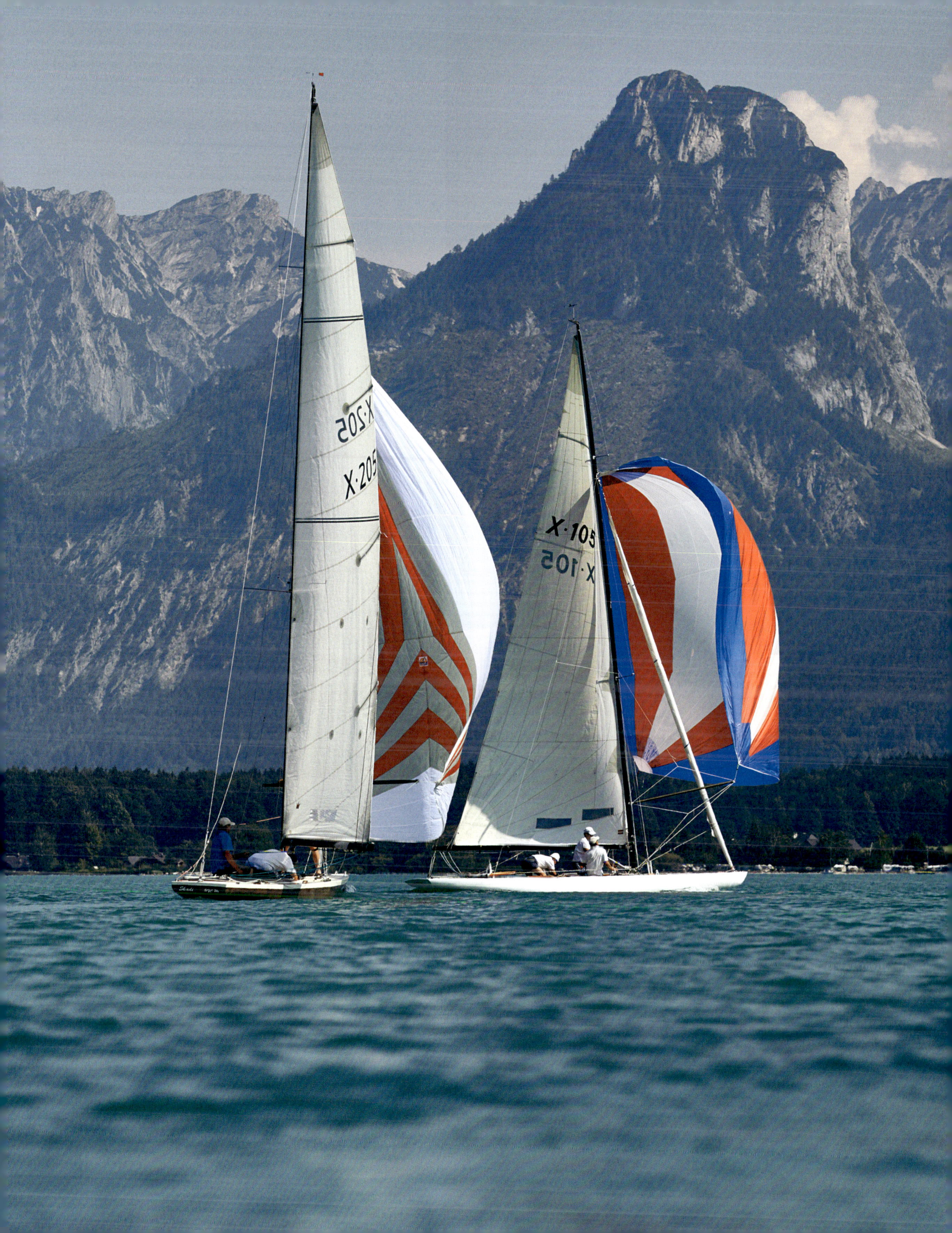
X·205
X·105

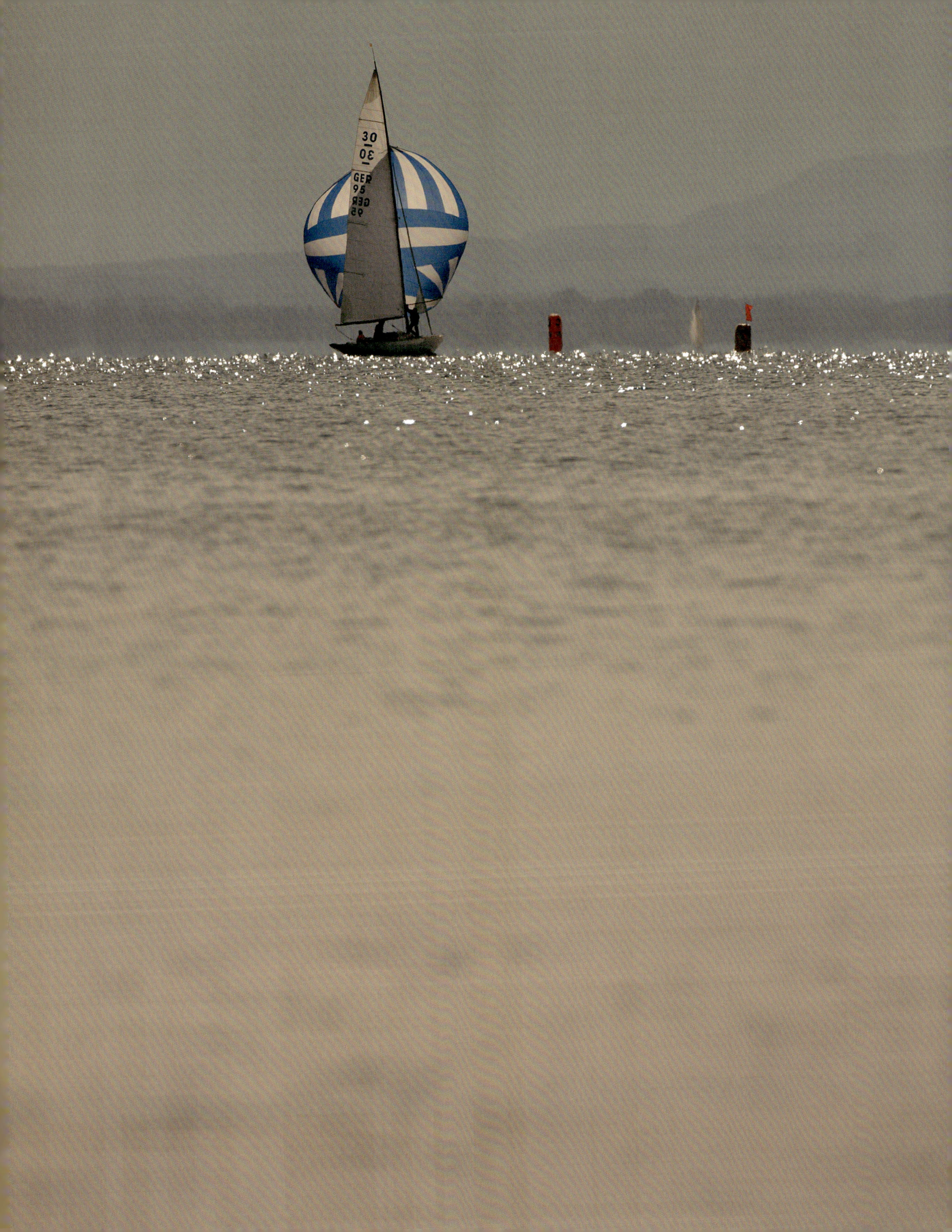
30
GER 95

Zwischen »Grosskopfert« und »Bodenständig«: Klassikersegeln mit Bergblick.

Ob bayerische Voralpenseen oder österreichische und schweizerische Alpenseen – ihre Klassikerfestivals eint der Hauch von Vergangenheit mit einem gelebten, ganz besonderen Alpenschmäh. Bei Föhnwind und Sommerflaute hat der Segelsport hier seine Wurzeln im Freizeitvergnügen – mal eher nobel aus dem Adel kommend, mal eher bürgerlich, aber immer sportorientiert.

Die mannigfaltigen Klassikerfestivals im Alpenraum spiegeln eine Szene, die bunter kaum sein könnte. Ihr größter gemeinsamer Nenner sind einerseits Bergkulisse und Thermikwinde sowie auf der anderen Seite die Seen als Heimatreviere der kleinen Klassiker. Auffälligerweise finden sich sehr unterschiedliche regionale Schwerpunkte. Während sich beispielsweise der Starnberger See als die Heimatdomäne der 40er-Schärenkreuzer etablierte, macht sich der benachbarte Ammersee als Jollenrevier und facettenreiche Kleinkreuzer-Heimat einen Namen. Am Bodensee treffen 8mR-Yachten auf 30er-Schärenkreuzer und viele Nationale Kreuzer, und am Chiemsee macht die Chiemseeplätte von sich reden. In Österreich ziehen die Sonderklassen am Attersee und am Wolfgangsee alle Blicke auf sich, während am Ossiacher See eine bunte Vielfalt der kleinen Kreuzer zu Hause ist. Auch der Zürichsee, der Genfer See oder der kleine Zuger See – sie alle beheimaten hochklassige Segler, die sich den unterschiedlichsten Booten angenommen, sie liebevoll restauriert und ihnen neues Leben geschenkt haben. Wichtig in den allermeisten Fällen: Die Boote sollten unbedingt auch mit wenig Wind zurechtkommen, denn von diesem wenigen gibt es auf den Seen rund um die Alpen unter dem Strich recht viel.

N° 1
Der Starnberger See und die Münchner Woche

Im Münchner Raum ist der Starnberger See in der Klassikerszene zutiefst mit dem Begriff der Münchner Woche verbunden – über 100 Jahre alt, ist sie der Inbegriff für den klassischen Yachtsport auf dem Starnberger See. Mondän und gesellschaftlich in den höchsten Kreisen angesiedelt, war es die Veranstaltung im Süden Deutschlands, bei der man gesehen werden wollte. Spätestens der Zweite Weltkrieg brachte jedoch ihr Ende. 1990 belebte der Verein »Bayerische Traditionsklassenflotte« die Veranstaltung wieder und machte sie in den darauffolgenden Jahren »zum größten Segel-Oldtimer-Ereignis Mitteleuropas«, wie die Süddeutsche Zeitung im August 1997 schrieb. Das Fest der Klassiker animierte zahlreiche Segler und Seglerinnen, alte Boote aufzufinden und wieder herzurichten. Ziemlich unisono bekommt man hier Aussagen zu hören wie: »Die Münchner Woche, das waren Zeiten ...« Über 100 Boote waren zu den besten Zeiten am Start der Regatta, die von mehreren Vereinen als Regattagemeinschaft ausgetragen wurde und über zwei Wochenenden Klassiker-Fans weit über das Münchner Umland hinaus anzog. 2010 zerfiel die Regattagemeinschaft. Seither wird die Regatta als Drei-Tages-Event im Süden des Starnberger Sees vom DTYC veranstaltet. Übrig geblieben aus dieser stolzen Zeit der Klassiker-Renaissance sind neben der »kleinen« Münchner Woche eine ausgewachsene 40er-Schärenkreuzer-Flotte, die Tutzinger Triangel, der Bernbacher Cup und eine charmante Liebe zu den Segeloldtimern, die quer über den See verteilt in den Vereinen liegen.

Eine Nudelmatrize für den schnellsten schlanken Holzrenner

Für viele Jahre war der Bernbacher Cup DAS Event der Schärenkreuzerflotte und am Ende auch der L-Boote am Starnberger See.

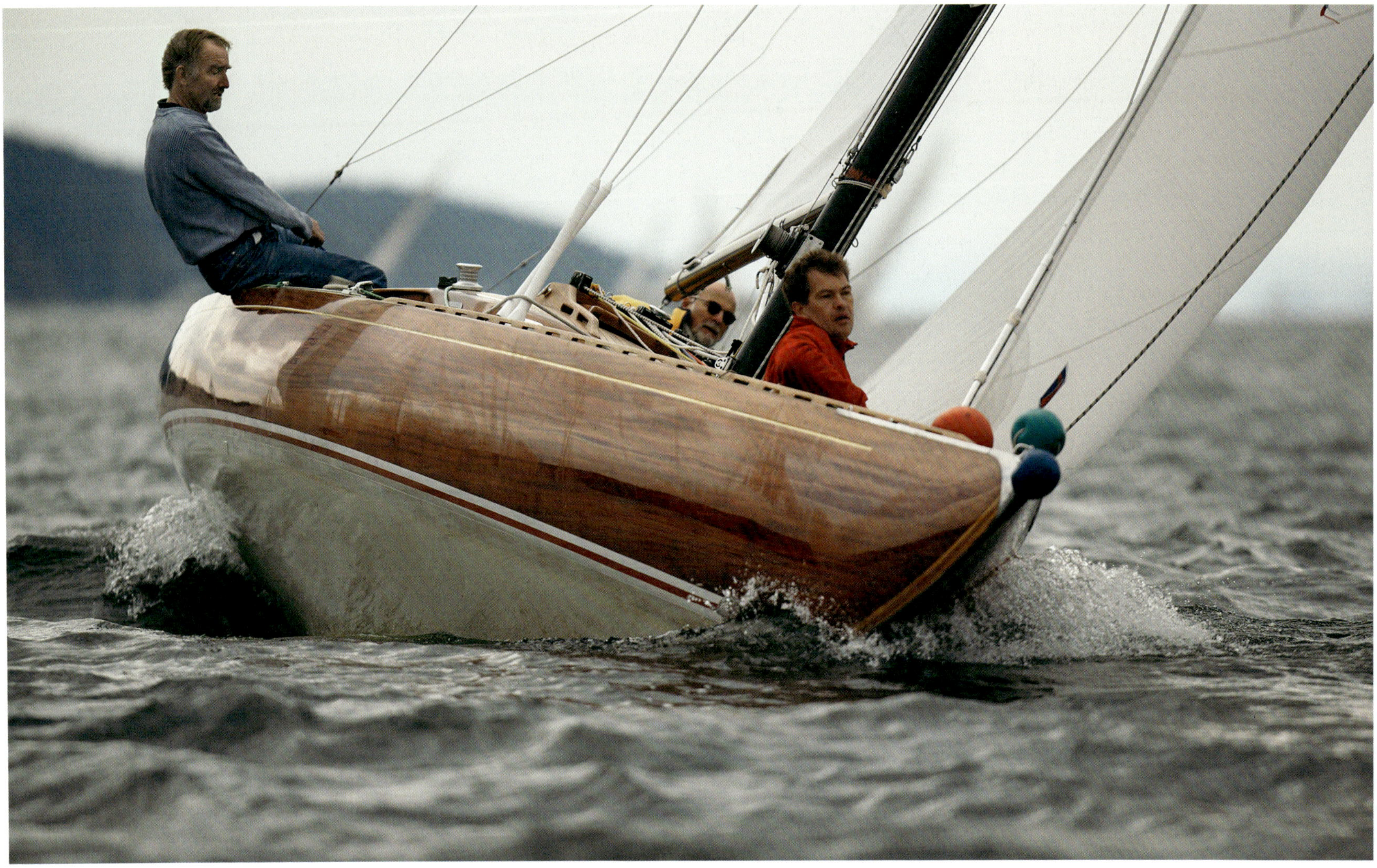

Ursprünglich für die 30er ins Leben gerufen, kamen bald auch die 40er-Schärenkreuzer hinzu, später auch die L-Boote im Münchner Yacht-Club in Starnberg. Die Schärenkreuzer segelten in Feldern von bis zu 40 Booten um den Pokal, der aus einer alte Nudelmatrize der Firma Bernbacher gestaltet worden war. Der Cup wurde eingestellt, und nun ist der Vidi-Pokal das Traditionsklassenevent im MYC, bei dem auch die Schärenkreuzer sich ein Stelldichein geben. Es gibt eine Kombi-Wertung mit dem Goldpokal des Bayerischen Yacht-Clubs.

MAGISCHES DREIECK
Deutschlands fünftgrößtes Binnengewässer wird während der Tutzinger Triangel noch schöner, als es sowieso schon ist: Der Starnberger See, Sehnsuchtsort der Münchner und erklärtes Ziel vieler Holzbootsegler.

DIE TUTZINGER TRIANGEL

»Tutzinger Triangel« ist seit 2018 der neue, aber zugleich auch historische Name für die Holzbootregatta des Deutschen Touring Yacht-Club im August. Der Begriff »Tutzinger Triangel« beschreibt schon, so die Clubannalen, seit den Anfängen des DTYC die klassische Regattabahn direkt vor dem Hafen des Clubs. Wie auch bei der Münchener Woche sind bei dieser Regatta mittlerweile nicht mehr nur klassische Boote, sondern auch formverleimte Holzboote und Holzboote mit Trapez willkommen, sodass auch Klassen wie die L95 oder die modernen 45er Nationalen Kreuzer teilnehmen können.

TILLY XV: DIE SONDERKLASSE DES PRINZEN

Siege, Titel, Treppchen: Das Leben der Sonderklasse TILLY ist geprägt von Triumphen – damals wie heute. Gebaut und gezeichnet in der Von-Hacht-Werft in Hamburg als eine Art Kopie der zu dieser Zeit schnellsten Sonderklasse BIBELOT aus der Feder des US-Starkonstrukteurs Herreshoff, zeigte TILLY XV von Anbeginn ihr rasendes Potenzial. Ihre Eigner Prinz Heinrich von Preußen, segelbegeisterter Bruder von Kaiser Wilhelm II., und der Hamburger Reeder Richard C. Krogmann, erfolgreicher Segler aus dem Norddeutschen Regatta Verein, räumten entlang der Küste alles an Preisen ab, was Prestige mit sich brachte. Ihr heutiger Eigner Siegfried Rittler suchte etwa 90 Jahre später genau so ein Schmuckstück. Rittler lässt die Yacht aufwändig restaurieren – im Rausch von »schneller, höher, weiter« bekommt die alte Dame eine moderne Hochtakelung mit modernsten Beschlägen und modernster Segelgarderobe. Das Ergebnis: Siege und Titel.

Fast immer dabei – Segelprofi Jörg Mößnang. Die Zeit läuft weiter, und die Beliebtheit der Klassikeryachten wird immer größer. Es dauert nicht lange, bis Mößnang und Rittler auf die Idee kommen, die gute alte Dame zu ihrem 100. Geburtstag in den Originalzustand »zurückzurenovieren«. Gesagt, getan: Mit 100 Jahren steigt die alte Dame original wie damals wieder ein ins Renngeschäft: Bei den German Classics gewinnt TILLY XV den Restaurierungspreis und von dort aus geht es weiter, über die Kongelig Classic nach Saint-Tropez, nach Cannes auf die Monaco Classic Week und nach Imperia. Neben Europa lockt Amerika: Hier segelt sie die Antigua Classic Yacht Regatta und den Panerai North American Classic Circuit – und immer wieder: Siege, Titel, Treppchen. Die TILLY XV dürfte damit endgültig in den Reigen der bekanntesten und erfolgreichsten Yachten der Segelsportgeschichte zählen. Vom »Sonderling« des Prinzen bis zur ewigen Erfolgreichen – 110 Jahre Segelsport in einem Boot.

TILLY XV, SONDERKLASSE
Baujahr: **1912** / Konstrukteur: **Willy von Hacht** / Werft: **v. Hacht** / Länge: **12 m** / Breite: **1,55 m** / Segelfläche: **51 m²**

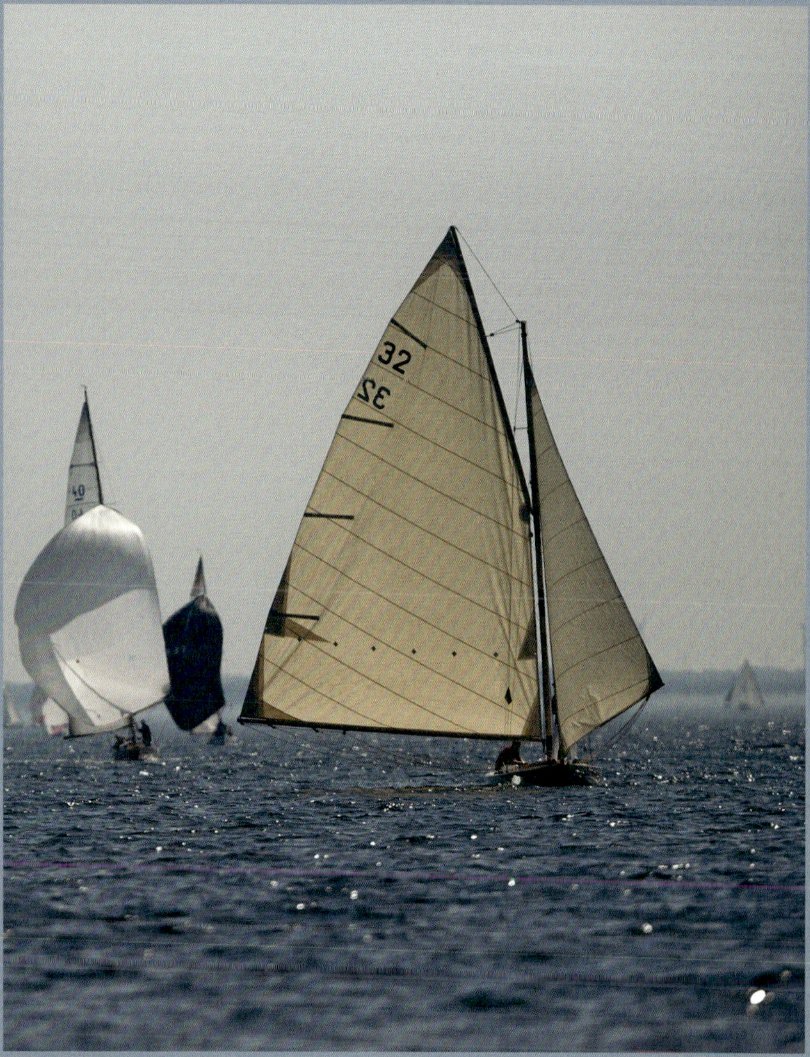

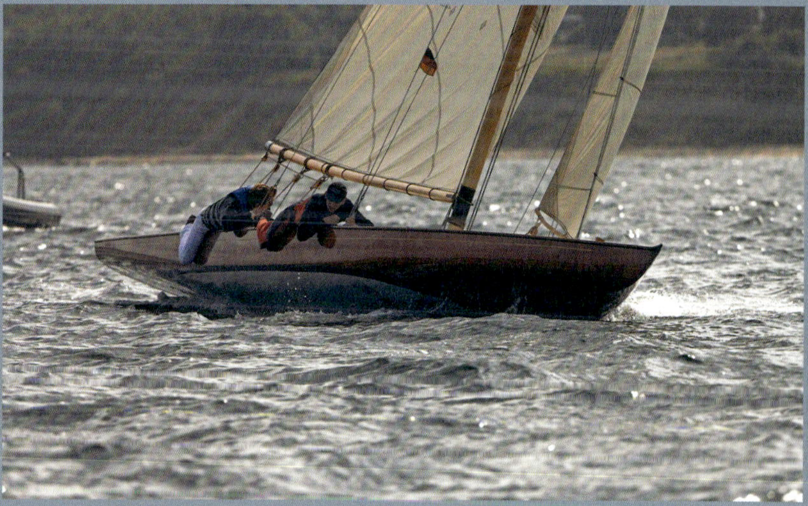

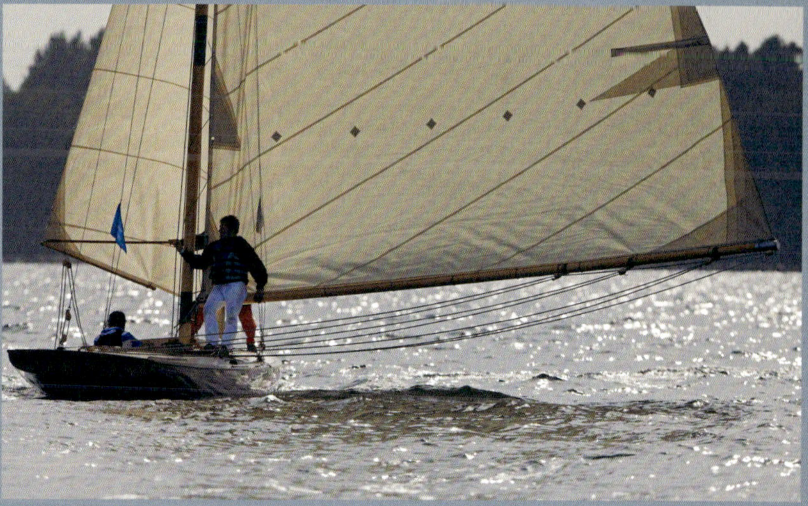

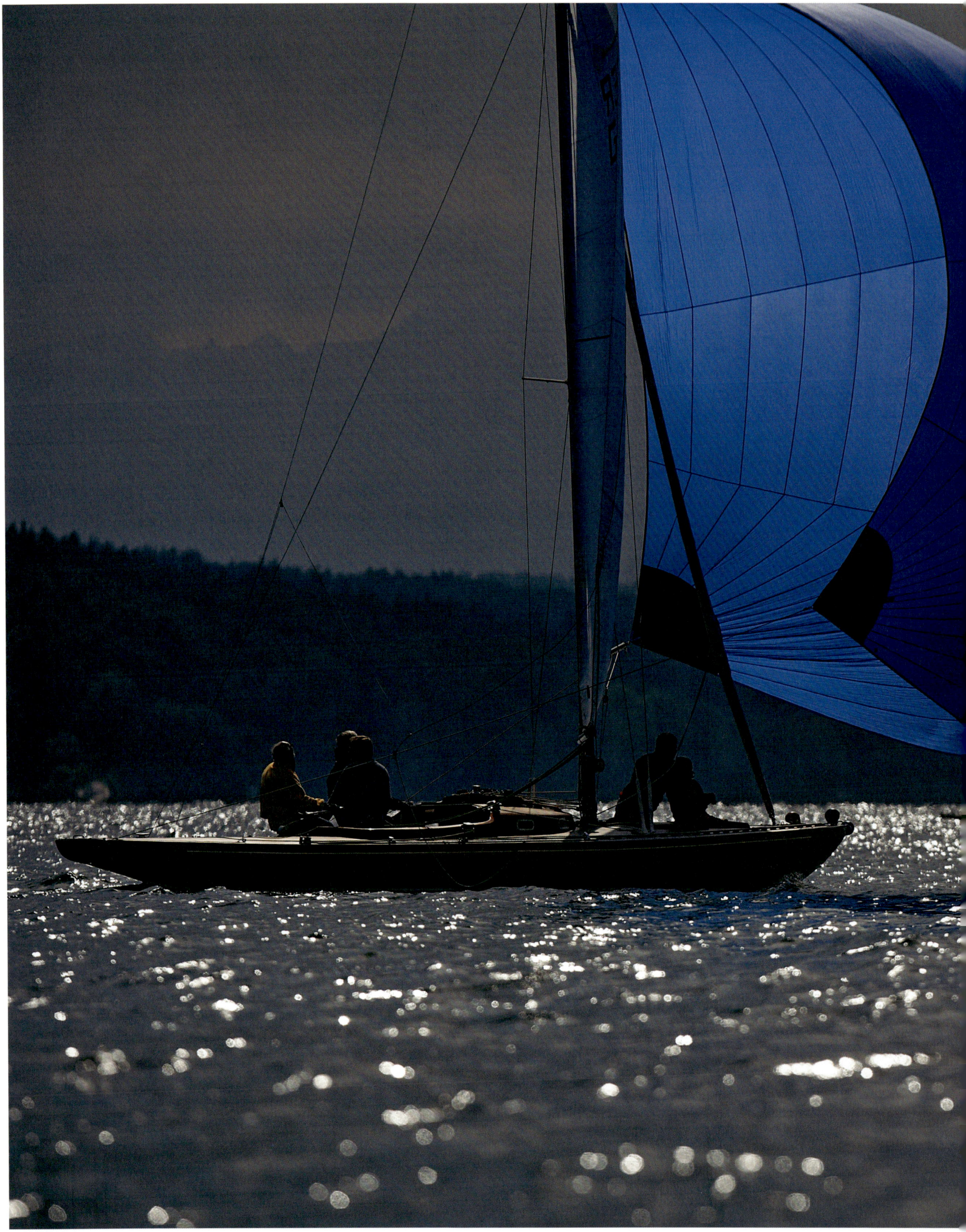

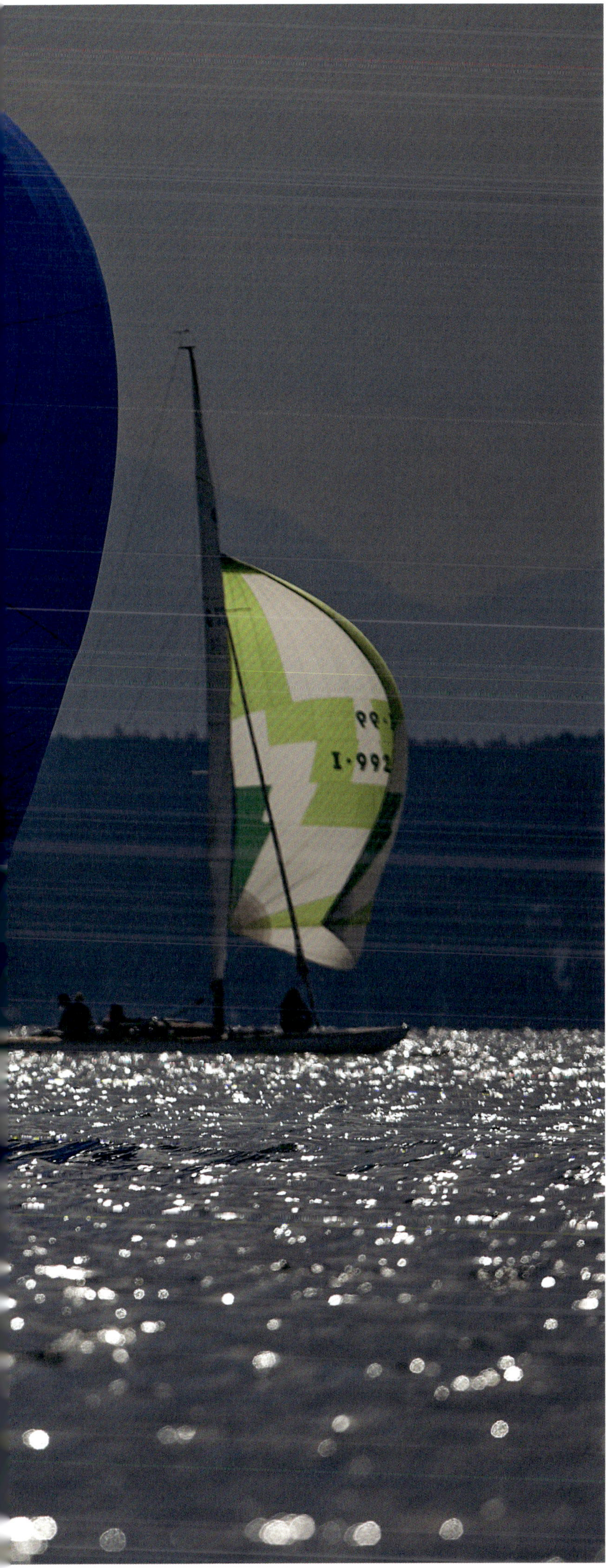

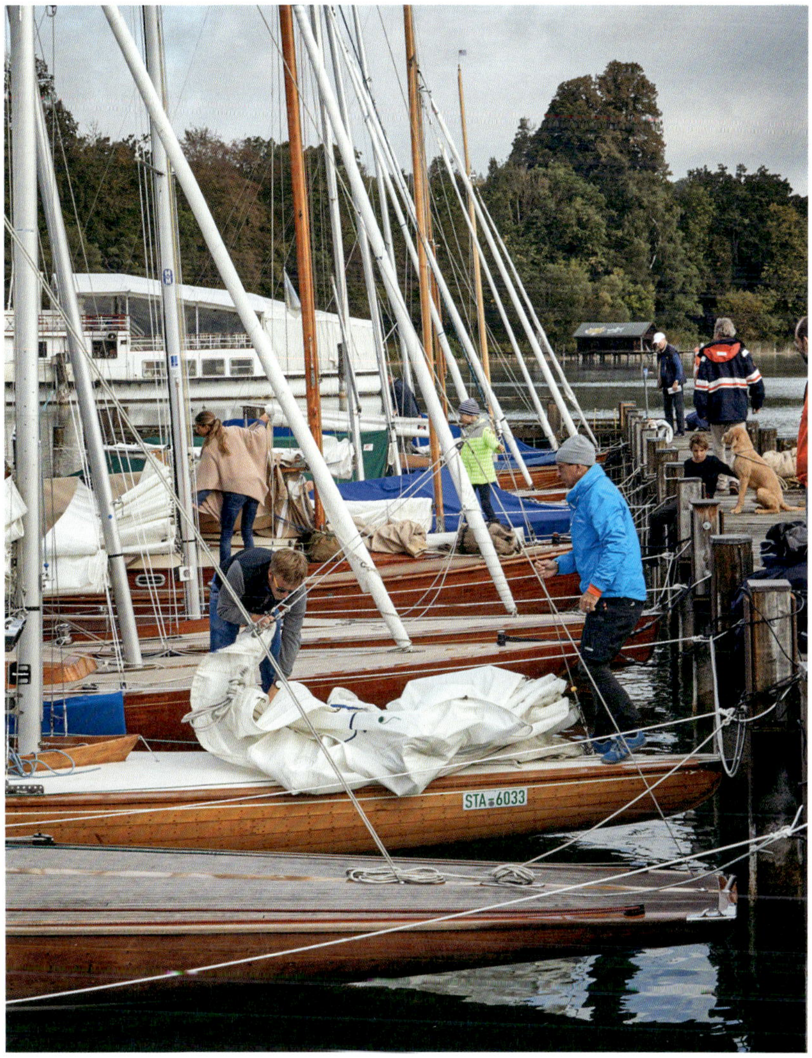

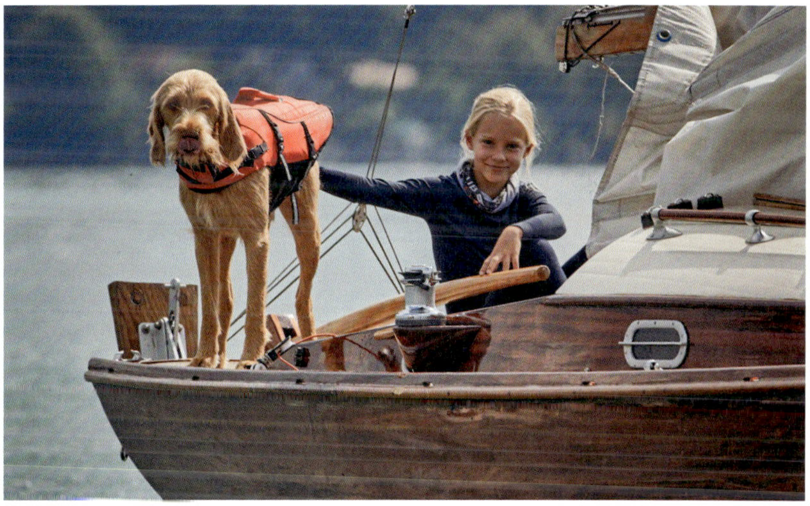

WIEDERGEBURT DER SCHLANKEN SCHIFFE

Der bayerische Binnensee ist ein Hotspot für Schärenkreuzer, denn süddeutsche Segler retteten einst schwedisches Kulturgut vor der Kettensäge und erkannten früh den historischen Wert dieser Yachten.

N° 2
AMMERSEE CLASSICS – DAS FESTIVAL ÜBER EINE SAISON

Der Ammersee ist der drittgrößte See Bayerns, reicht am weitesten nach Norden und ist für lange Zeit die deutsche Heimat Manfred Currys gewesen, einem der »Segelingenieure« der 30er-Jahre. Seine Curryklemme wird noch heute auf fast jeder Yacht benutzt.

Hier am See, der in seiner Historie längst nicht so fürstlich wie der benachbarte Starnberger See ist, hat sich eher im Stillen eine überaus charmante Holzbootszenerie entwickelt. Urgemütlich und ziemlich originell haben sich die Holzbootsegler hier ihre eigene unverwechselbare »Liga« geschaffen, die Ammersee Classics: Verteilt über eine Segelsaison veranstalten vier Vereine eine Regattaserie mit jeweils den gleichen Meldevoraussetzungen, sodass am Ende eine Gesamtwertung alle Regatten inklusive einem Streicher berücksichtigen wird. Vier Regatten, vier Sieger, ein Streicher und eine Gesamtwertung: allesamt am Westufer des Ammersees. Am Ende der Saison, kurz bevor die Boote aus dem Wasser kommen, trifft sich die Fangemeinde an Land. Denn die Gesamtsiegerehrung der Serie findet in einer eigenen Abschlussveranstaltung statt. Da geht es dann noch mal ums Ganze. Dann sind es nicht die Boote, die herausgeputzt am Steg liegen, sondern die Segler, die sich im Stil der 20er- und 30er-Jahre kleiden und herausgeputzt feiern – stilgerecht zwischen Holz und Lagerfeuer und an langen Tafeln.

SAUBERER SEE
Bayerns drittgrößter Binnensee ist ein ideales Revier für kleine Holzboote. Klares Wasser und mit Glück auch etwas Wind im Spinnaker beim sommerlichen Segelevent Ammersee Classics.

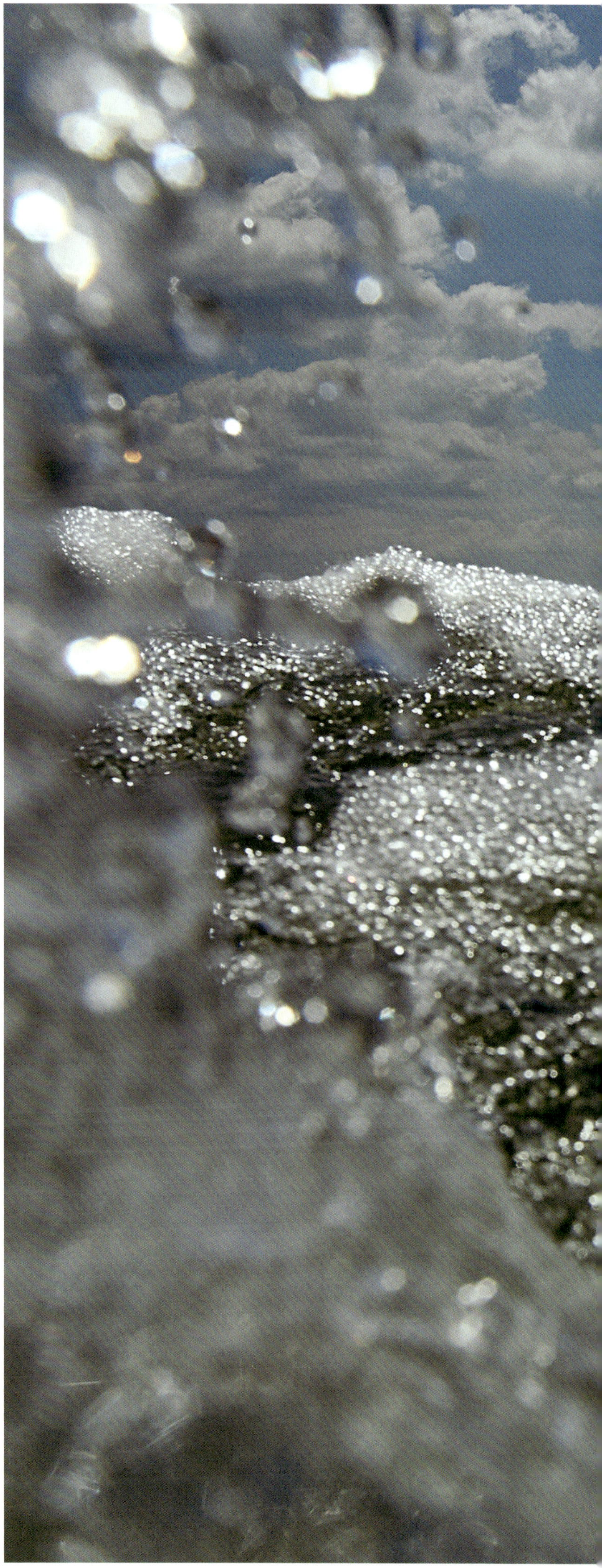

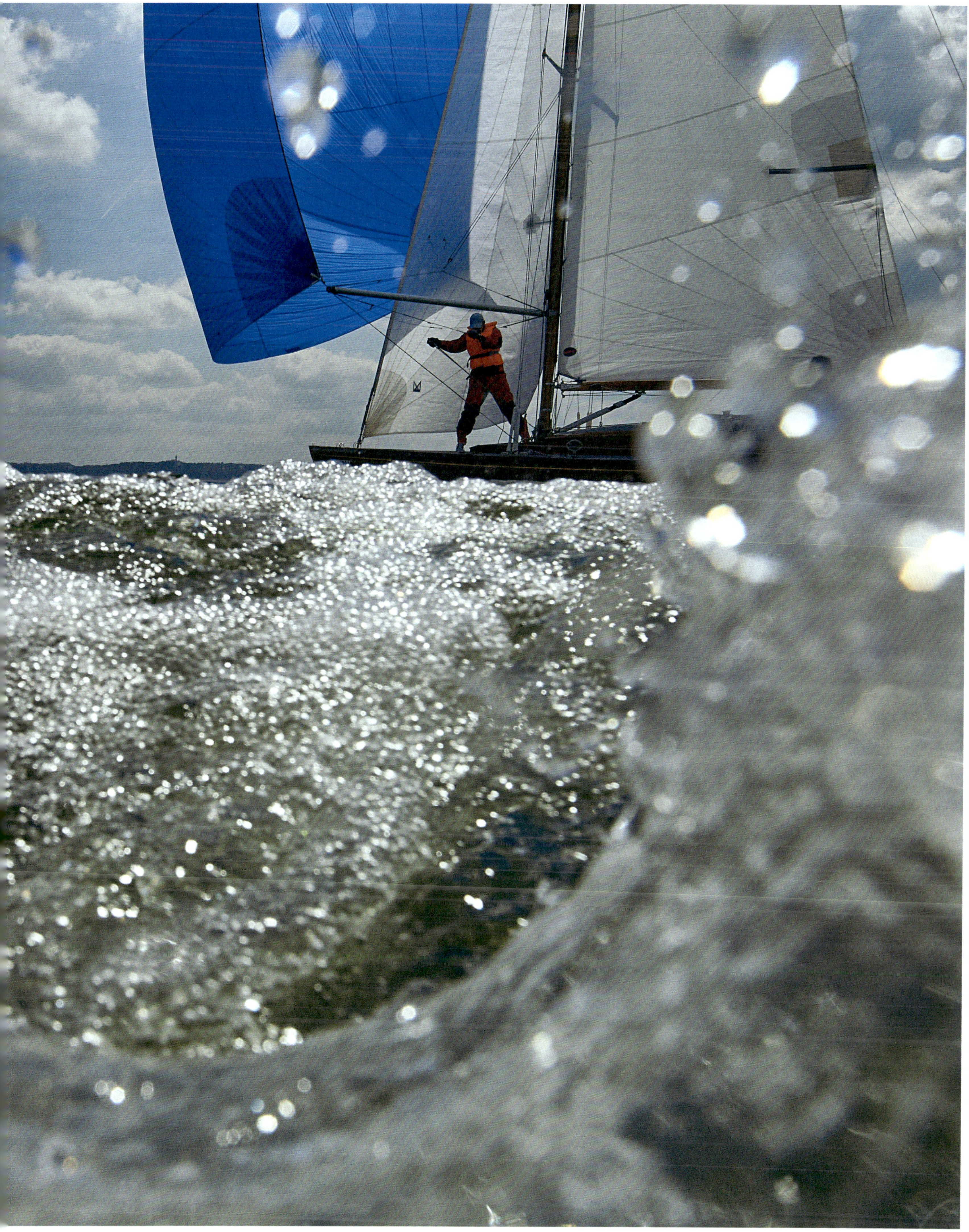

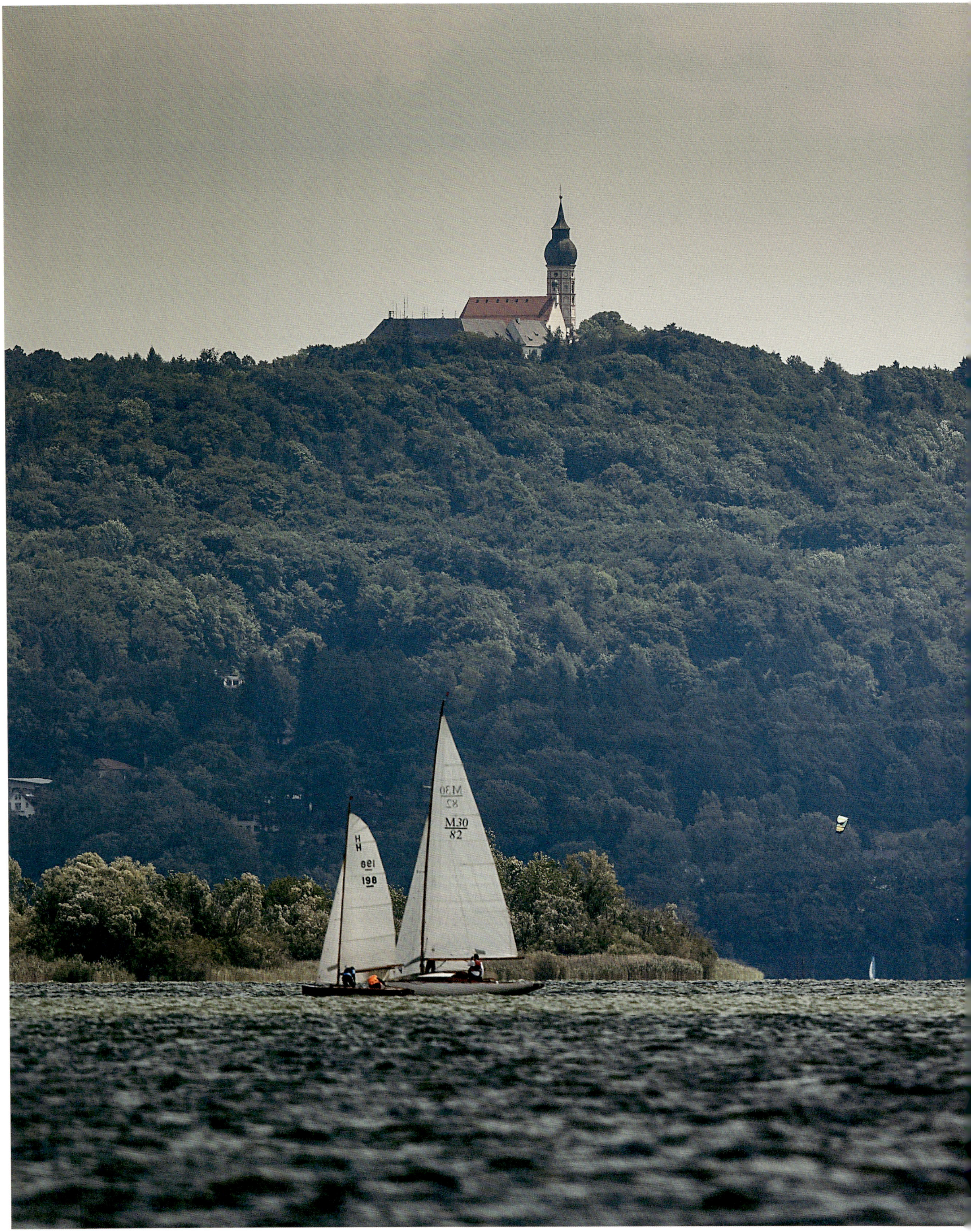
M30
82
H
198

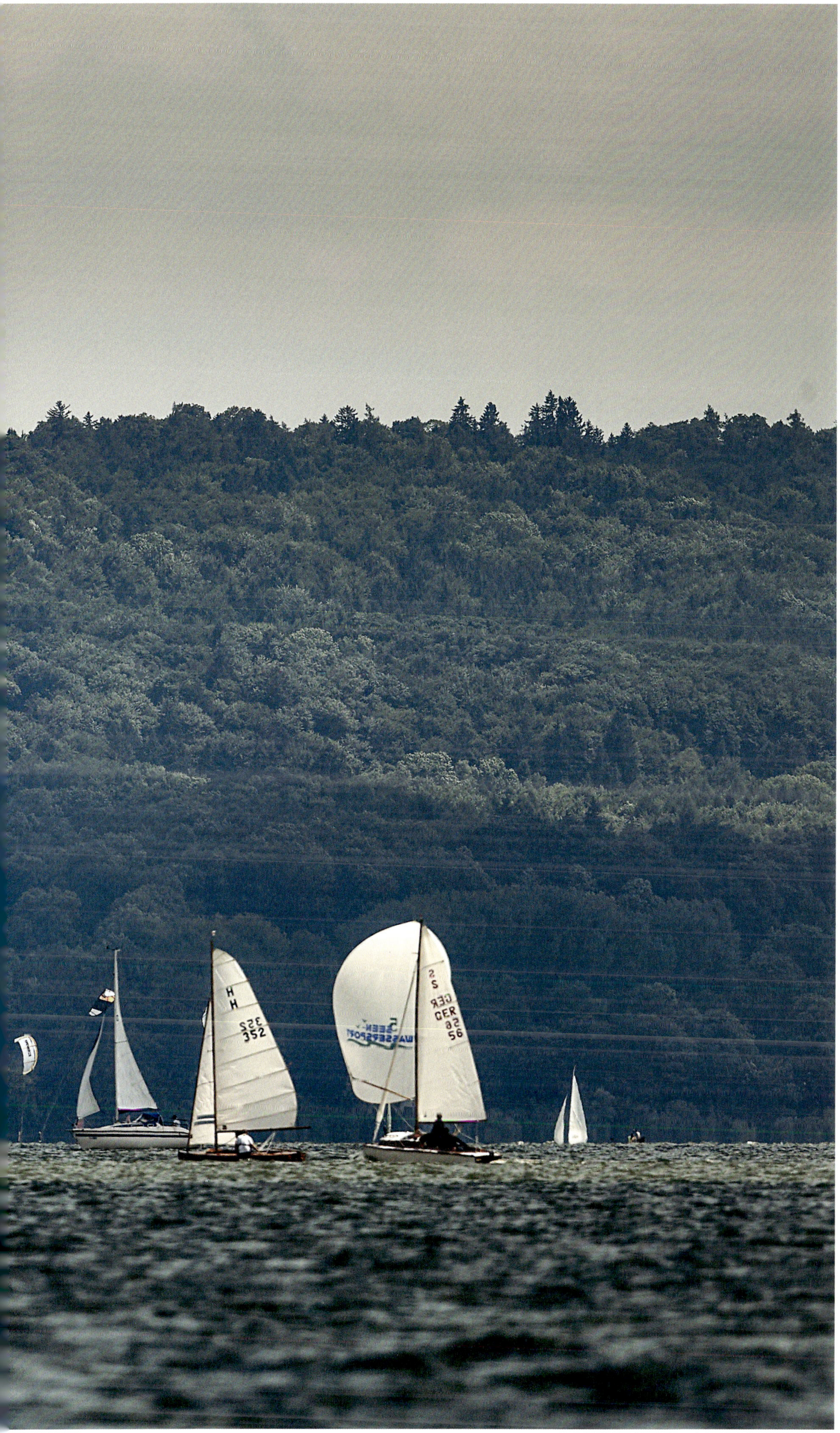

REGATTASERIE MIT SUCHTFAKTOR

Vier Vereine am See haben eine saisonale Staffel geschaffen, die Ergebnisse aller Wettfahrten werden übers Jahr summiert. Wichtige Landmarke: Das Benediktinerkloster Andechs aus dem Jahr 1455.

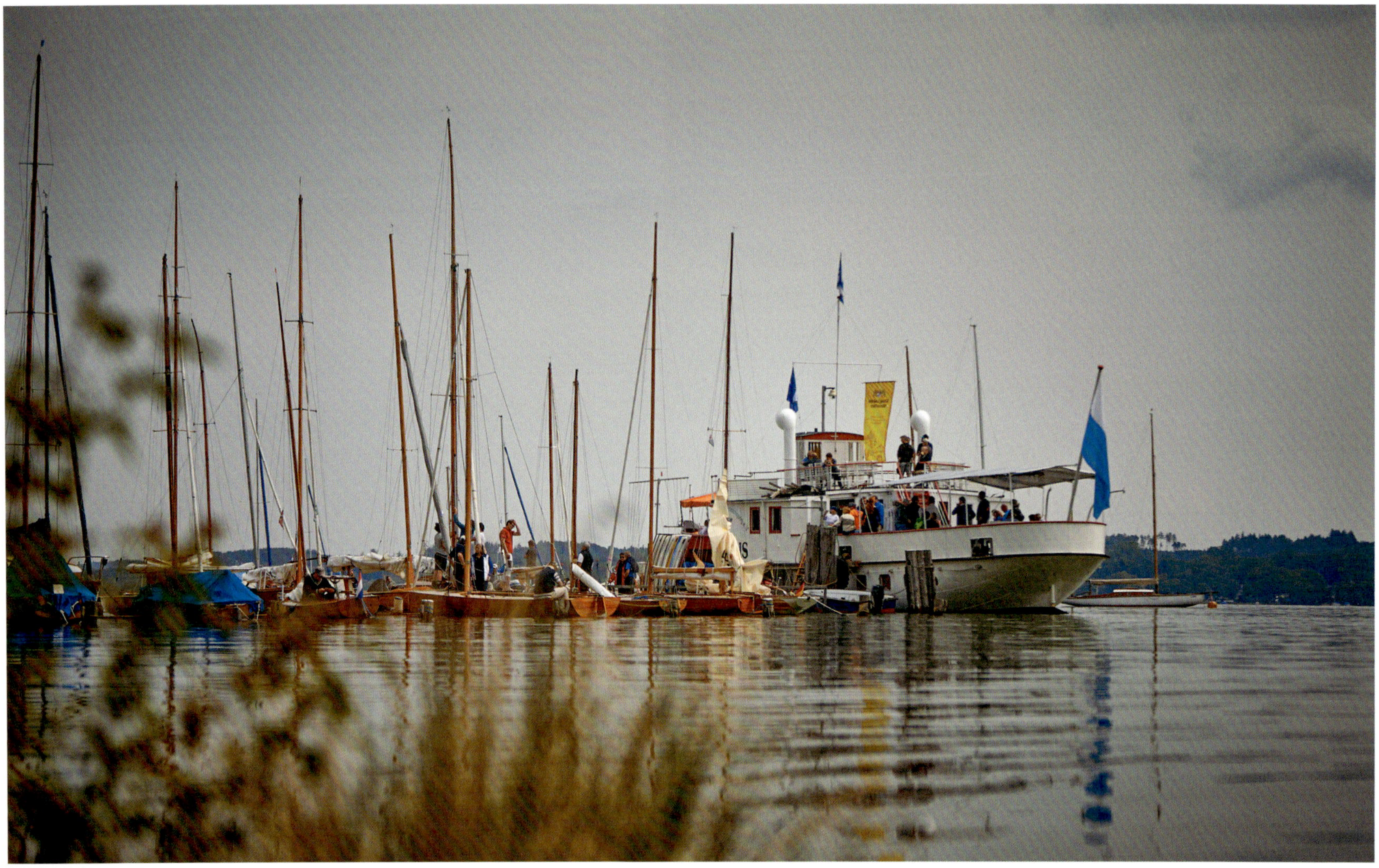

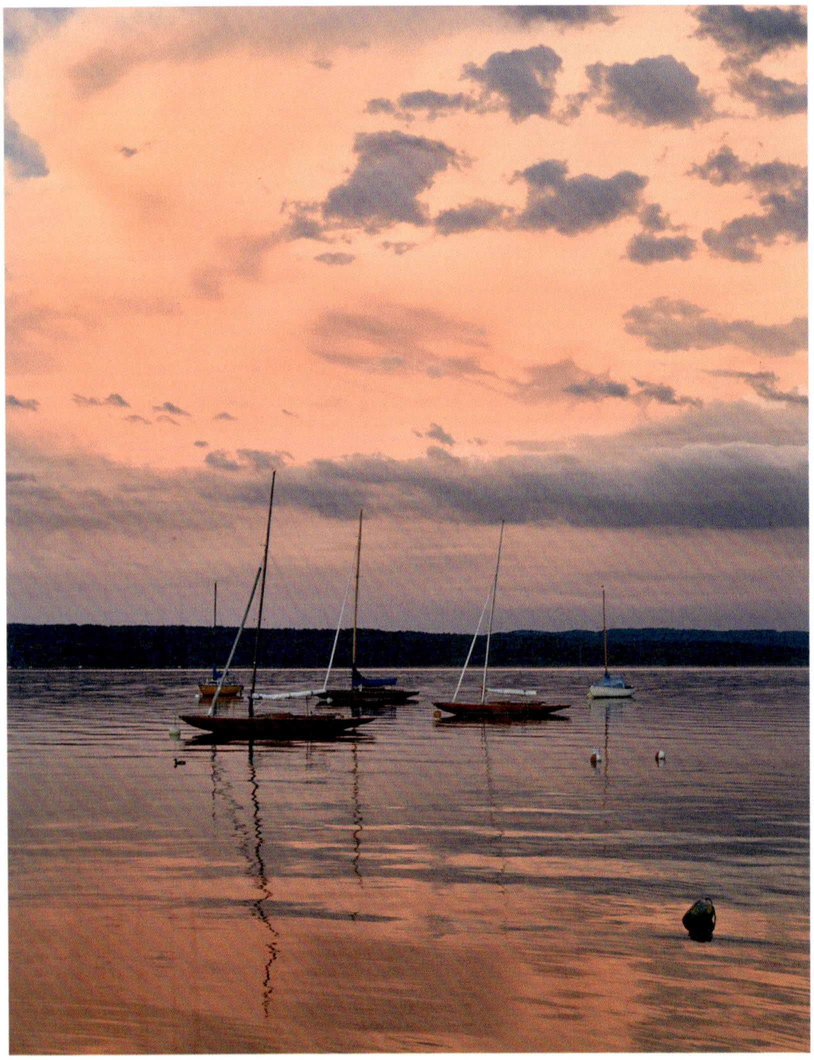

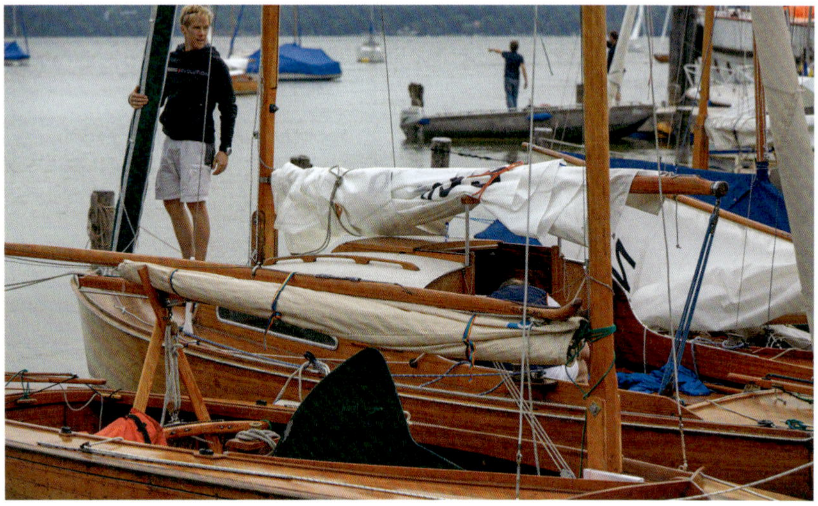

CHARMANT UND URGEMÜTLICH

Der Raddampfer ANDECHS ist das schwimmende Vereinsheim der Bayrischen Seglervereinigung e. V. in Utting und dient bei Wettfahrten den Teilnehmern als Mutterschiff für Skipperbriefing, Schmaus und Siegerehrung.

Alles in allem ein attraktiver Zyklus, dem es über die Jahre gelungen ist, die Holzbootszene am Ammersee wiederzubeleben. Die Mehrheit im breitgefächerten Teilnehmerfeld sind mittlerweile »Stammsegler«. Dabei sind es gar nicht die Segler, die in die Gesamtwertung kommen, sondern die Boote. Das Konzept der Regattaserie ermöglicht auch den vielen Privatbooten dabeizubleiben, selbst wenn der allgemeine Crewmangel zuschlägt oder Urlaubspläne und andere Termine die Serie durchkreuzen: »Hauptsache, das Boot ist am Start!«

Auftakt zu dieser Serie ist das Traditionsklassenmeeting in Utting bei der Bayerischen Seglervereinigung. Ein ausrangierter Raddampfer namens ANDECHS begrüßt hier als Vereinsheim die Teilnehmenden und bietet einen überaus passenden Rahmen für die 30 bis 50 Holzboote, die sich zwei Tage lang in klassischen Dreieckskursen aneinander messen.

Dem Traditionsklassenmeeting folgt Ende Juli der Holzpokal des Ammersee Yacht-Clubs in Riederau als die zweite Veranstaltung der Serie. Der an einer der breitesten Stellen des Ammersees gelegene Club ist der drittälteste Verein am See und wurde 1906, unter anderem vom Vater des berühmten Bootskonstrukteurs Dr. Manfred Curry, gegründet. Hier trifft eine herzliche Urigkeit auf Erfindergeist. Der Geist der Segellegende begleitet den Club bis heute, vielleicht auch, weil die Segler hier in eine Welt komplett aus Holz eintauchen. Die beiden alten Bootshäuser sind noch original, das kleine, feine Vereinshaus zumindest mit Holz verschalt, das im vorderen Bootshaus integrierte, wind- und wettergeschützte »Salettl« mit Blick über den See bis hinüber zum Heiligen Berg und Kloster Andechs ist extrem charmant und natürlich auch aus Holz. Der Holzpokal passt dazu, als gäbe es keine moderne Welt. Für die Regatta wurden die »Zeitbälle« reaktiviert, und so wird gestartet, wie es früher üblich war: ohne Startschiff auf dem Wasser, sondern von Land aus. Nebeneinander am Stegende, gut sichtbar aufgereiht, fallen die Bälle der Reihe nach herunter, jede Minute einer, der letzte bedeutet »Start!«. Entsprechend ist die Startlinie nicht immer gegen den Wind ausgelegt, sondern man startet entweder gen Süden oder gen Norden, und erst danach führt der Regattakurs in einer Art Dreieck über den See.

Dieses Startverfahren aus der früheren Zeit hat auch der Augsburger Segler-Club für die Oldies-but-Goldies-Regatta – der dritten Veranstaltung dieser Serie – wieder eingeführt. Die Startlinie ist eine Peilung. Mitten in den bayerischen Sommerferien ist diese Veranstaltung meist die Regatta der Leichtwindsegler. Aber auch hier gibt es immer wieder neue Kämpfe auf der Bahn. Mal sind es die üblichen Verdächtigen, die vorn um die Line Honours kämpfen, mal ganz neue Gesichter und dann doch wieder die Rennjollen, wie so oft im Club.

Als zweitägiges »Grande Finale« lockt die Holzboot-Regatta im Diessner-Segel-Club gegen Ende der Saison noch mal viele Holzbootliebhaber auf den Parkour. Die Regatta beginnt mit einem vorabendlichen Stegempfang: Fassbier, Brotzeit und Fachsimpeleien unter Klassikliebhabern. Dann folgen zwei Tage Holzbootregattieren pur am Südende des Ammersees. Dazwischen ein feiner Abend, der je nach Wetter auch mal richtig lang werden kann. Zu Anfang der neuen Serie galten in Dießen die strengsten Regeln: Alumasten waren nur denen erlaubt, die sie in ihrer originären Art schon fuhren, als die Boote selbst noch modern waren. Heute dürfen alle – Hauptsache, die Boote sind alt.

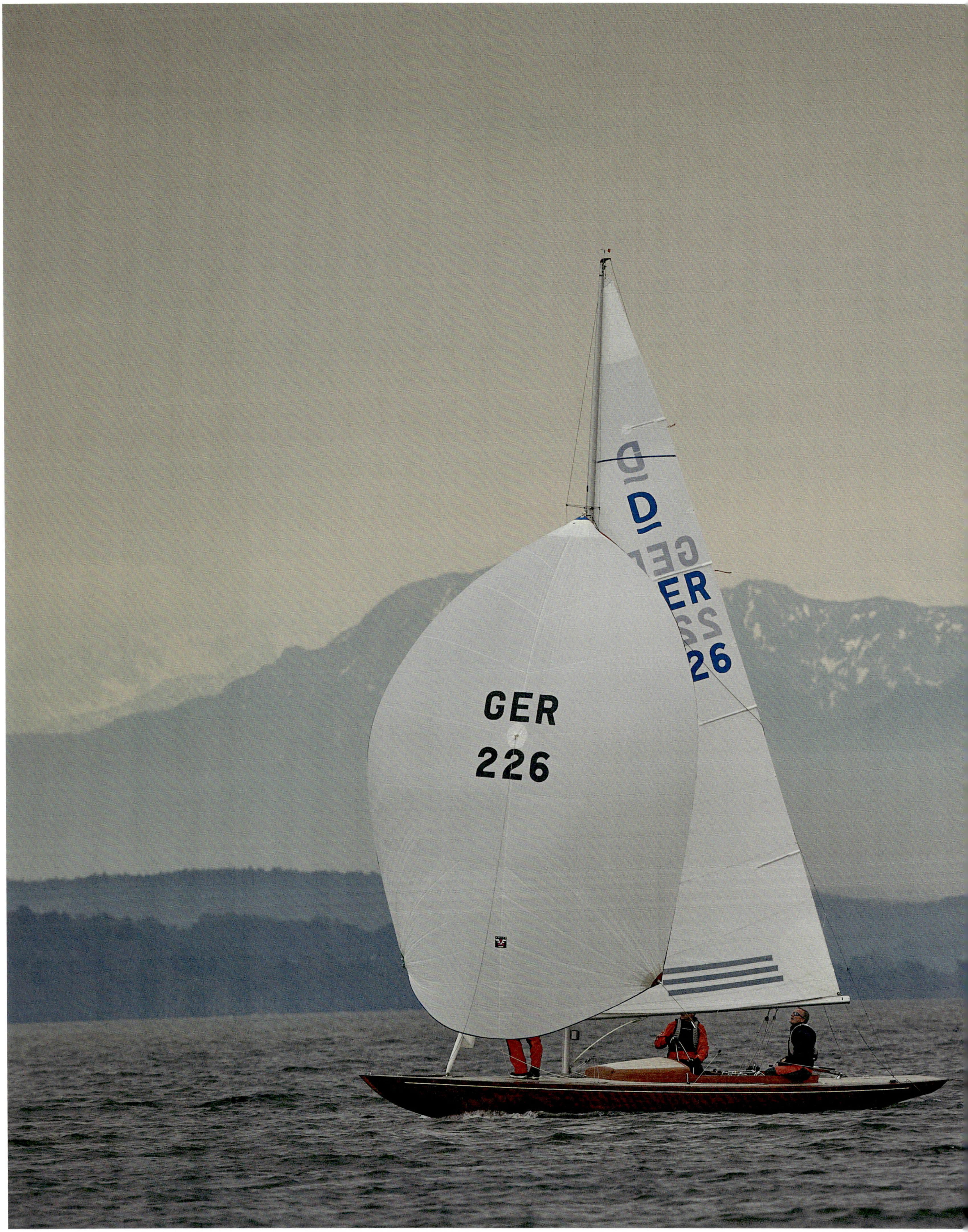
GER
226
D

BOOTE UNTER DEN BERGEN
Ein einzigartiger Ausblick für Segler und Spaziergänger am Ufer. Majestätisch erheben sich die Voralpen nach Süden, konzentriert steuert der Skipper seinen Drachen bei einer Ammersee Classic Regatta vor dem Wind Richtung Ziel.

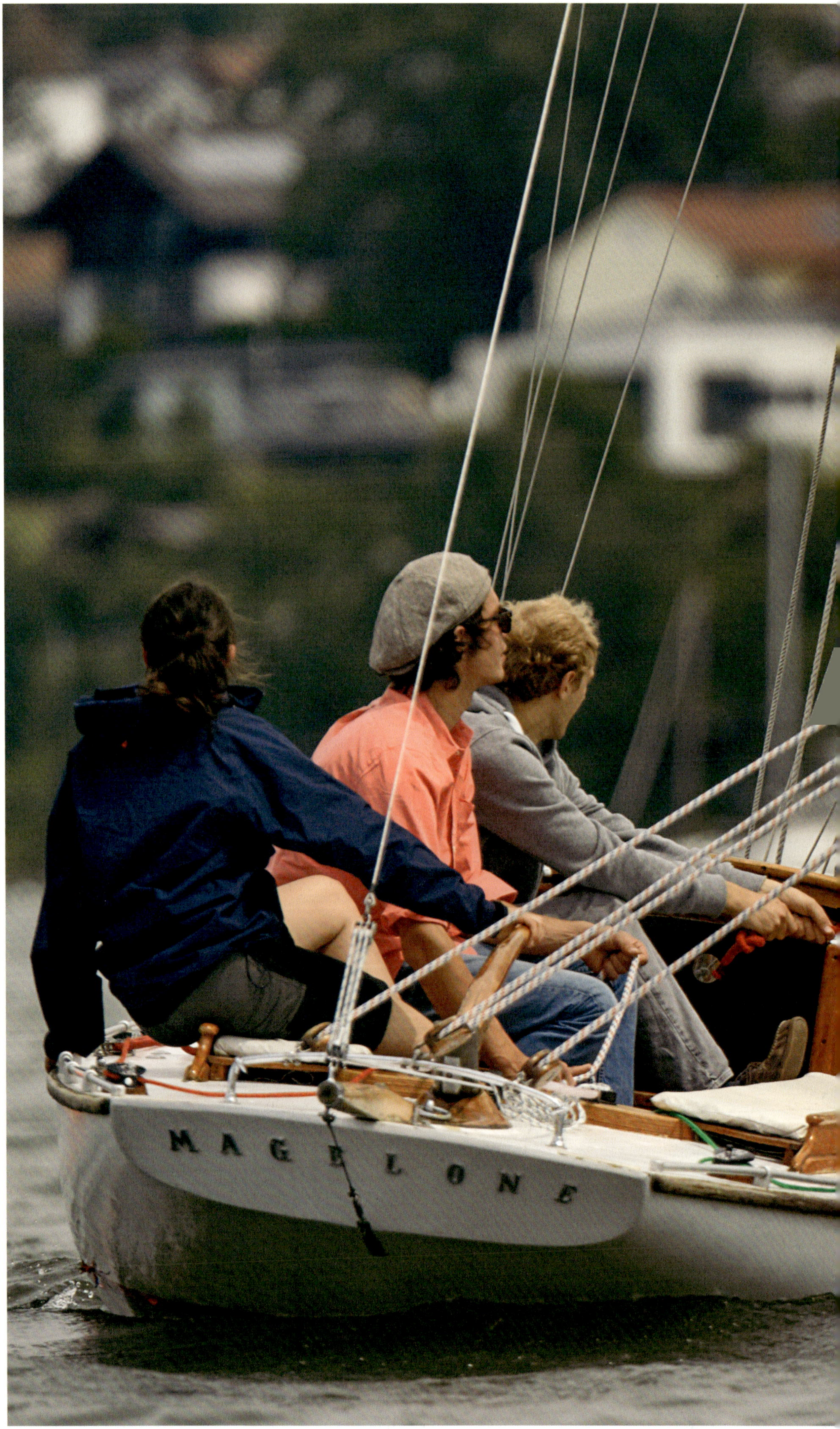

SPAGAT STATT SPIBAUM
Um den kleinsten Windhauch ins Segel zu bekommen, ist jedes Mittel recht. Nach den Wettfahrten wartet ein wunderbares Landprogramm mit bayerischer Gastlichkeit.

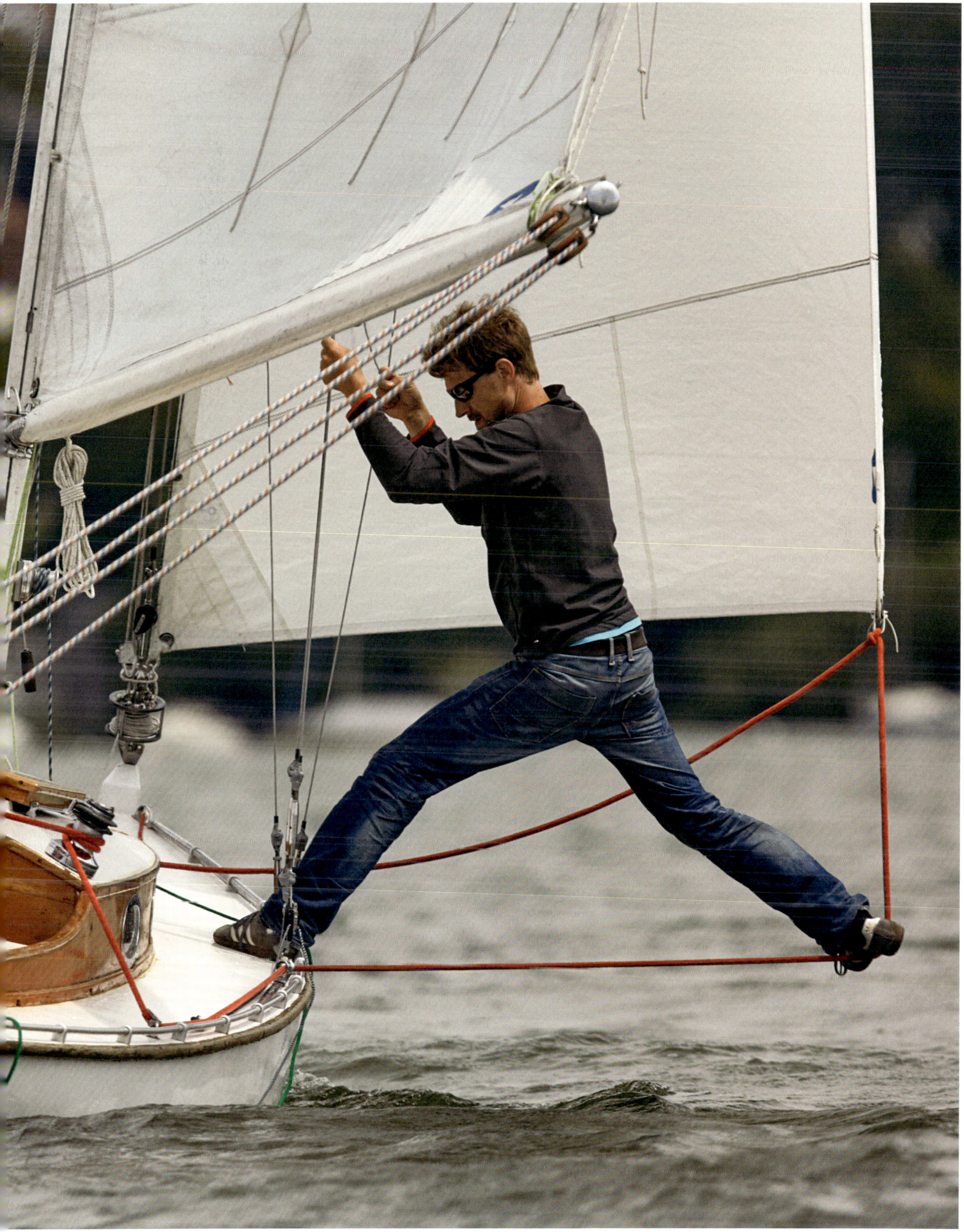

N^O 3
KLASSIKERFESTIVALS AUF DEM SCHWÄBISCHEN MEER

Größer, schöner, weiter. Vor dem Panorama der imposanten Alpenkette zieht der Bodensee Wassersportliebhaber aller Couleur an. Die drei Länder Deutschland, Österreich und die Schweiz grenzen an seine Ufer, und auch Liechtenstein ist als viertes Land nur einen Katzensprung entfernt. In Deutschland ist der Bodensee das größte Binnenrevier, in Mitteleuropa nach dem Balaton (Plattensee) und dem Genfer See sogar das drittgrößte Binnengewässer. Kein Zufall wohl, dass sich hier die größte Achter-Flotte Europas angesiedelt hat – mit rund 20 Booten sogar die größte Flotte weltweit. Aber auch andere Meterklassen, wie die 5.5er und Sechser oder 45er Nationale Kreuzer sind am Bodensee zu finden. Die weit über Deutschland hinaus bekannte Werft von Josef Martin, einem der besten Holzbootsbauer Deutschlands, hat einen erheblichen Anteil an dieser Entwicklung. Die 30er-Schärenkreuzer zählen am Bodensee ihre größte Revierflotte, daneben verteilen sich 40er-Schärenkreuzer und viele Lacustre neben einer beachtlichen Anzahl an Holzdrachen sowie Einzelbauten, Liebhaberstücken und Jollen über die verschiedenen Häfen und Segelclubs am Bodensee.

ÜBER 100 JAHRE ALT – DIE INTERNATIONALE BODENSEEWOCHE IN KONSTANZ

Sie zählt zu den ältesten Wassersportgroßereignissen Europas und ist ein Festival der ganz besonderen Art: Bei der Internationalen Bodenseewoche Ende Mai geben sich Segelboote, Motorboote und Ruderer ein Stelldichein rund um die Mittelmole des Konstanzer Stadthafens. 1909 wurde sie erstmals initiiert – derzeit als eine Art Messeveranstaltung, um die neuesten Errungenschaften im Motorbootbereich vorzuführen, aber auch damals schon garniert mit Segel- und Ruderbootregatten. Nach einigen Jahren weltkriegsbedingter Pause wurde die Veranstaltung 1918 wiederbelebt und entwickelte sich zu einem gesellschaftlichen Großereignis. Selbst aus Berlin und Hamburg reisten Teilnehmer an, um am »Schwäbischen Meer« dabei zu sein. Neben Motor-, Segel- und Ruderbootregatten und -präsentationen waren auch Auto- und Flugzeugspektakel hinzugekommen. Der Zweite Weltkrieg brachte eine erneute Pause, bevor sich dann von 1952 bis 1972 die Internationale Bodenseewoche zu einem der wichtigsten europäischen Wassersportfestivals entwickelte. 1972 war die Woche zu einer derartigen Großveranstaltung herangewachsen, dass sich niemand mehr fand, »das Risiko einzugehen« die Veranstaltung zu organisieren, wie die Bodenseewoche selbst schreibt. 37 Jahre mussten dann ins Land gehen, bis die Internationale Bodenseewoche zu ihrem 100. Geburtstag neu aufgelegt wurde.

Rund 1.000 Teilnehmer kommen seither jedes Jahr, um auf etwa 160 klassischen und modernen Yachten zur Bodenseewoche im »internationalen Gewässer« des sogenannten »Konstanzer Trichters« an den Start zu gehen. Zu den klassischen Yachten gehören die Meterklassen wie 8mR, 6mR oder 5mR, Schärenkreuzer in allen Größen (30er, 40er, 75er oder 95er), nationale Klassen wie die 45er Nationalen Kreuzer, L-Boote, Drachen und Lacustre, aber auch Jollen und Jollenkreuzer. Vier Tage lang messen sich die Liebhaber der klassischen Yachten in eigenen Starts auf separaten Bahnen und genießen ein umfangreiches Rahmenprogramm – von Showeinlagen der Wasserski-Akrobaten über nostalgische Dampfbootfahrten bis hin zum Mini-Rennen der Modellbootskipper. Auf dem Hafenkai platzieren sich maritime Aussteller neben Lifestyle-Anbietern und kulinarischen Köstlichkeiten zum maritimen Markt. Dazu kommen Angebote für Kinder, Ausstellungen und Präsentationen von Wasserschutzpolizei, Feuerwehr und Wasserwacht. Sogar ein Salsa-Schnupperkurs war in dem einen oder anderen Jahr im Landprogramm. Nichtsegler müssen auf den Regattasport nicht verzichten: Die Wettfahrten werden auf Großleinwand an Land übertragen und moderiert, während die Bodenseeschiff-

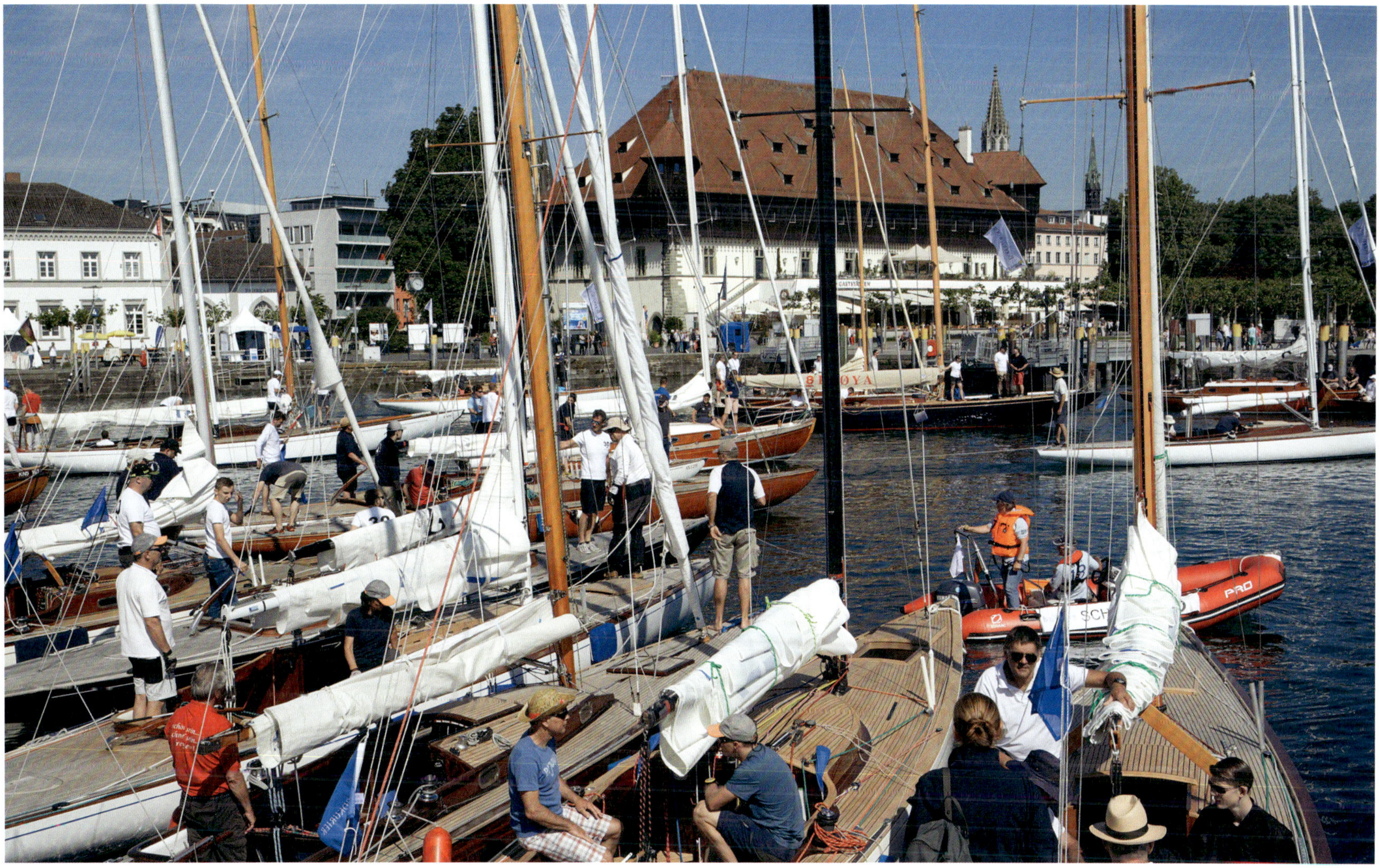

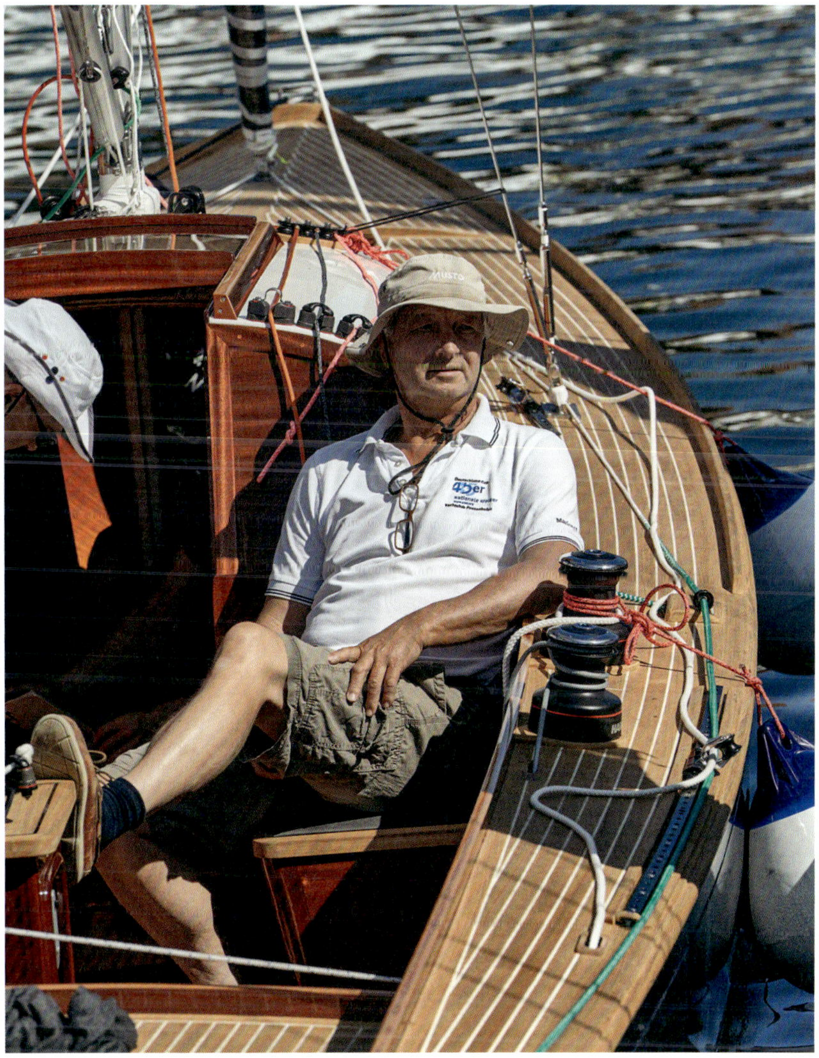

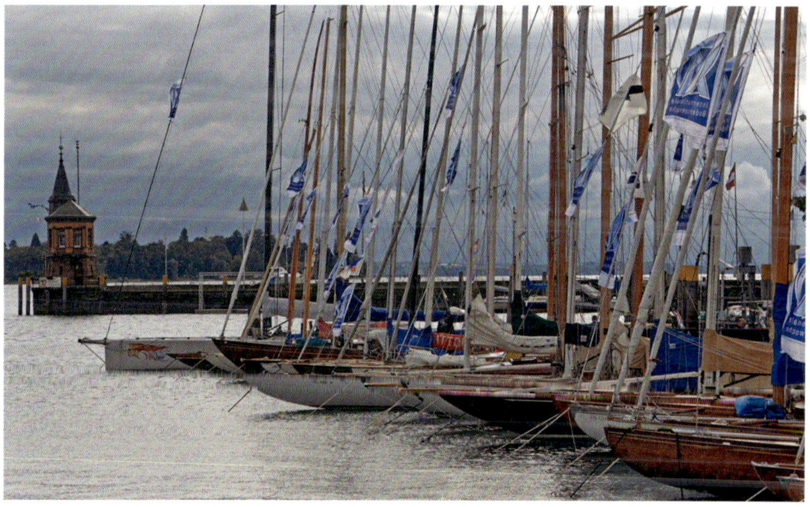

LEBENDIGE TRADITION AUF DEM SEE

Wenn die rund 160 Yachten im Konstanzer Hafen festmachen, glänzt das schöne Städtchen am Bodensee zusätzlich mit einem Mastenwald. Bereits seit 1909 werden auf dem Konstanzer Trichter Wettfahrten gesegelt und motorisierte Wasserfahrzeuge vorgestellt.

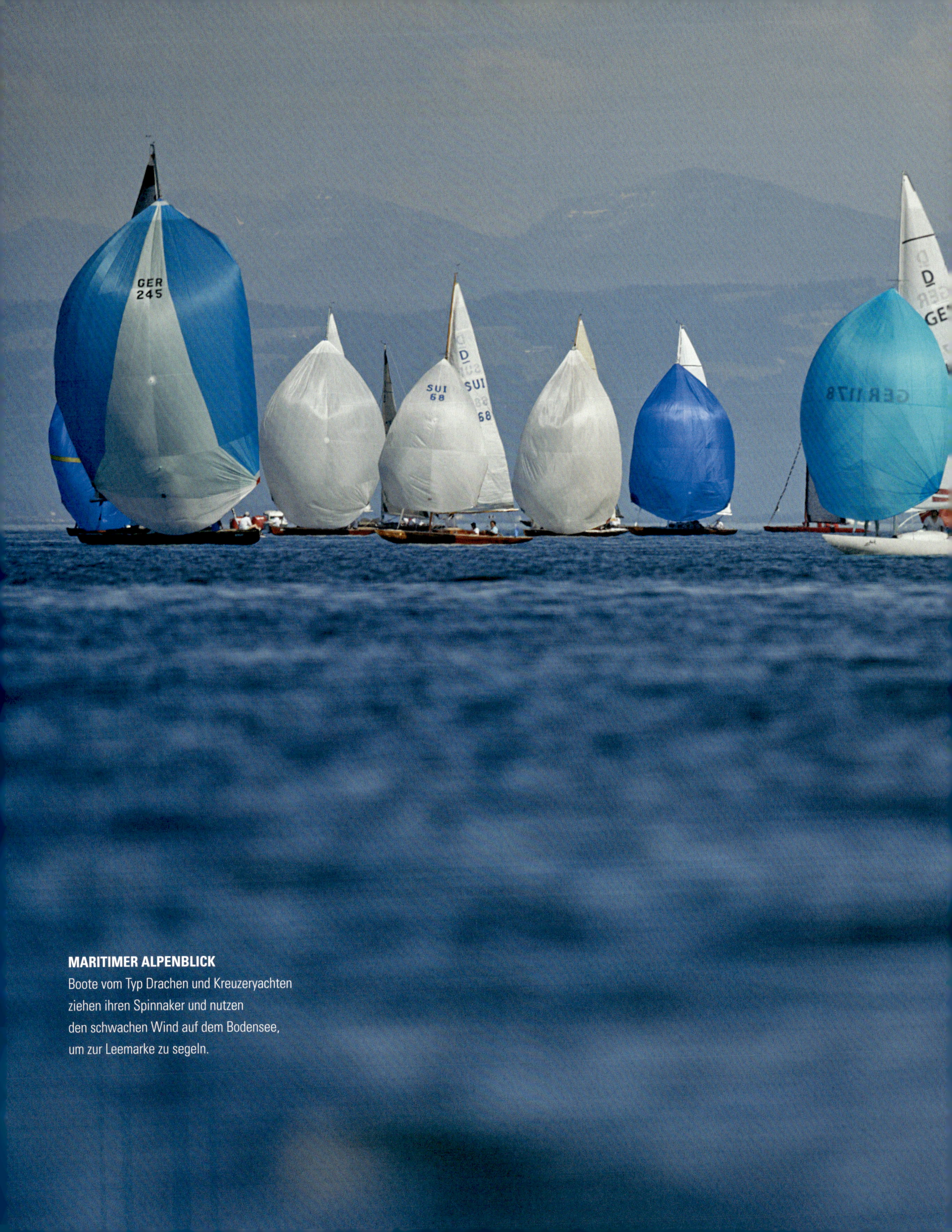

MARITIMER ALPENBLICK

Boote vom Typ Drachen und Kreuzeryachten ziehen ihren Spinnaker und nutzen den schwachen Wind auf dem Bodensee, um zur Leemarke zu segeln.

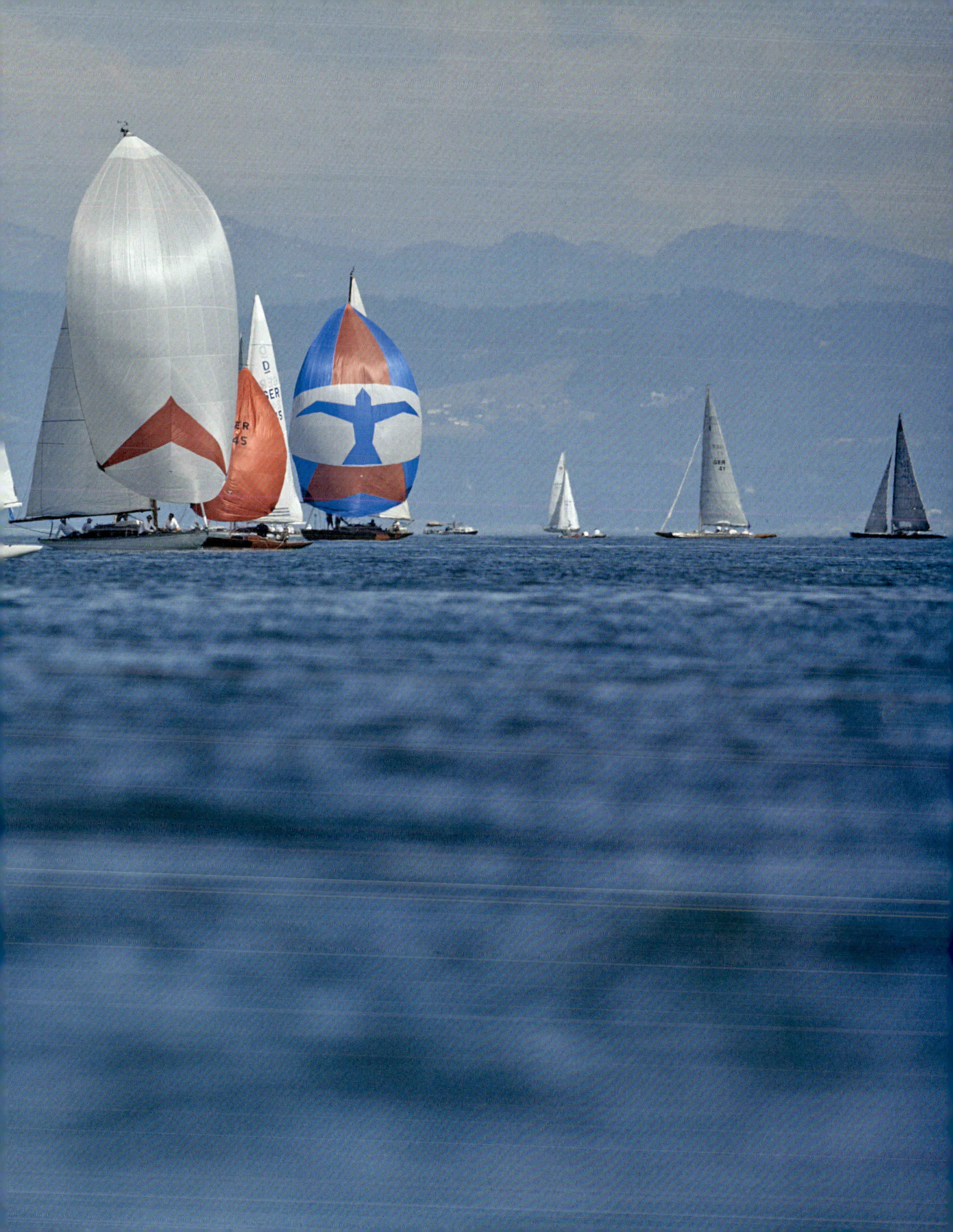

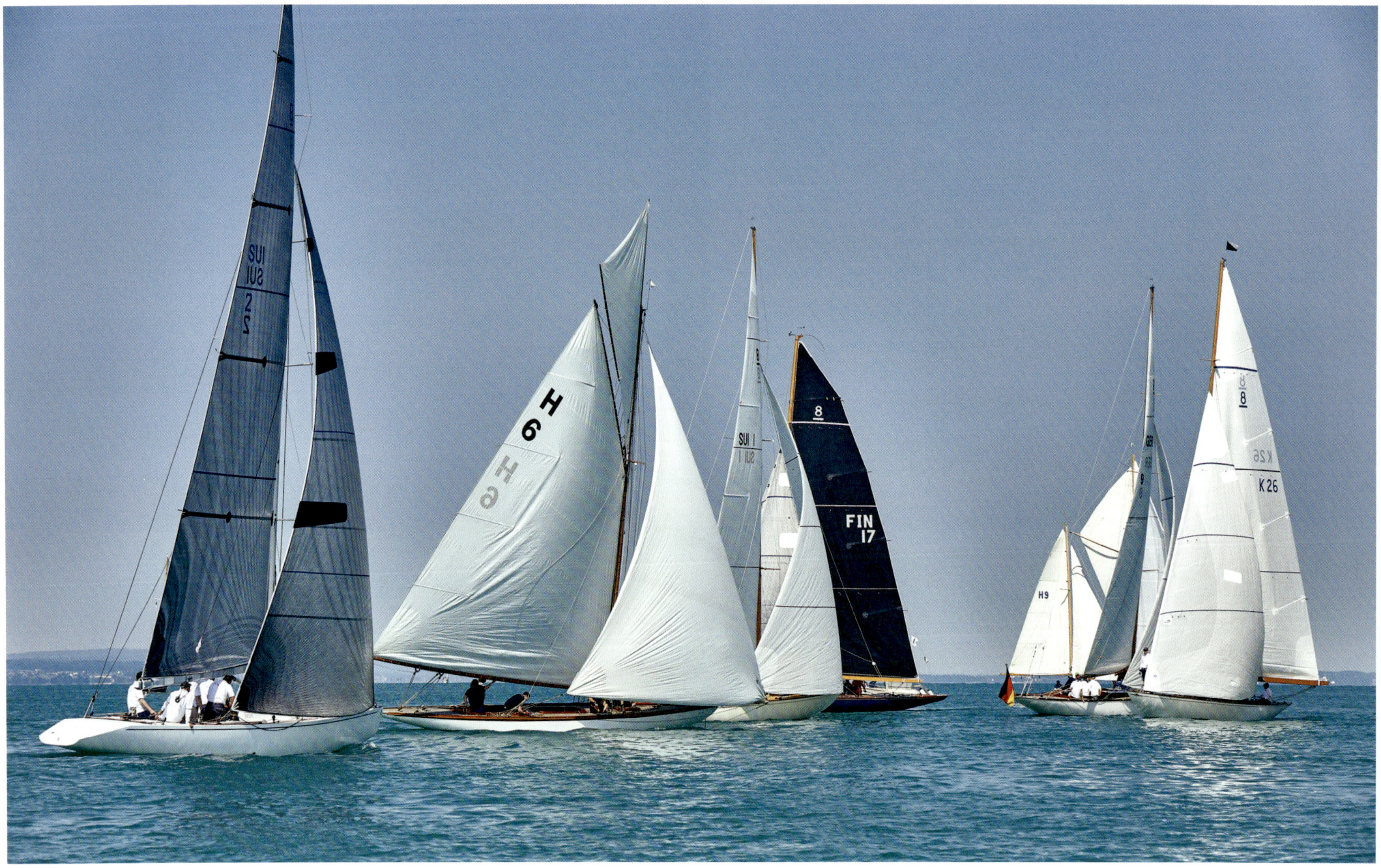

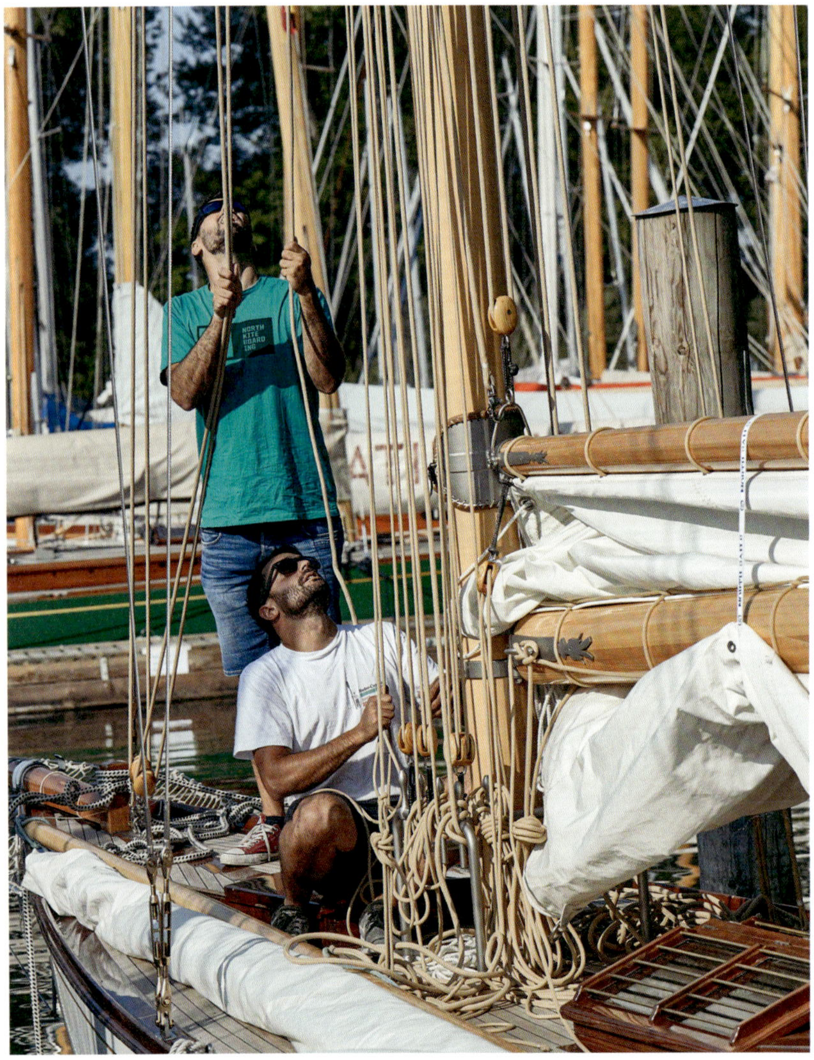

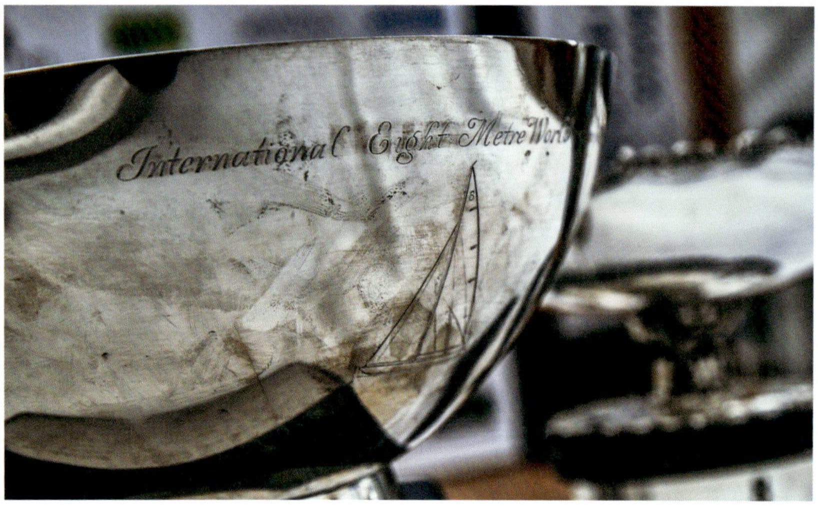

INTERNATIONALE KONKURRENZ

Besonders klassische Rennyachten haben den Bodensee als Heimatrevier. Aufgrund der Wettfahrten kommen Dutzende Meterklasseboote aus ganz Europa hinzu, ein hohes Leistungsniveau ist immer garantiert.

fahrt Rundfahrten zu den Regatten anbietet. Zentraler Treffpunkt für Jung und Alt, für Teilnehmende und Zuschauende ist die Lounge auf der Mittelmole des Konstanzer Stadthafens. Hier sind die Zuschauer mittendrin im Geschehen, wenn die Yachten gemeinsam den Hafen verlassen, um draußen an den Start zu gehen, oder wenn die Ruderer nachts beleuchtet einlaufen oder die Sieger am Ende der vier Tage gekürt werden. Ein buntes Festival für Jung und Alt, für Segler und Nichtsegler und vor allem für Oldtimer und Nichtoldtimer ...

DER BODENSEE. HOCHBURG DER ACHTER

Der Bodensee zeigt ein beeindruckendes Türkis, er bietet imposante Alpenpanoramen und er ist Heimat der, bezogen auf ein Revier, weltweit größten Flotte der majestätischen 8mR – der zweitgrößten noch aktiv segelnden und vor allem der am längsten weiterentwickelten Meterklasse. Verteilt über die Yachtclubs am deutschen, schweizerischen und österreichischen Ufer zählt die Bodenseeflotte 20 bis 25 dieser imposanten Schönheiten. Die Yachten wiegen zwischen 8 und 10 Tonnen, sind – bei einer Wasserlinienlänge von um die 9,5 Meter – zwischen 13,5 und 14,5 Meter lang, nur 2,50 bis 2,70 Meter breit und haben zwischen 70 und 80 Quadratmeter projizierte Segelfläche. Mit den langen Überhängen an Bug und Heck wirken sie durchweg gravitätisch. Dazu kommen klangvolle Namen wie SILHOUETTE, AYANA, PANDORA, SPOSA, ELFE II, BAYERN II, WYVERN, FRØYA und nahezu alle namhaften Konstrukteure, die die Segelwelt zu bieten hat. Am Bodensee treffen sie bei fünf bis sieben Regatten pro Jahr mehr oder weniger regelmäßig zusammen. Das Besondere bei den Achtern: Obwohl so viele Jahre Yachtsportgeschichte zwischen den altesten und den modernsten 8mR-Yachten liegen, segeln sie gemeinsam auf einer Bahn und bleiben auch relativ nah aneinander. Klar sind die modernen Boote am Ende schneller, aber bedingt durch ihre Konstruktion sind die Geschwindigkeitspotenziale nicht so unterschiedlich, als dass sie meilenweit auseinander segeln würden. Innerhalb ihrer Klasse segeln sie in Gruppen gegeneinander: First Rule, Sira, Neptun und Modern. Genauso sind die Antworten auf die Frage nach dem Charme des Achter-Segelns vielfältig, und doch haben sie eines gemein: Es ist eine Mixtur aus Sportlichkeit, Historie und Power: »Einen Achter zu segeln ist unbeschreiblich«, »Es ist wie ein Wunder« – nein – »wie ein Märchen«, »Du kannst nicht eine gute Crew nehmen, auf einen Achter setzen und gewinnen – einen Achter muss man lernen zu segeln«, »Du musst die Seele finden«. Dabei scheint es egal zu sein, ob es sich um eine Yacht aus dem Baujahr 1908 oder 1909 handelt oder um eine von 1949 oder 2005. Das Geschehen an der Startlinie, wenn alte und neue Boote direkt nebeneinander über die Linie gehen, ist beeindruckend: Rennmaschinen mit Magie inklusive des Flairs der Historie.

ALLE VIER JAHRE WIEDER: DER EUROPA-CUP DER 30ER-SCHÄRENKREUZER

Auch die 30er-Schärenkreuzer spielen am Bodensee eine gewichtige Rolle. Zusammen mit den benachbarten Seen in der Schweiz, in Österreich und Bayern bildete sich hier eine Art »europäisches Herz« der ursprünglich aus Schweden stammenden, äußerst würdevollen, eleganten Klasse. 1954 trugen die 30er-Schärenkreuzer zum ersten Mal den Europa-Cup am Bodensee aus. Seit 1980 findet er alle zwei Jahre abwechselnd am Bodensee und in Schweden statt – zuletzt 2018 in der österreichischen Bregenzer Bucht. 23 schlanke Renner aus Deutschland, Österreich und der Schweiz gingen hier bei nasskaltem Wetter an den Start. Ihre imposanten Spinnaker von breitschultriger und bauchiger Form brachten zumindest vereinzelt Farbe vor den grauen Hintergrund, der sich in manch anderem Jahr auch gern in typischem Bodensee-Türkis gezeigt hatte. Für die Klasse ist der Europa-Cup, der ursprünglich mal Europa-Pokal hieß, ihre Europameisterschaft, sein Reglement ist Bestandteil der Klassenvorschriften der I. V. 30 SK, wie sich die Vereinigung der 30er-Schärenkreuzer nennt.

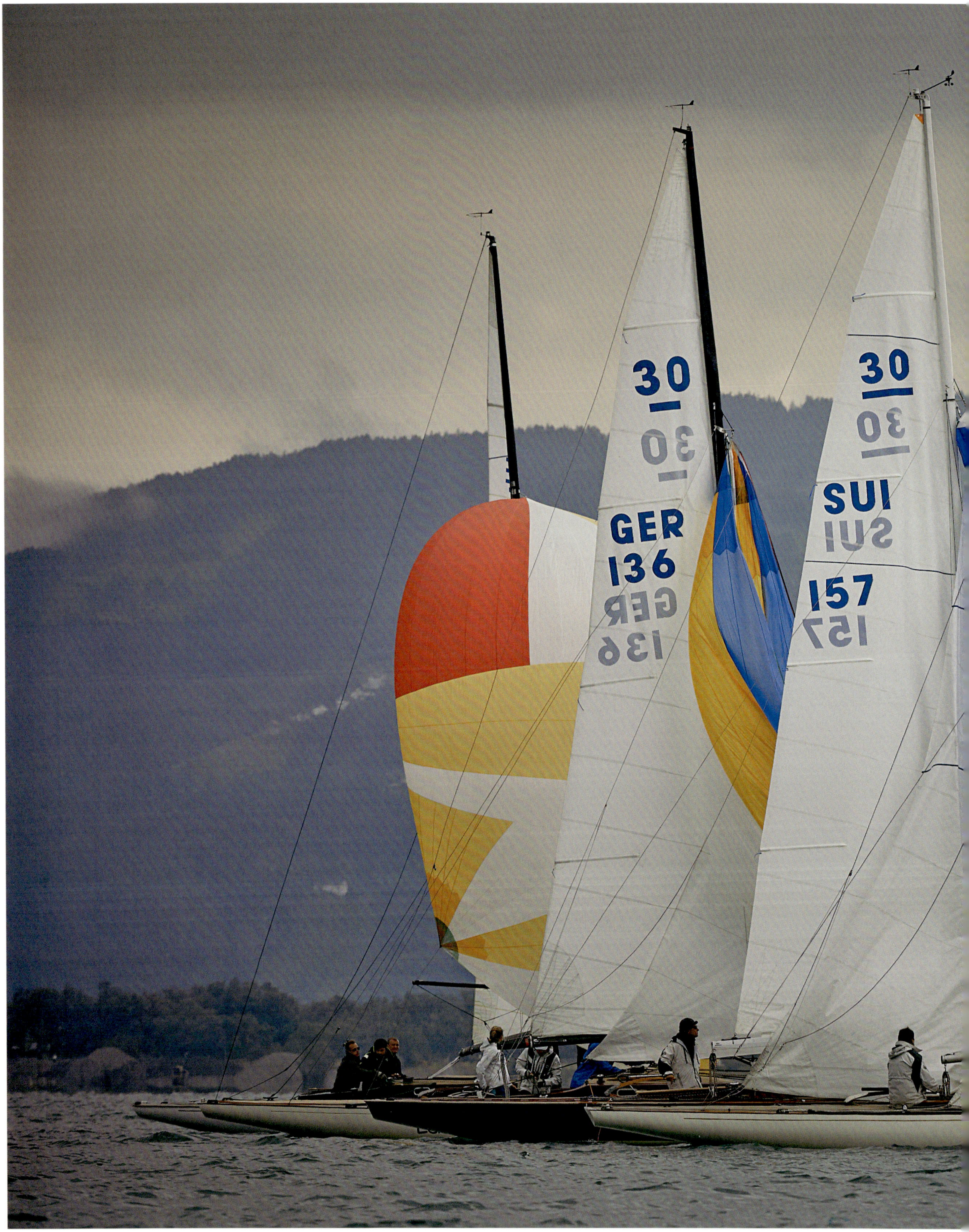
30
GER
136
30
SUI
157

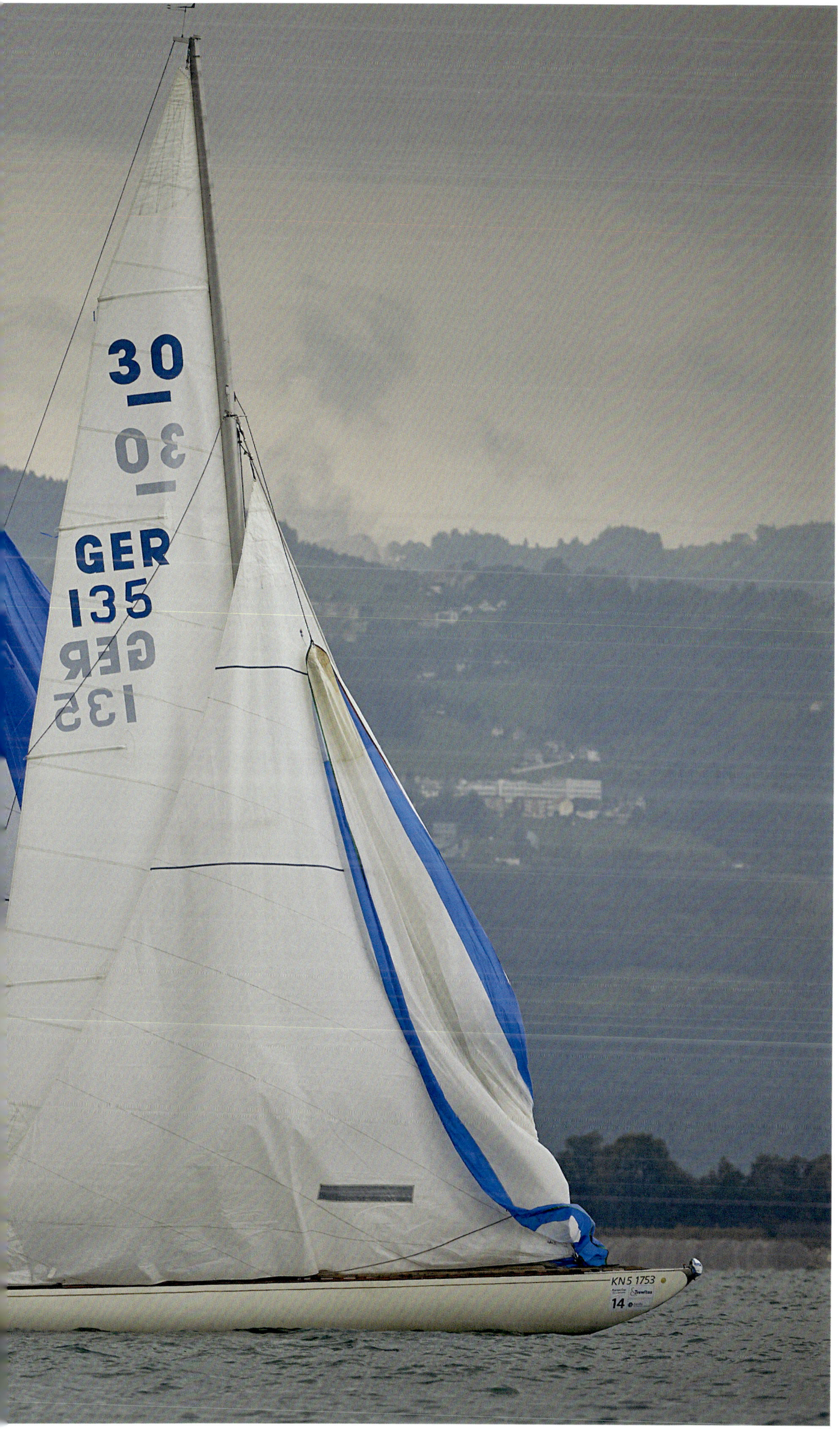

DIE SCHWEDEN AUF DEM SCHWÄBISCHEN MEER

Die schnellen 30er-Schärenkreuzer segeln ihren Europa-Cup abwechselnd in Schweden oder auf dem Bodensee aus. Der skandinavische Bootstyp hat sich im Süden Deutschlands etabliert und eine beachtliche Fangemeinde auf den großen Binnenseen.

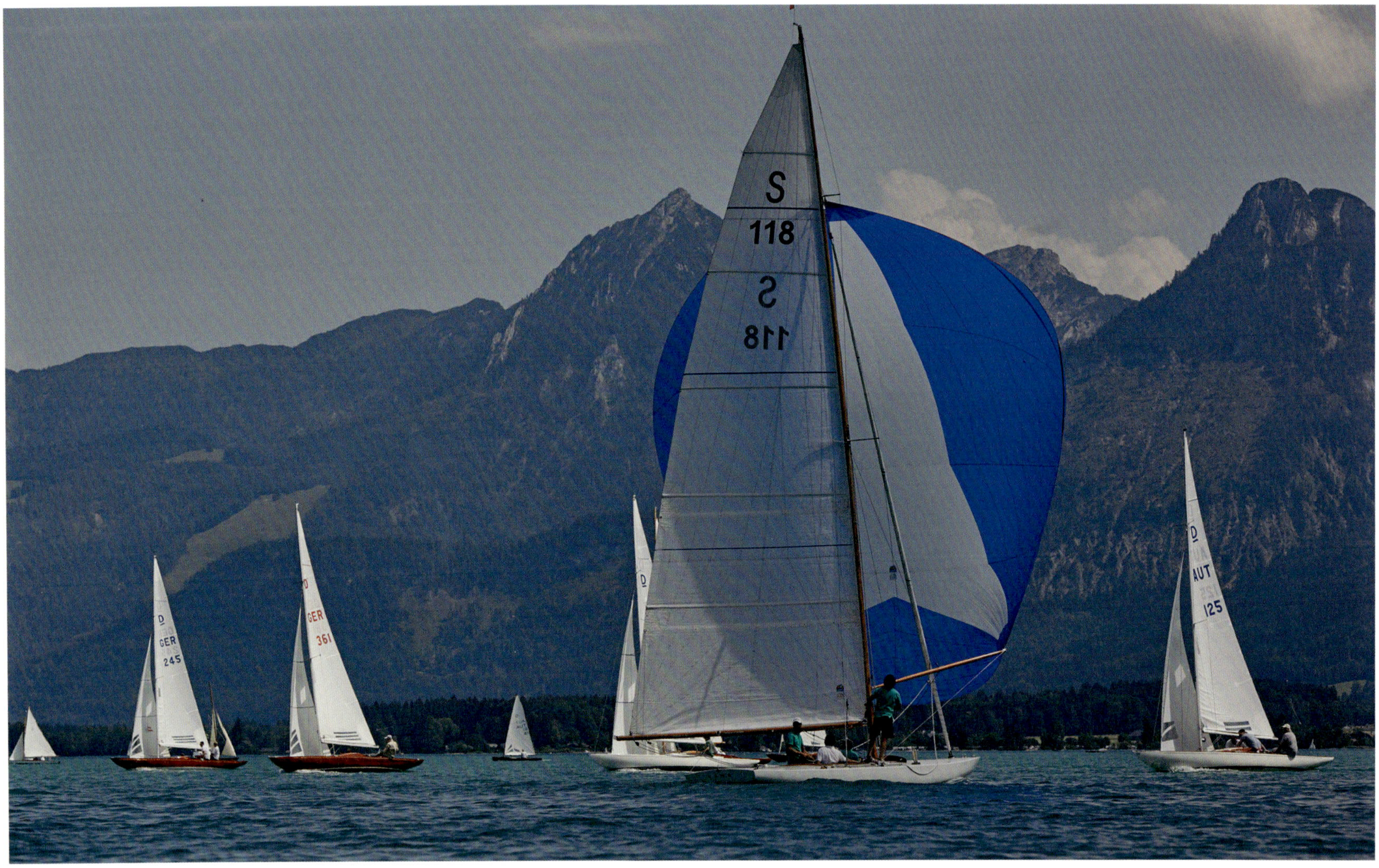

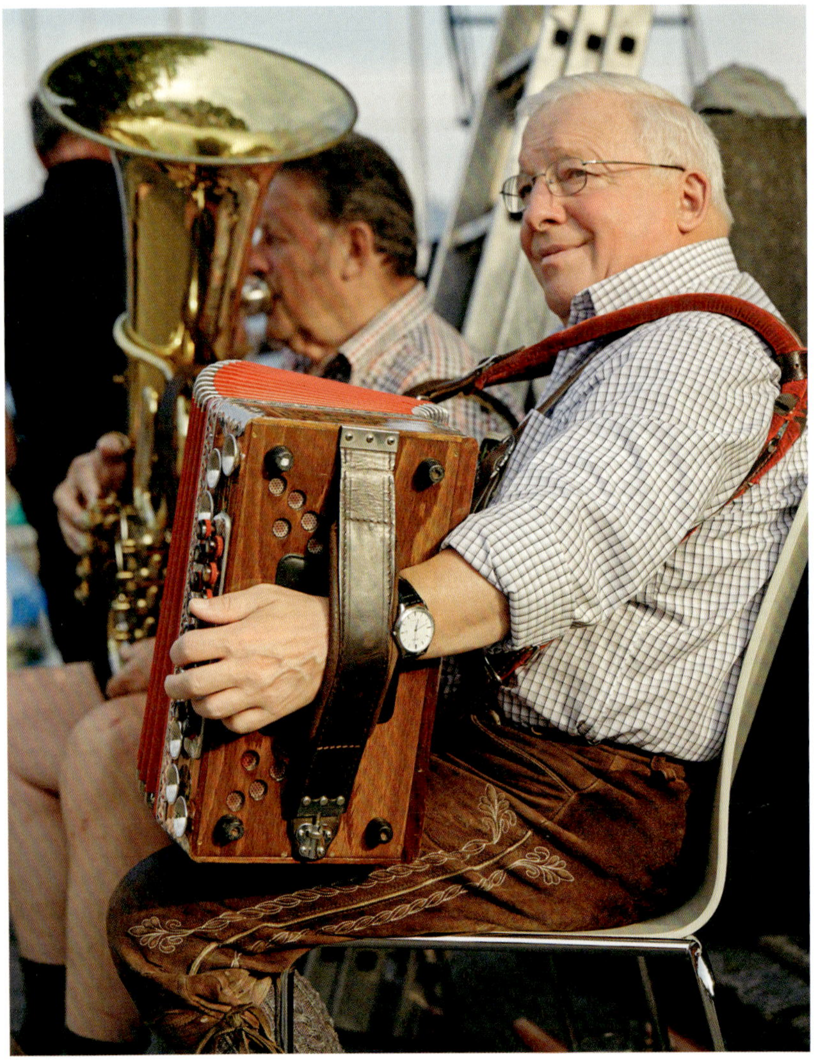

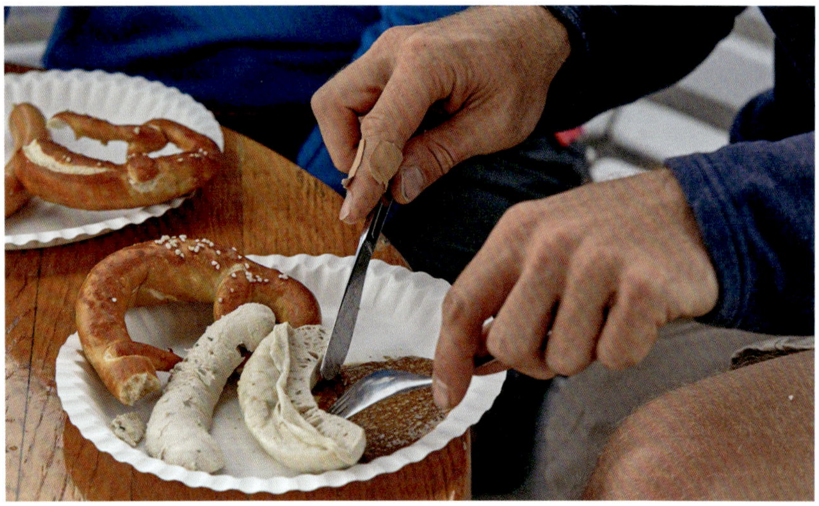

SEGELSPASS IN DEN BERGEN

Thermische Winde und Düseneffekt in den Alpenrevieren fordern viel von den Seglern. Vor der Regatta wird am Wolfgangssee zünftig aufgefahren mit Hörgenuss und Leckerbissen.

»BEI BLASMUSIK, WEISSWURST UND WEISSBIER STARTEN DIE SEGLER ZÜNFTIG IN EINE URIGE VERANSTALTUNG MIT DEM SCHMÄH ALPINEN TRADITIONSWESENS.«

N° 4
TRADITIONSSEGELTAGE AM WOLFGANGSEE

Kristallklares Wasser schimmert türkis, manchmal auch smaragdfarben am Fuß der umliegenden Gipfel wie Schafberg, Zwölferhorn, Breitenberg oder Vormauerstein. Nördlich von ihm liegen der Mondsee, der Attersee und der Traunsee, und in der Mitte kennzeichnet ihn eine Enge, als wolle er zwei Seen sein: der Wolfgangsee. Mit 13 Quadratkilometern ist er der großflächigste und bekannteste See im österreichischen Salzkammergut. Der wichtigste Segelclub: der Union Yachtclub Wolfgangsee – nicht nur einer der größten Yachtclubs Österreichs, sondern dank der zahlreichen sportlichen Erfolge, die seine Segler seit der Gründung 1901 erzielten, auch einer der erfolgreichsten Sportvereine Österreichs. Hubert Raudaschl mit seinen zehn Teilnahmen an den Olympischen Spielen dürfte eines der bekanntesten Mitglieder des UYC Wolfgangsee sein. Einmal im Jahr treffen sich in dem altehrwürdigen Club die Traditionssegler zu den Traditionssegeltagen. Unter dem Motto »Tradition verpflichtet« lädt der UYC Sonderklassen, alte Rennjollen und Holzdrachen ein und gibt mit der Veranstaltung den Klassikern ihren Rahmen, sich als Zeitzeugen der Segelgeschichte im Heute zu präsentieren und ihre Eleganz und Schnelligkeit im Wettkampf gegeneinander zur Schau zu tragen.

Bei Blasmusik, Weißwurst und Weißbier starten die Segler zünftig in eine urige Veranstaltung mit dem Schmäh alpinen Traditionswesens. Die Sonderklassen, Holzdrachen und Rennjollen segeln in eigenen Wertungen um den CIMA-Pokal, den Neptunpokal und den Kalte-Ente-Pokal, alle anderen zusammengefasst im Princessan Pokal. Nicht selten erwischen sie dabei den sogenannten »Brunnenwind«. Der thermische Schönwetterwind bestreicht im Sommer den See sehr regelmäßig und kommt von Nordost über den Ort Brunnwinkl – daher der Name – auf den See.

6

CÔTE D'AZUR UND BALEAREN

IM REICH DER GROSSEN YACHTEN

124

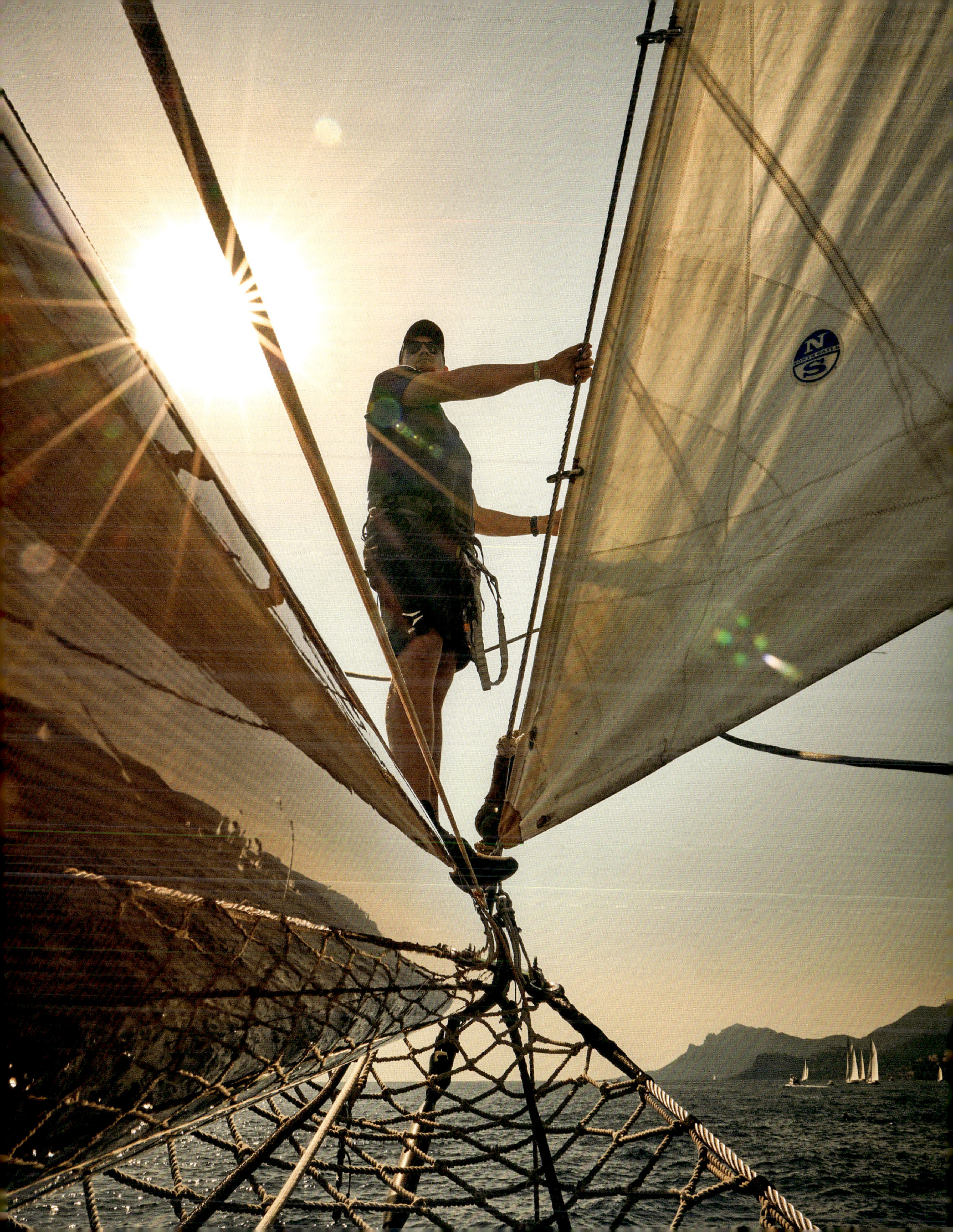

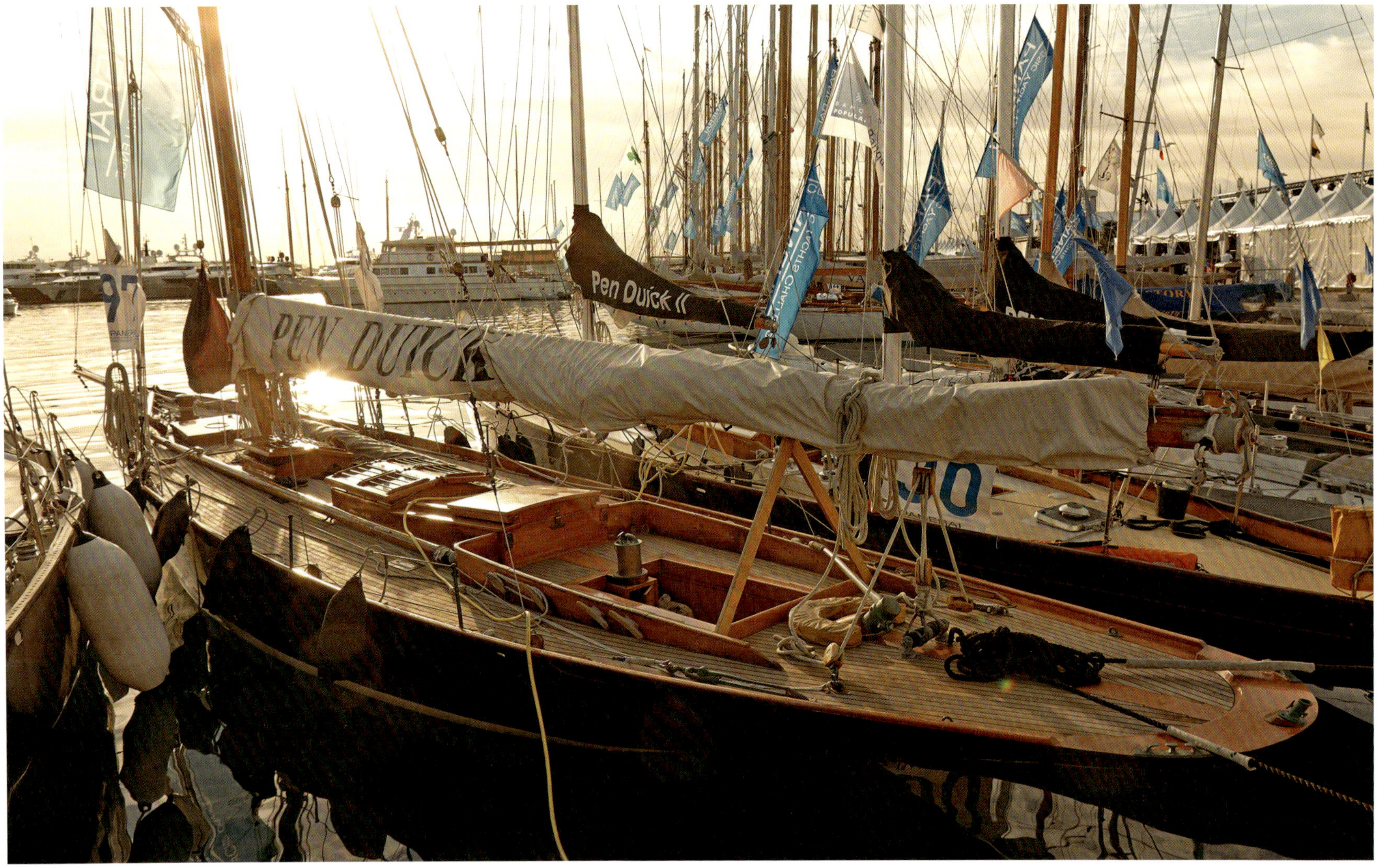

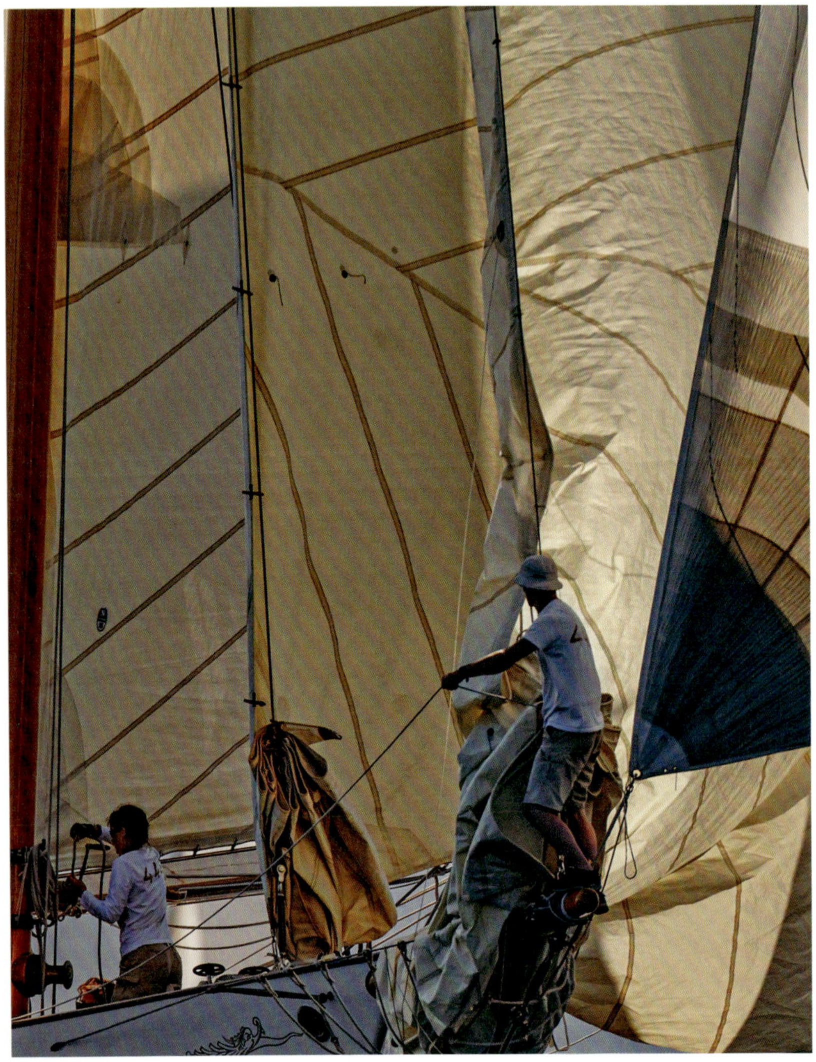

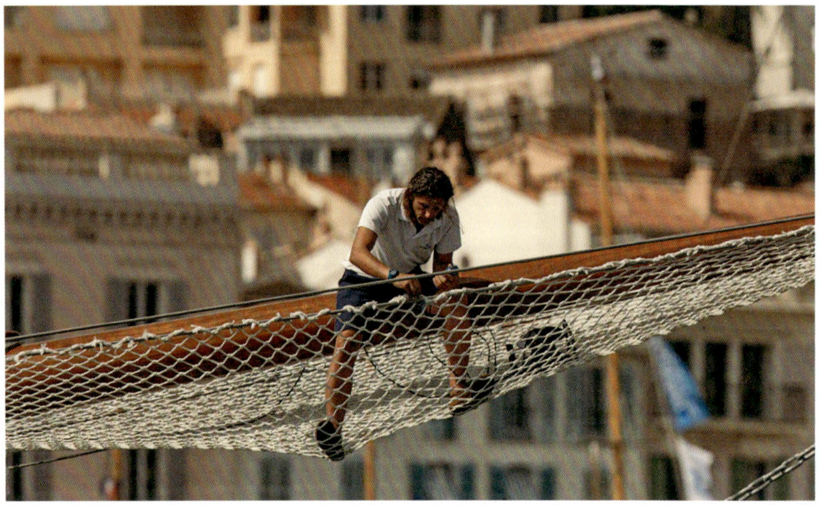

FILMREIF – EIN FESTIVAL IN CANNES
Wenn die vielen klassischen Yachten im Herbst im Hafen von Cannes liegen, ist vom Wasser nicht mehr viel zu sehen. Dabei sind auch die ehemaligen Yachten der französischen Segellegende Éric Tabarly, wie die PEN DUICK (folgende Seite).

UND IMMER LOCKEN DIE SONNE, DAS AZURBLAUE WASSER UND DIE MALERISCHEN ORTE.

In der Wiege des internationalen Jetsets vereinen sich die teuersten Yachten der Welt, weiße Sandstrände und pittoreske Orte mit künstlerischem Charme und dem Glamour der High Society. Mit sanften Wellen schlägt hier das Meer die Lebensfreude schon morgens ans Ufer des Mittelmeeres. Dabei vibrieren nicht nur Luft, Licht und Bilder, auch Menschen, Umgebung, Geräusche und Gerüche. Alles formiert sich zu einem »Savoir-vivre«, wie es unvergleichlicher nicht sein könnte – Côte d'Azur eben.

An diesem von Götterfunken geküssten Stückchen Erde finden die großen klassischen Yachten die perfekte Bühne. Kein Ort scheint geeigneter, ihren Glanz, ihre Magie, ihre Ästhetik und ihren Charme würdevoller zur Schau zu stellen. Jede dieser Yachten hat an Segelhistorie mehr erlebt, als es in einem Menschenleben zu schaffen ist, und doch dienen sie konziliant jedem, der die Kunst versteht, sie zu segeln und sie laufen zu lassen. Noch im Hafen schenken sie dem, der sie mit staunendem Auge betrachtet, Momente der Vollkommenheit. Sie wecken Emotionen und versprühen einen Zauber, der Geschichte, Stürme, Flauten, Siege, Niederlagen, Heldentaten und gut gegangene Herausforderungen, gar manchen Husarenritt in sich vereint. Antibes – Cannes – Saint-Tropez – Monaco – Mallorca – die Liste der atemberaubenden Festivals ist lang. Die Grande Dame aller heutigen Festspiele ist die Nioulargue, die Vorläuferin der Les Voiles de Saint-Tropez, die vor 40 Jahren den Zauber der Klassiker erstmals aufs Wasser brachte. Viele andere folgten wie auch die Régates Royales in Cannes, die zwar eigentlich älter ist, aber sich eben erst viel später wieder den Klassikern öffnete.

N° 1
EDEL-EVENT MIT LANGER TRADITION: DIE RÉGATES ROYALES IN CANNES

Schon als man Jahreszahlen noch mit einer 18 am Anfang schrieb, kamen die ersten Engländer, um vor der Küste Cannes zu regattieren. Wohlhabende Briten hatten in den 1830er-Jahren den Fischerort mit dem mediterranen Klima für sich entdeckt, immer mehr Adelige und Aristokraten folgten. Selbst die legendäre BRITANNIA durchpflügte hier schon die Wogen des Mittelmeeres: 1894 nahm der Prinz von Wales an der Regatta teil. Als der dänische Monarch Christian X. 1929 schließlich königlichen Esprit an die französische Rivieraküste brachte, wurde ihm zu Ehren die bis heute so genannte Régates Royales geschaffen. Im Takt der Zeit und ausgebremst von Krieg und Leid erlebte das Festival fortan Höhen und Tiefen. 1978 wird sie wiederbelebt – ausschließlich für internationale Klassen wie Drachen, 5.5er, Sechser, Achter und Zwölfer.

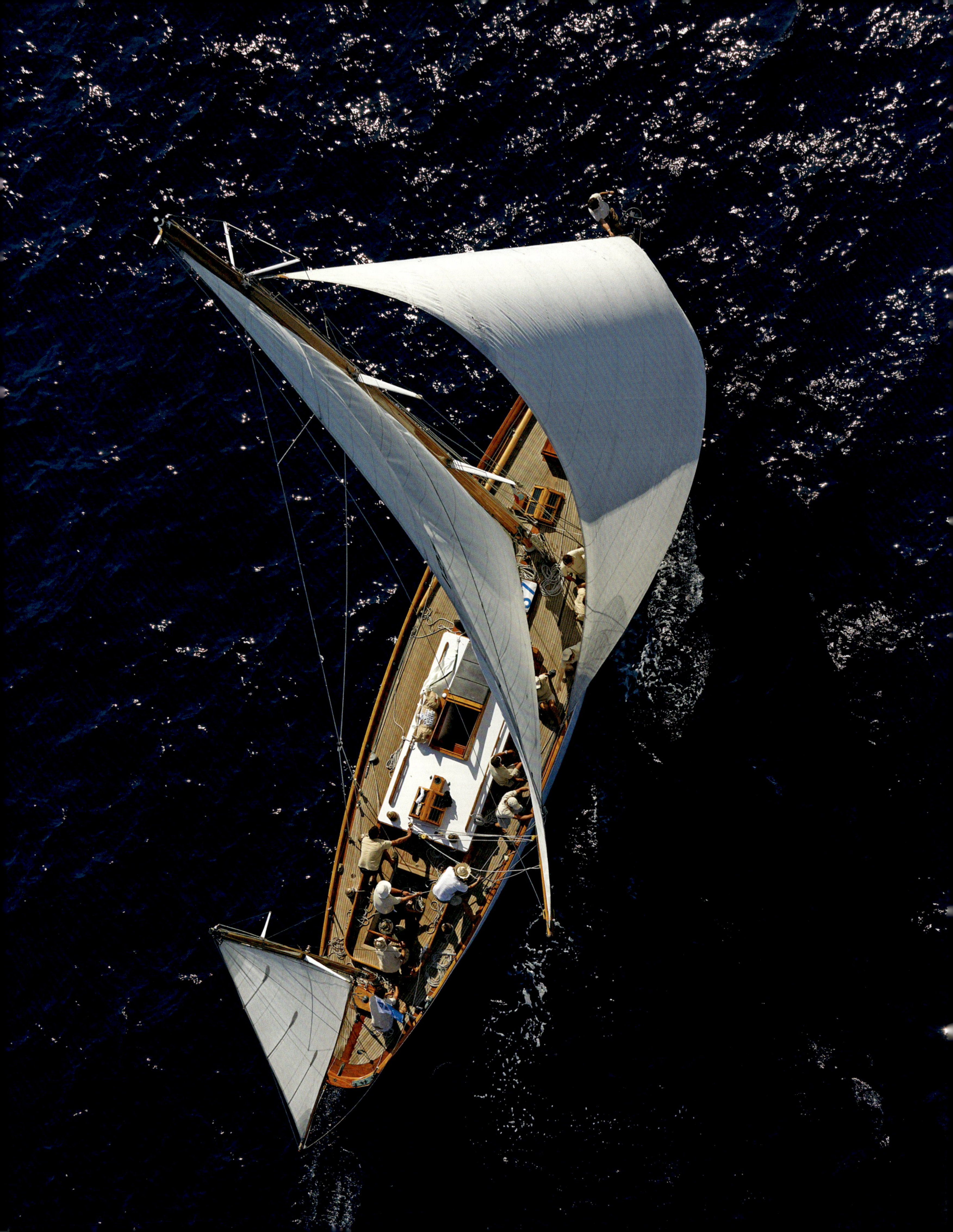

»DAS GELÄNDE UM DEN VIEUX PORT DE CANNES VERWANDELT SICH FÜR DIESE WOCHE ZU EINEM QUIRLIGEN TREFF. DIE CREWS ZEIGEN BEI LANDVERANSTALTUNGEN WIE TAUZIEHEN, DASS ES UM MEHR GEHT, ALS EINFACH NUR AN BORD ZU SEIN.«

Es sind schließlich Elisabeth Meyer und ihre ENDEAVOUR, die die klassischen Yachten zur Régates Royales zurückbringen – zuerst 1991 als Besucher und ab 1994 als Teilnehmer. Ob der Dreimastschoner ADIX, die CRÉOLE oder die ORION, ob die LADY ANNE und ihr Schwesterschiff TUIGA oder die erstaunliche PARTRIDGE, die 1885 von John Beavor-Webb entworfen wurde und wahrscheinlich die älteste noch schwimmende Yacht der Welt ist, oder die PEN DUICK (1898), das Lieblingssegelboot von Éric Tabarly: Diese altehrwürdigen Damen brachten der Régates Royales eine neue Jugend und verhalfen dazu, dass sie heute zu den weltweit führenden jährlichen Treffen des klassischen Segelsports zählt.

Weit über 100 klassische Yachten von 10 bis 50 Meter Länge kommen aus aller Herren Ländern, um hier eine Woche gegeneinander zu segeln – bei, verglichen mit der Regatta vor Saint-Tropez, meist eher leichteren Winden. »Die wechselhaften Brisen sind – so hört man von Teilnehmern – nicht immer leicht einzuschätzen, gehören aber dazu.«

Das Gelände um den Vieux Port de Cannes verwandelt sich für diese Woche zu einem quirligen Treff. In Buden entlang der Pier präsentieren Sponsoren ihre Produkte, gleichzeitig zeigen die Crews bei Landveranstaltungen wie Tauziehen oder anderen gemeinsamen Spielchen, dass es um mehr geht, als einfach nur an Bord zu sein. Eine ansteckende Fröhlichkeit, die die Aura der Yachten lebendig huldigt.

Die Régates Royales ist Ende September die letzte Veranstaltung des Mittelmeer-Circuits »Panerai Classic Yacht Challenge«, die über eine Saison verschiedene spektakulare Regatten für klassische Segelyachten in eine Gesamtwertung bringt. An der Côte d'Azur aber geht es für die klassischen Yachten noch einmal unmittelbar weiter mit der Regatta in Saint-Tropez. Eine gemeinsame Zubringerwettfahrt mit Freunden, Familien und Gästen verbindet die beiden Events, die nebeneinander, nacheinander und doch ganz eigen sind.

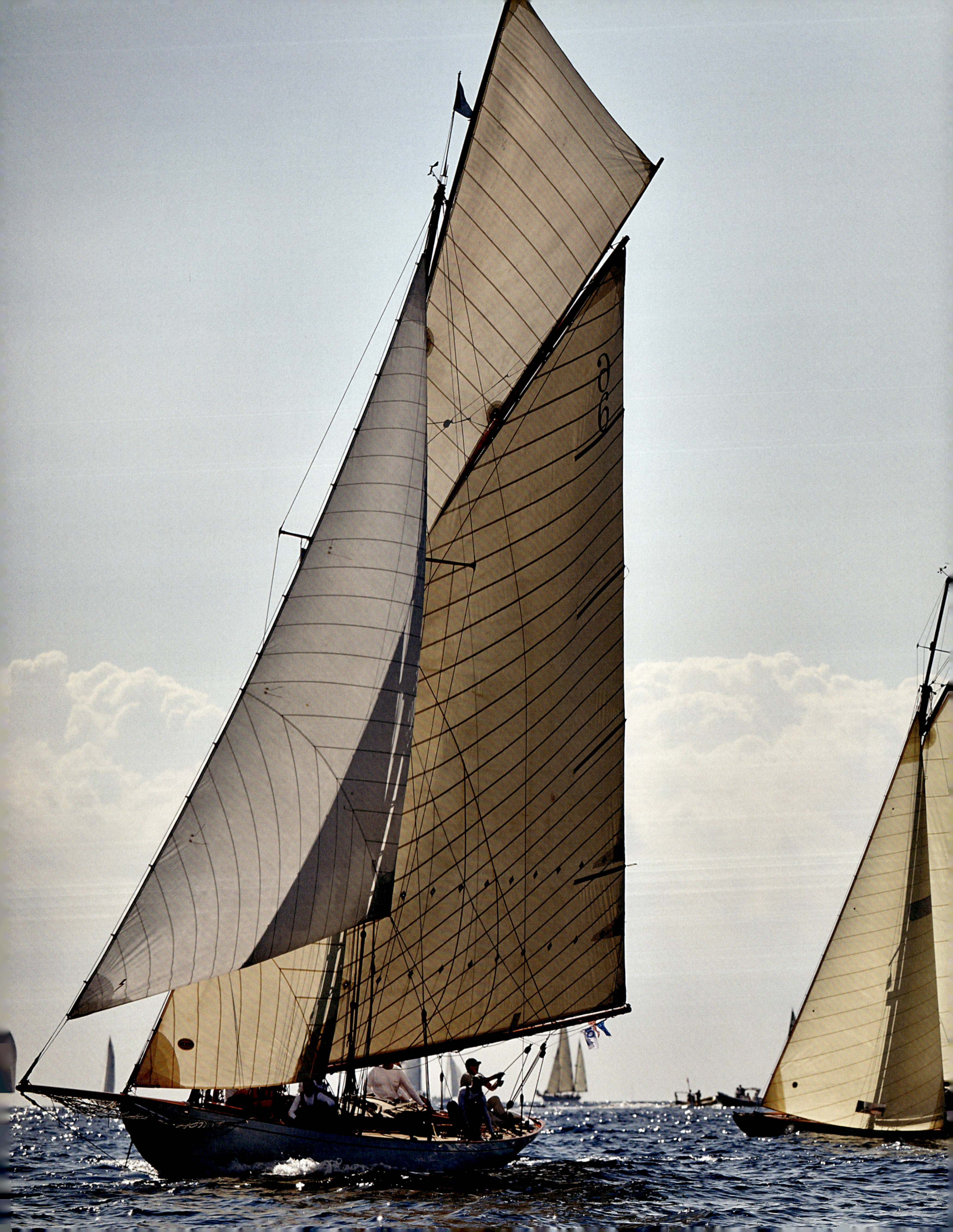

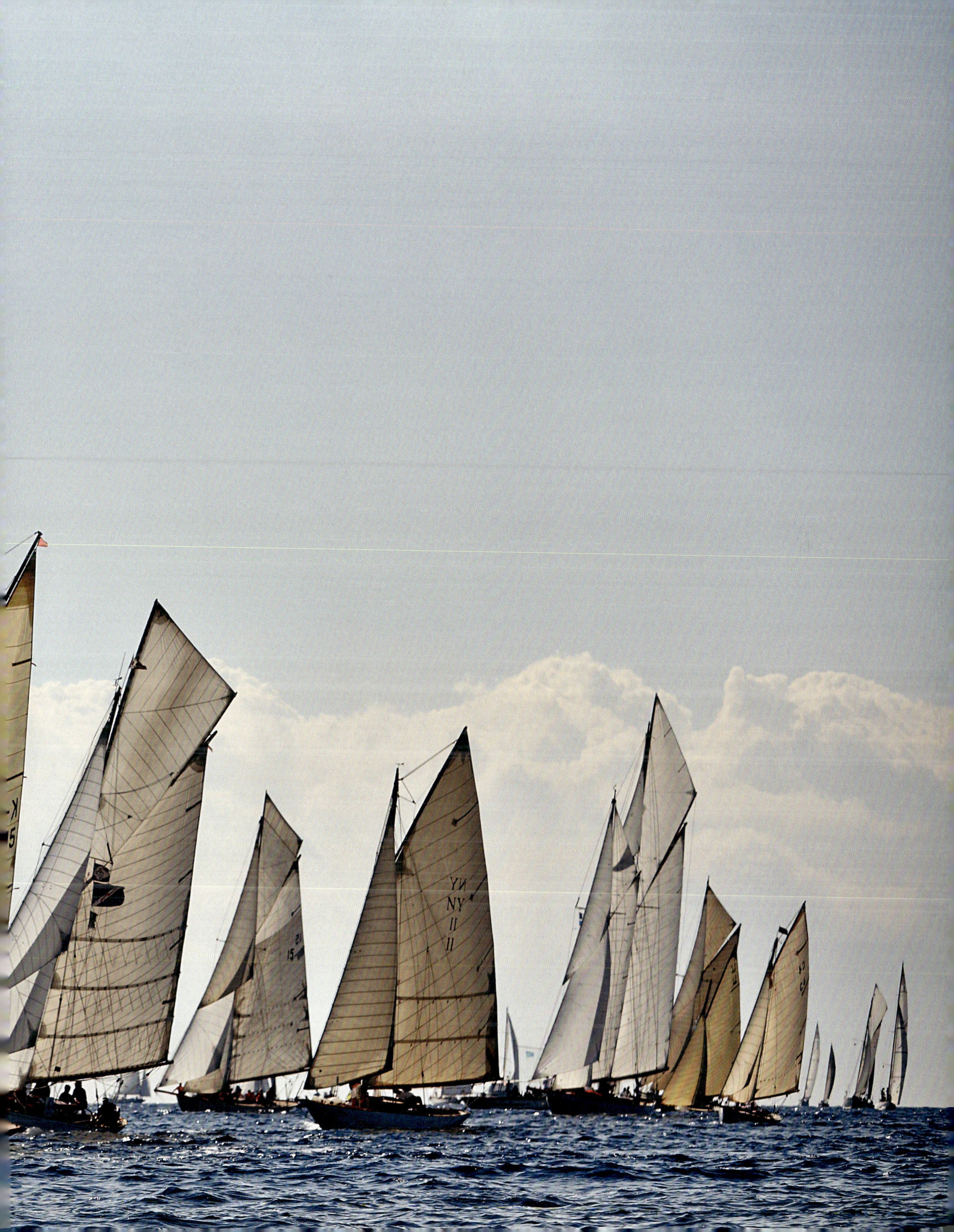

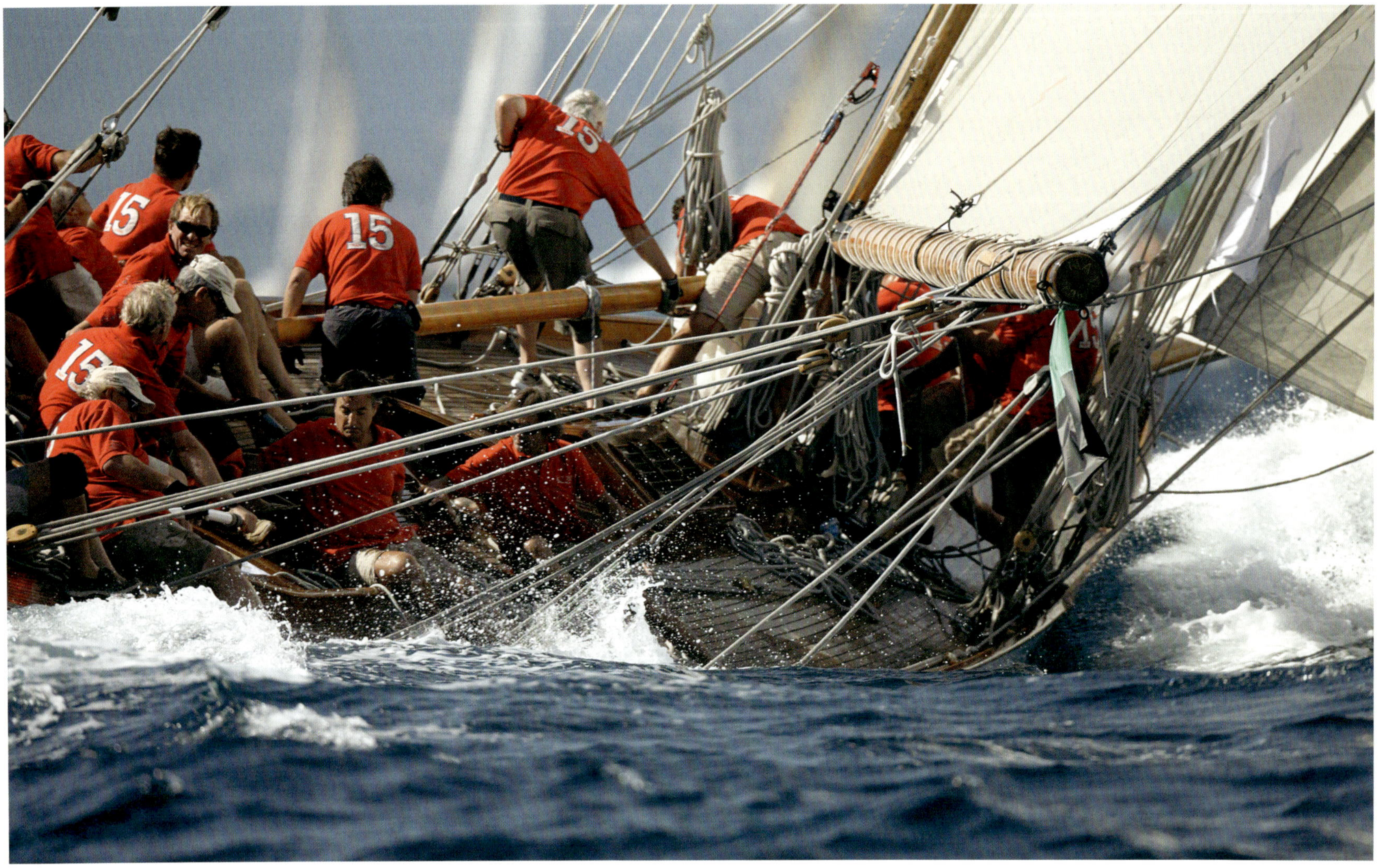

N° 2
SCHAULAUFEN DER SCHÖNSTEN UND GRÖSSTEN: LES VOILES DE SAINT-TROPEZ

Das Festival Les Voiles de Saint-Tropez ist das atemberaubendste Spektakel der majestätischen Yachten an der Côte d'Azur, ist absoluter Höhepunkt der Saison und das Festival der Superlative. Schöner, größer, anmutiger geht es nicht, dabei immer mit dem Flair und Charakter eines Wettkampfs unter Freunden mit anschließendem Genuss an Land: »Ich hatte nie den Anspruch, ein Denkmal zu errichten. Wir waren DIYler, wir waren Verrückte und Enthusiasten ... Wir waren, in den Worten des damaligen Bürgermeisters Jean Michel Couve, ›die Meuternden des Place Forbin‹, eines kleinen Platzes in den Hügeln von Saint-Tropez. Es waren verspätete Studentenstreiche. Aber so entstand der Geist von Les Voiles, und Dick Jayson und Jean Laurain sorgten auf ihre ganz eigene Art für die persönliche Note. Ernst wurde es erst an der Startlinie!«, erinnert sich Patrice de Colmont, Erfinder der Nioulargue und Inhaber des Club 55, an die Anfänge. Es dauerte nicht lange, da war aus dem Rennen der 12mR-Yacht IKRA von Jean Laurain und der Swan 44 PRIDE von Dick Jayson um Platz 1 an der Bar des Club 55,

BOOTSBAUKUNST TRIFFT REGATTAFIEBER

NAN OF FIFE auf der Regattabahn in der Bucht von Cannes. Die 1896 von William Fife III. konstruierte Yacht wird bis heute hart gesegelt. Neben der Stammcrew werden für die Wettfahrten jede Menge Hände gebraucht: Getakelt als Gaffelrigg, ist das Setzen und Bergen der Tücher echte Knochenarbeit.

LAUFSTEG DER HOLZKLASSE

Dicht an dicht und nur mit wenigen Bootslängen Platz segeln die Klassiker hoch am Wind zur Luvmarke. Die Wettfahrten starten in unterschiedlichen Gruppen nach Größe und Geschwindigkeit, damit es auf der Regattabahn fair zugeht (vorherige Doppelseite).

FLORIAN FRANKE: SEGELN WIE GOTT IN FRANKREICH

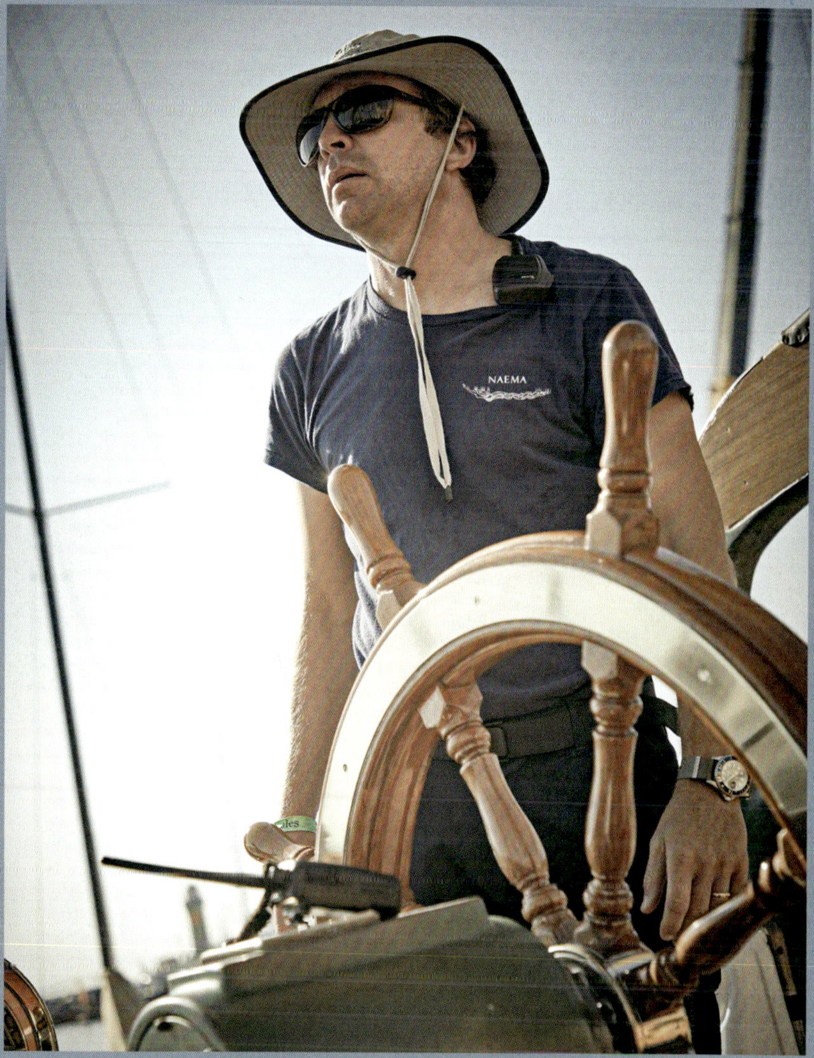

Wenn die S.Y. NAEMA im engen Hafen von Saint-Tropez ablegt, sind Hunderte Augenpaare der Flaneure auf den fast 40 Meter langen Schoner gerichtet. Das schwierige Manöver im kleinen Vieux Port bedeutet immer ein Spektakel für Zuschauer – und Schweißperlen bei der Crew. Mal Fingerspitzengefühl, dann beherztes Zupacken: Die Crew versteht ihren Job. Und Kapitän Florian Franke ist hochkonzentriert und wirkt dabei ganz gelassen. Maschine voraus, Handzeichen zum Bug für die Mannschaft, Leine kann los, geschafft. »Ein Schiff ist immer nur so gut wie seine Crew«, erklärt Kapitän Franke, 42 Jahre jung. Und deshalb scheint es hier an Bord auch so gut zu laufen. Ob Eigner, Stammcrew oder Gäste – alle loben die positive Stimmung an Bord, die flache Hierarchie und den professionellen und freundschaftlichen Ton, der niemals laut wird. »Segel klar zum Setzen!« Draußen in der Bucht steigen 600 Quadratmeter Segeltuch an zwei Masten in den blauen Himmel – Hand über Hand, Knochenarbeit für die Crew. Die S.Y. NAEMA ist im Mittelmeer mittlerweile eine wichtige Größe und im Gruppenbild der nautischen Schönheiten ein echter Hingucker. »Es ist immer wieder faszinierend, bei den Events im Mittelmeer dabei zu sein«, resümiert Franke. Seit 25 Jahren ist der Deutsche in der Klassikerszene weltweit unterwegs, vom Bootsbauer zur Deckshand, vom First Mate zum Kapitän. »Jeder Tag an Bord ist anders, jede Regatta hier an der Côte d´Azur hat ihren eigenen Reiz. Es wird nie langweilig«, so der Kapitän. Seit zehn Jahren ist er verantwortlich für Mannschaft und Boot, ein Job, der auch schwer wiegen kann. »Wenn Crew und NAEMA nach einer packenden Wettfahrt wieder unversehrt zurück sind, kann ich erst richtig durchatmen.« Die Crews und Zuschauer mischen sich mittlerweile auf den Piers. Bier, Rosé und Champagner fließen in trockene Kehlen, fröhlich feiern ist hier Teil des Programms. Bis das Segelspektakel am nächsten Morgen wieder von vorn beginnt.

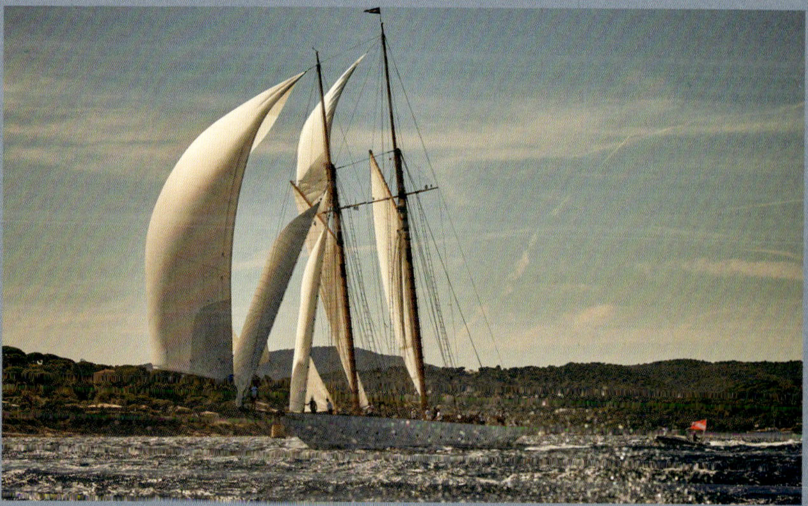

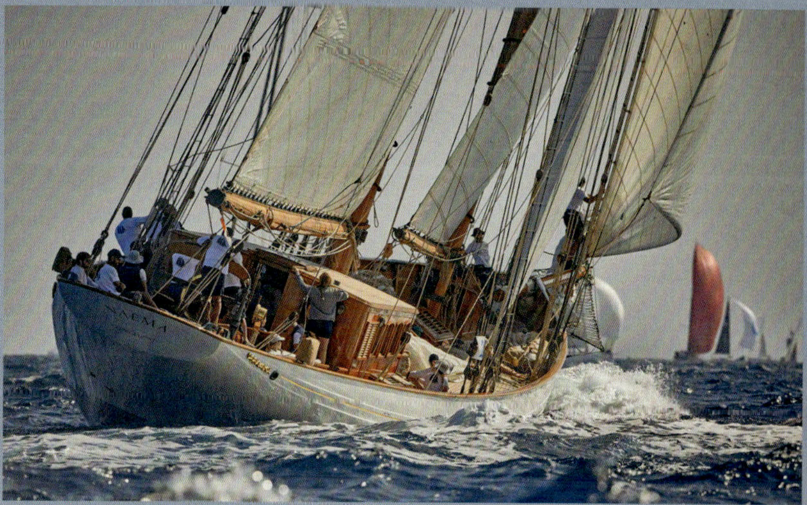

S.Y. NAEMA, SCHONER
Baujahr: **2013** / Konstrukteur: **Alfred Mylne** /
Länge: **39 m** / Breite: **6,8 m** / Tiefgang: **4,24 m** / Tonnage: **104** /

des berühmtesten Strandlokals der Welt, ein Szenetreff der schönsten und größten Yachten am Mittelmeer geworden. Seitdem treffen sich hier segelnde Berühmtheiten, ob Boot oder Mensch, ob Neubau oder Klassiker, zum Schaulaufen, Unter sich sein, gegeneinander segeln und aneinander messen, immer begleitet – und auch das ist, so sagt man, typisch für Saint-Tropez – von Wind.

Etwa 3.000 Segler aus fast 20 Nationen auf über 250 Yachten schreiben jährlich neu eine Geschichte voller Emotionen – sportiv auf dem Wasser, temperamentvoll an Land. Darunter J-Yachten und Meterklassen, Gaffelschoner und Gaffelkutter, legendäre Namen aus der Feder William Fifes wie SHAMROCK, TUIGA, SUMURUN oder MOONBEAM III, diverse Herreshoff-Yachten wie CHINOOK oder ROWDY sowie die ebenfalls sehr bekannten Yachten NAEMA und RANGER. Rumpf an Rumpf liegen sie abends fest vertäut im alten Hafen und ergeben ein Bild voller Anmut und Schönheit, dabei strotzend vor Kraft und Dynamik. Hier, mitten im Stadthafen von Saint-Tropez, quadrieren sie sich gegenseitig im Kreis der Perfektion, heben sich in den seglerischen Himmel des Olymps. Ihr glänzender Lack und ihre geschwungenen Formen ziehen Bewunderer aus aller Welt in ihren Bann.

Auf einigen Yachten kann man mitsegeln. Spezielle Charterangebote gibt es hier, wie rund um alle großen Klassikerfestivals, ebenfalls, und so kann jeder teilhaben an diesem Spiel der majestätischen Yachten mit Segeln von unglaublichem Ausmaß, mit Spinnakern, deren Quadratmeterzahl die Größe einer durchschnittlichen Sechszimmerwohnung noch übertreffen. In ihrer Handhabung sind sie so komplex, dass jeder Griff sitzen muss und nur der richtige Rhythmus und das harmonische Zusammenspiel aller die Yacht auch wirklich vorwärtsbringt. Schon allein, um die Segel zu bedienen, fehlt auf manch einer Yacht jegliche Winschunterstützung, sodass es vieler Hände bedarf, um ein Manöver zu fahren. Elementare Naturgewalten treffen auf Anmut und Perfektion. Atemlos wird man abends von Bord gehen, ergriffen und überwältigt.

Gleichzeitig macht der Kontrast zu den modernsten Hightech-Yachten aus Carbon, die mit eindrucksvoller Effizienz lautlos über das Wasser sprinten und hier ebenfalls am Start sind, die Zeitschiene fassbar und vermittelt einen Eindruck von der ungeheuren Leistung, die heute wie damals Basis eines jeden Erfolgs ist, weil jeder Handgriff sitzt – von der Zeichnung bis zur Praxis und zum Sieg.

N° 3
BALEAREN:
REGATTEN AUF DER SONNENSEITE

Die Reihe der mediterranen Regatten für die klassischen Yachten geht auf den Balearen weiter. Der königliche Cup – der Copa del Rey der Vela Clásica Menorca – wird seit 2003 jährlich Ende August auf der kleinen Baleareninsel Menorca ausgesegelt. Im größten Naturhafen Europas sammeln sich die Klassiker und segeln über vier Tage vor der menorquinischen Küste. Und, last but not least, hat auch Palma die Klassiker wieder für sich entdeckt. Neben den Big Boats, Wallys, IRC- und ORC-Racern, den TP 52, den SWAN, J80, FF und Drachen gehen bei der Palma Vela Anfang Mai auch die klassischen Yachten in der Bucht von Palma an den Start. Im noblen Real Club Náutico de Palma kommen die Yachten zusammen und geben sich über acht Tage gleich zu Anfang der Saison ein Stelldichein. Auf dem tiefblauen Wasser schmücken sie elegant die Bucht von Palma, während im Hintergrund malerisch die gotische Kathedrale La Seu und das Castell de Bellver thronen.

KULISSE FÜR DEN KURZURLAUB

Holzplanken unter den Füßen, warmer Wind im Gesicht und ein Rosé auf der Zunge: Auf der Voiles de Saint-Tropez erfüllt sich für viele Segler ein Traum. Und an Land wird es auch nie langweilig, hier herrscht das Motto »Savoir-vivre«.

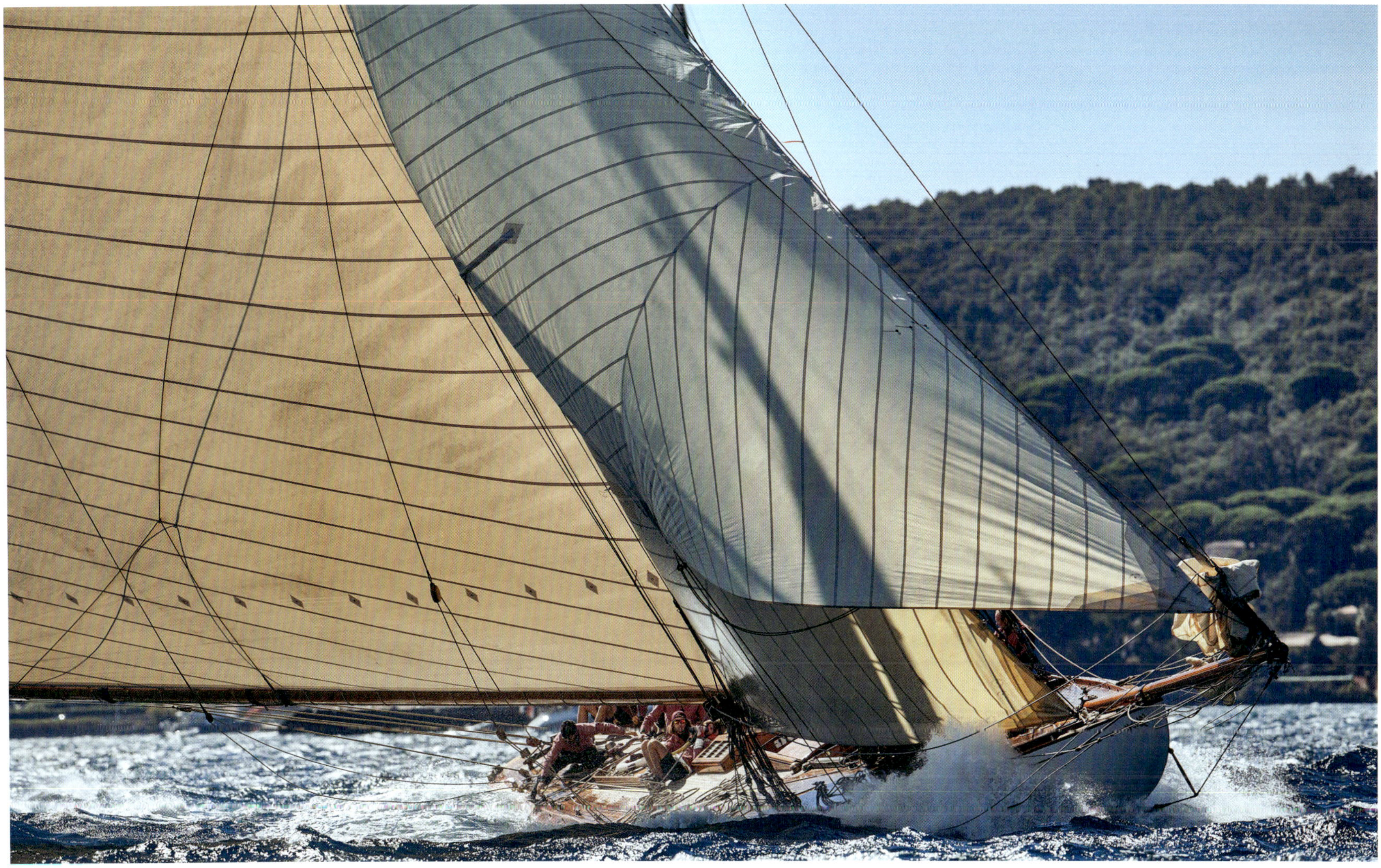

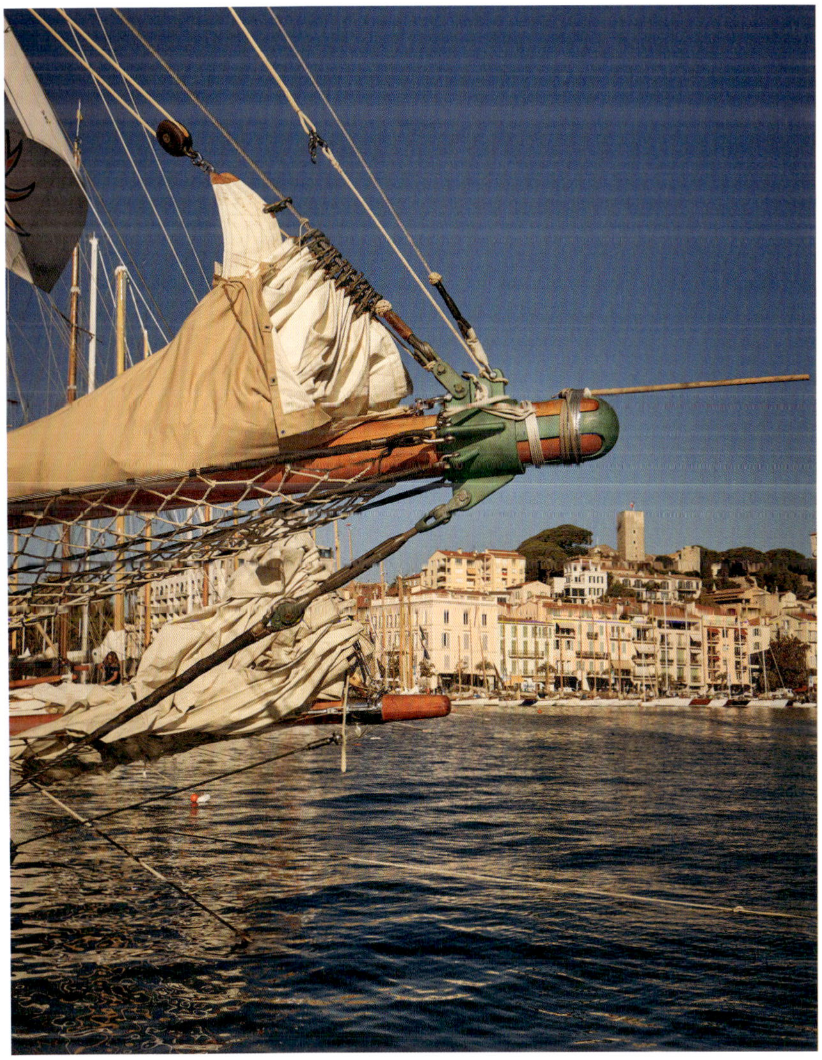

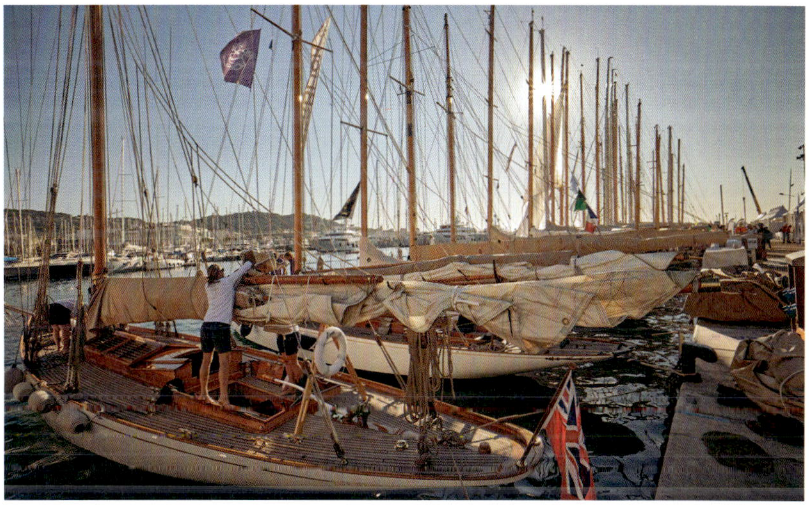

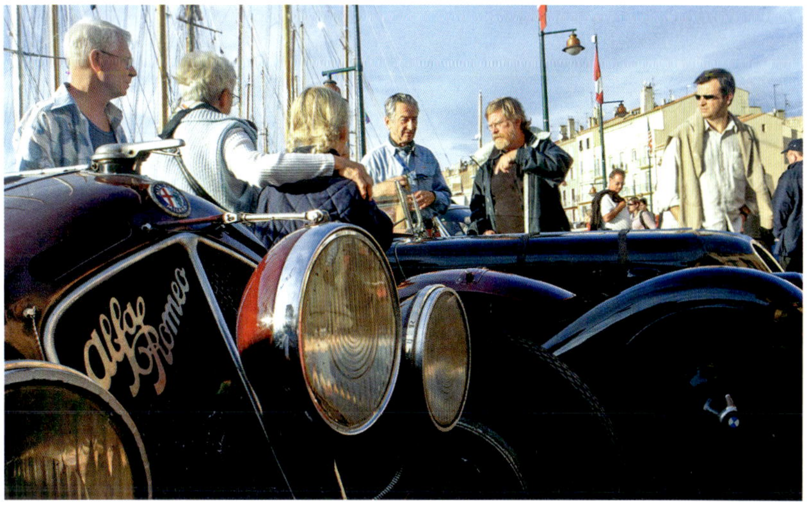
Alfa Romeo

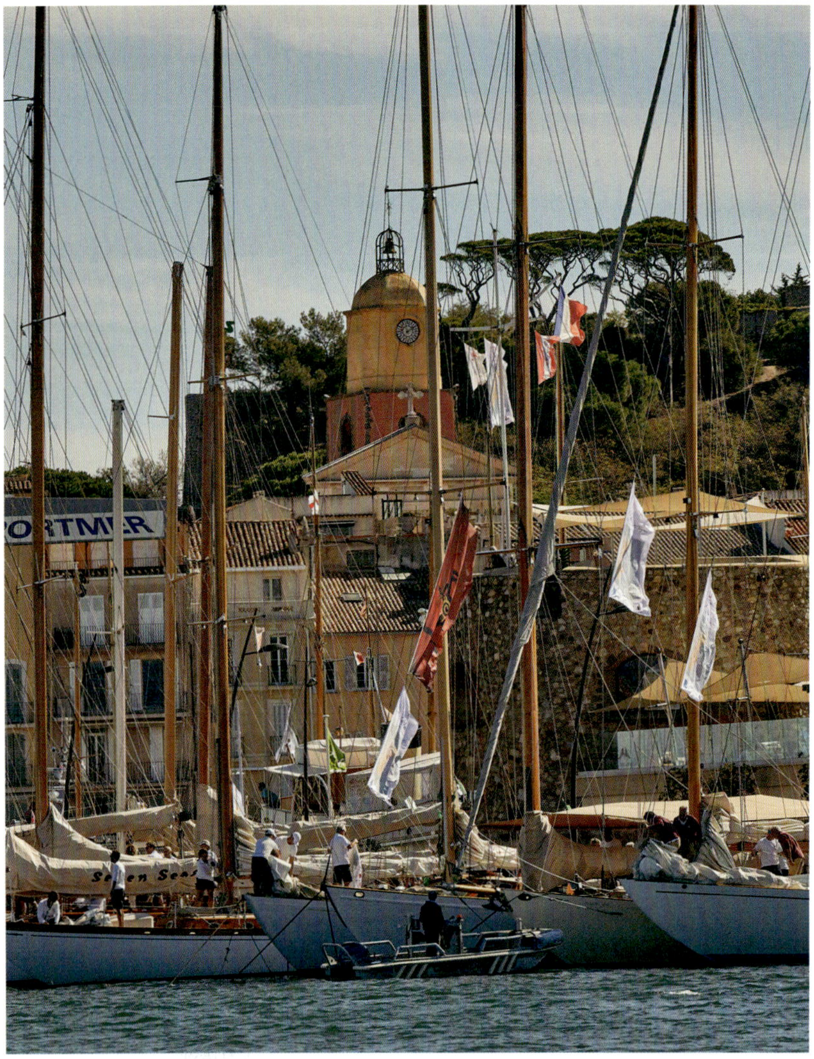

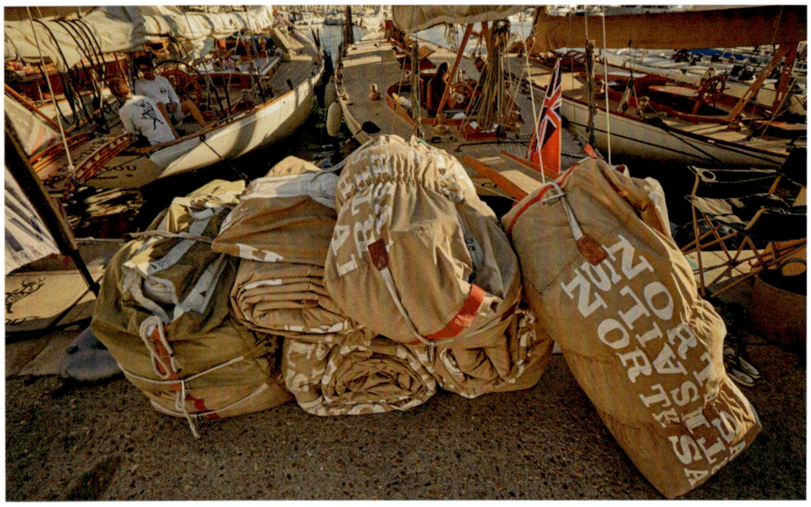

DAS SCHÖNSTE ZUM SCHLUSS

Die Klassiker der Mittelmeerflotte sind an Größe und Vielfalt nicht zu überbieten. Ob Mitsegeln oder Zuschauen, es ist die perfekte maritime Location. Nach diesem warmen Herbstausklang an der Côte d'Azur fällt der Wettbewerb in den Winterschlaf.

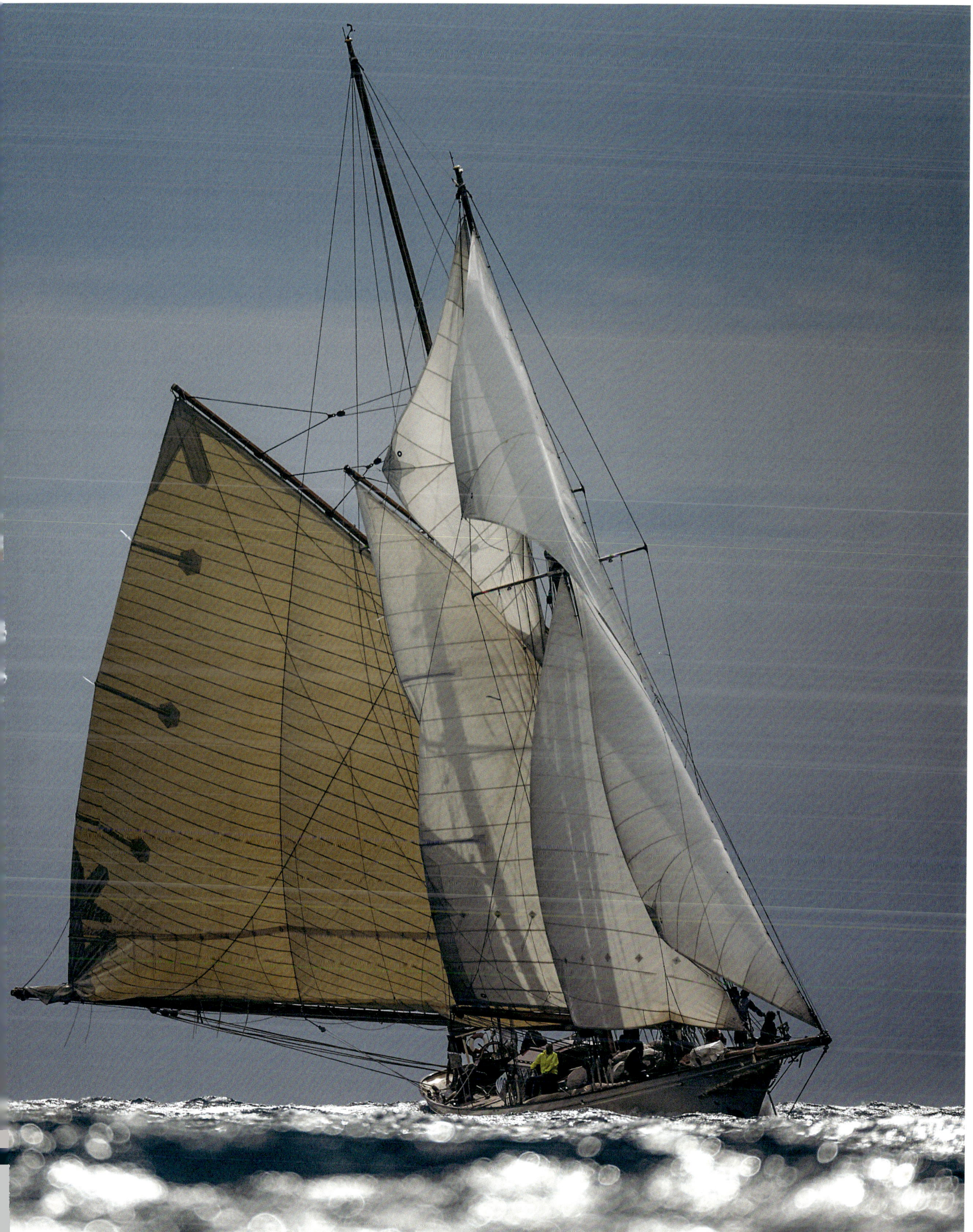

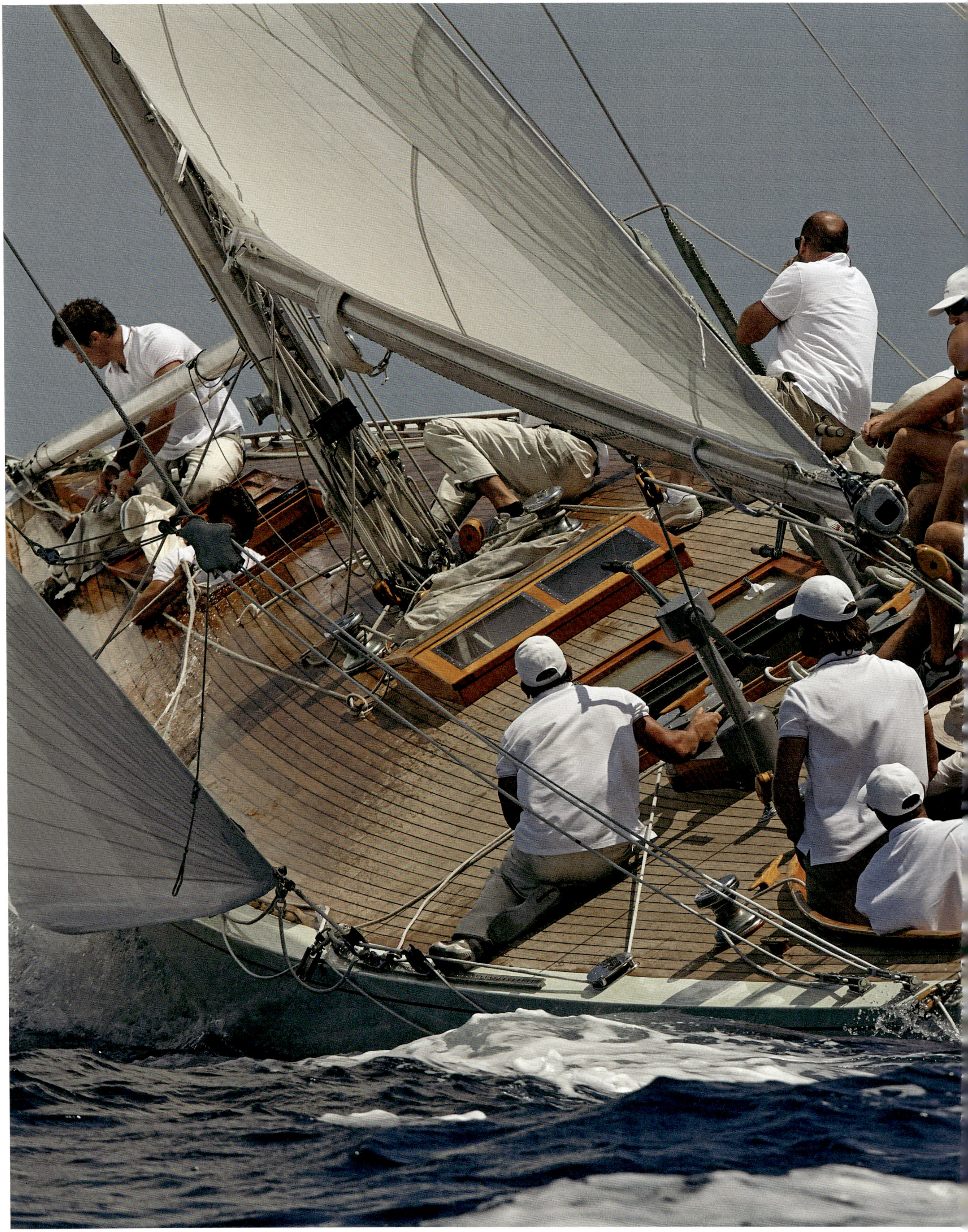

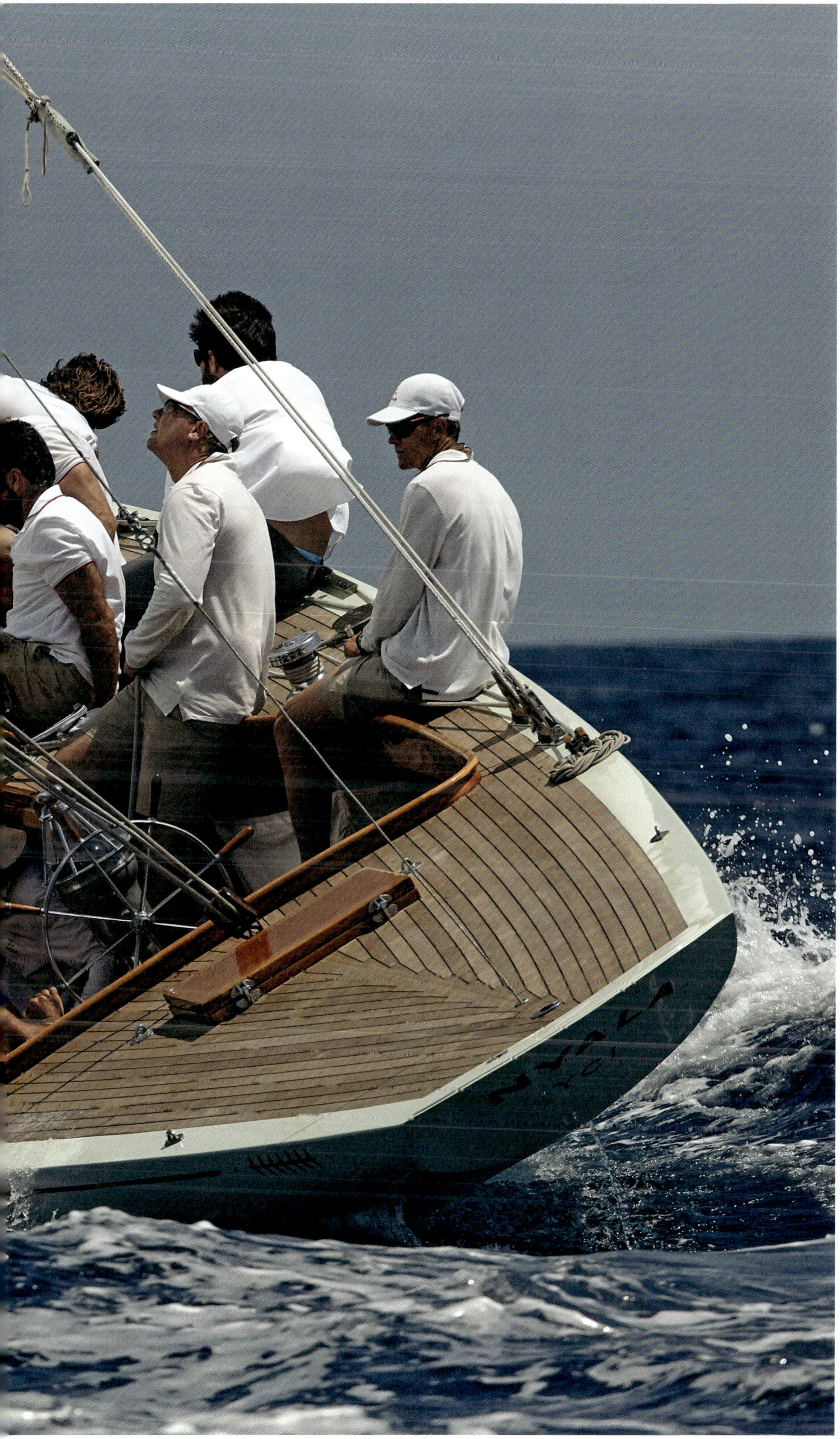

SPORTLICHES SPANIEN

Auf den Balearen oder an den Festlandküsten locken viele Klassikerevents die Holzbootfans in den Süden. Sehr erfolgreich im Regattazirkus mit dabei ist die 1937 von Sparkman & Stevens konstruierte 12mR-Yacht NYALA, heute bereedert von der Familie des Modemagnaten Prada.

SKANDINAVIEN

DYVIG TUNE-UP
Auftakt & Zubringerregatta der 12mR-Yachten zum Robbe & Berking Sterling Cup in Flensburg
Dyvig, Dänemark
https://12mrclass.com/event/robbe-berking-sterling-cup/

ÖRESUND REGATTA
Holzbootregatta für Segelyachten und Lastensegler
Helsingør, Dänemark
https://mfs.dk/historisk-havn/oeresundpaalangs/

SVENDBORG CLASSIC REGATTA
Dänemarks größte Veranstaltung für klassische Yachten
Svendborg, Dänemark
https://www.classicregatta.dk

SPRING CUP
Saisonauftakt der 12mR-Yachten in Kopenhagen
Kopenhagen, Dänemark
https://12mrclass.com/event/spring-cup-training-regatta/

VIAPORIN TUOPPI
Regatta & Festival für Holzboote vor Helsinki
Helsinki, Finnland
https://english.viaporintuoppi.fi

TREBÅTFESTIVAL RISØR
Das Holzbootfestival in Norwegen. Eine der wichtigsten und beliebtesten Veranstaltungen in Nordeuropa. Zeigt traditionelle Holzboote
Risør, Norwegen
https://trebatfestivalen.no/en/

SANDHAMN REGATTA CLASSIC
Klassikerregatta durch den Schärengarten vor Stockholm
Sandhamn, Schweden
https://www.ksss.se/sandhamnsregattan-by-bluewater

THE SCANDAL BEAUTY TROPHY RACE
Regatta der schwedischen Gaffel-Yacht-Gesellschaft
Sandhamn, Schweden
http://www.gys.se

KLASSISKA REGATTAN
Klassische Holzboote in geselliger Runde
Långedrag/Göteborg, Schweden
http://www.gkss.se/klassiskaregattan

NIEDERLANDE

DUTCH CLASSIC YACHT RACE
Über 90 beeindruckende klassische Yachten auf dem Haringvliet bei Rotterdam
Hellevoetsluis, Niederlande
http://www.dcyr.nl

GROSSBRITANNIEN UND SCHOTTLAND

CLASSIC CHANNEL REGATTA
Klassikerregatten in Dartmouth inklusive Langstrecke über den Ärmelkanal und um die Île de Bréhat in der Bretagne
Dartmouth, Großbritannien
https://www.classic-channel-regatta.eu

SUFFOLK YACHT HARBOUR CLASSIC REGATTA
Das Regattawochenende für klassische Segel- und Motoryachten an der britischen Ostküste
Suffolk, Großbritannien
https://www.syhclassicregatta.co.uk

COWES CLASSIC WEEK
»Keine andere Veranstaltung bietet ein so breites Spektrum an Rennklassikern von Kielbooten über Dayboats bis hin zu Kreuzern.«
Cowes, Großbritannien
https://www.cowesclassics-week.org

HAMBLE CLASSICS REGATTA 2022
»Unterhaltsame Veranstaltung, bei der Besitzer klassischer Yachten und ihre Crews ihre gemeinsame Leidenschaft für das Segeln feiern.«
Southhampton/Solent, Großbritannien
http://hambleclassics.co.uk

BRITISH CLASSIC WEEK
Die erste Klassikeryacht-Regatta in Großbritannien
Cowes, Großbritannien
https://www.britishclassicweek.co.uk

FALMOUTH CLASSICS
»Eine prestigeträchtige Drei-Tages-Regatta mit Wettfahrten, Paraden und Veranstaltungen an Land.«
Falmouth, Großbritannien
https://www.falmouthclassics.org.uk

WILLIAM FIFE REGATTA
Klassentreffen der Fife-Yachten
Fairlie, Schottland
https://www.fiferegatta.com

DEUTSCHLAND & DÄNEMARK

PETER GAST SCHIFFAHRTSREGATTA
Die Regatta der Schifffahrt mit modernen und klassischen Yachten von Schleimünde nach Ærøskøbing
Ziel: Ærøskøbing, Dänemark
https://schiffahrtsregatta.de

THE RUN
Die Langstreckenregatta durch die Nacht
Ziel: Svendborg, Dänemark
www.fky.org/the_run.htm

CLASSIC WEEK
Eine Regattarundreise durch die Ostsee über zehn Tage
Deutschland, Dänemark
https://www.classic-week.de

KONGELIG CLASSIC
Zukunft ungewiss
Deutschland, Dänemark
https://kongelig-classic.org/de/home/

DEUTSCHLAND

SCHLANK & RANK
Die Regatta der Schärenkreuzer
Fehmarn, Deutschland
https://www.svlf.de/veranstaltungen/schlank-rank/

FLENSBURGER REGATTA VON 1855
Maritime Klassiker-Veranstaltung in Flensburg
Flensburg, Deutschland
https://www.k-y-flensburg.de

ROBBE & BERKING STERLING CUP
Schaulaufen der 12mR-Yachten
Flensburg, Deutschland
https://www.fsc.de/regatten/regattakalender/

RENDEZVOUS DER KLASSIKER
Die Regatta der klassischen Yachten bei der Kieler Woche
Kiel, Deutschland
https://www.klassiker-rendezvous.com

GERMAN CLASSICS
»DIE Regatta im Norden – Mutter aller anderen.«
Laboe, Deutschland
https://www.german-classics.info/index.htm

MAX OERTZ REGATTA
Klassikerregatta des FKY zum Saisonstart
Neustadt, Deutschland
www.max-oertz-regatta.de

SCHANZENBERG CLASSICS
Holzbootregatta für Renn- und Wanderklassen
Schanzenberg, Deutschland
https://segler-club-hansa.de/schanzenberg-classics/

HAMBURG SUMMER CLASSICS
Oldtimer-Regatta im Herzen Hamburgs
Hamburg, Deutschland
https://hamburger-segel-club.de/regatta/hamburg-summer-classics/

HOLZBOOTREGATTA
Die Alster-Regatta für Holz-Drachen, H-Jolle, Folkeboot, 12'Dingi.
Hamburg, Deutschland
www.nrv.de

KLASSIKER RENDEZVOUS RHEINLAND
Segeln unterm Förderturm
Essen, Deutschland
www.eyc-essen.de

ELBE-KLASSIK
Spätsommerliche Geschwaderfahrt über die Elbe für klassische Yachten und Jollen
Hamburg, Deutschland
https://www.elbe-klassik.de

HAVEL KLASSIK
Klassiker-Langstrecke über die Havel und zurück
Berlin, Deutschland
https://www.asv-berlin.de/veranstaltungen/havel-klassik/

WILLI LEHMANN PREIS
5.5mR-Regatta in Berlin
Berlin, Deutschland
https://www.wsv1921.de/regatten/willi-lehmann-preis/

MÜRITZ KLASSIK
Holzbootregatta auf der Müritz
Seglerhafen Kamerun, Deutschland
http://wsv-mueritz.de

RHEINGAU CLASSIC
Eine Regatta für Segler von Holzbooten in traditioneller Bauweise auf Spanten oder formverleimt mit einem Mindestalter von 25 Jahren.
Walluf, Deutschland
https://segelclub-rheingau.de

HOLZBOOT STEINHUDER MEER
»Auf der Planke« rund Steinhuder Meer
Wunstorf, Deutschland

BERLIN KLASSIK
Wettfahrt für klassische Kielyachten
Berlin, Deutschland
https://www.vsaw.de

BERLINER BÄR
Klassikerregatta für 5.5mR, 6mR und Schären
Berlin, Deutschland
www.vsaw.de

KAISERPOKAL
»Klassikerwettfahrten für Kiel- und Schwertboote, gebaut nach Rissen aus der Zeit vor 1970.«
Berlin, Deutschland
https://www.byc.berlin

SCHWERINER HOLZBOOTREGATTA
Traditionelle Holzbootregatta auf dem Schweriner See
Schwerin, Deutschland
https://schweriner-segler-verein.de/regatten/holzbootregatta/

TRADITIONSKLASSENMEETING AMMERSEE
Auftaktregatta der Ammersee Classics
Utting, Deutschland
http://www.ammersee-classics.de

HOLZPOKAL
Zweiter Teil Ammersee Classics
Riederau, Deutschland
http://www.ammersee-classics.de

OLDIES BUT GOLDIES
Dritter Teil Ammersee Classics
Utting, Deutschland
http://www.ammersee-classics.de

HOLZBOOT-REGATTA
Vierter und letzter Part der
Ammersee Classics
Dießen, Deutschland
http://www.ammersee-classics.de

POKALREGATTA
Regatta für 30er-Schären und
45er Nationale Kreuzer
Friedrichshafen, Deutschland
https://www.wyc-fn.de

OLDTIMERREGATTA BODENSEE
Oldtimerregatta während der
Interboot
Friedrichshafen, Deutschland
https://www.smcf.de

INTERNATIONALE BODENSEE-WOCHE KONSTANZ
Die Regattawoche der klassischen
Yachten am Bodensee
Konstanz, Deutschland
https://www.internationale-bodenseewoche.com

POKALREGATTA
Zweitagesregatta für Lacustre &
45er Nationale Kreuzer
Lindau, Deutschland
https://www.lsc.de

ZELLER 30ER CUP
Toto-Lotto-Cup der 30er-
Schärenkreuzer vor Radolfszell
Radolfszell, Deutschland
https://www.ycra.de

ÜBERLINGER HERBSTREGATTA
Herbstregatta für 8mR,
Lacustre, 75er und 45er
Überlingen, Deutschland
www.bycu.de

OLDTIMER-TREFF CHIEMSEE
Schorsch Wallner Oldtimer-Treff für
Traditionsklassen
Feldwies, Deutschland
https://www.sccf.de/regatten/vereinsregatten/

ONKEL ERNST UND KARLE GUTMANN POKAL
Regatta für Lacustre, 6mR und
75er Nationale Kreuzer
Konstanz, Deutschland
https://www.konstanzer-yacht-club.de

LUTZ VON HOERMANN PREIS
Holzbootregatta des Chiemsee Yacht
Clubs in Prien
Prien, Deutschland
https://www.cyc-prien.de/index.php

KLASSIK-TRICHTER
Langstrecke mit Klassikerwertung
Pleinfeld, Deutschland
https://www.1wsc.de

GOLD-POKAL
Langstreckenregatta für klassische
Yachten und Jollen
Starnberg, Deutschland
https://www.byc.de

PRINZ-LUDWIG-PREIS
Prinz-Ludwig-von-Bayern-Preis
für 45er Nationaler Kreuzer
Starnberg, Deutschland
https://www.byc.de

VIDI POKAL
Klassikerregatta in der
Starnberger Bucht – Kombiwertung
mit Gold-Pokal möglich
Starnberg, Deutschland
https://www.myc.de

TUTZINGER TRIANGEL
Classics Regatta für Drachen,
Schären, L95 und Meteryachten
Tutzing, Deutschland
https://www.dtyc.de/segelsport/classics-im-touring

MÜNCHENER WOCHE
Classics im Touring: Klassikerregatta
am Südende des Starnberger Sees
Tutzing, Deutschland
https://www.dtyc.de/segelsport/classics-im-touring

ÖSTERREICH UND SCHWEIZ

ATTERSEEWOCHE
Die Regatta für klassische Holzboote
Attersee, Österreich
https://www.uycas.at

BREGENZER 45ER POKAL
Klassenregatta für
45er Nationale Kreuzer
Bregenz, Österreich
https://www.ycb.at

MONDSEE KLASSIK
Holzbootregatta am Mondsee mit
einem Schwerpunkt auf klassischen
Rennjollen
Mondsee, Österreich
https://www.uyc-mondsee.at/klassiker/

TRADITIONSSEGELTAGE WOLFGANGSEE
Klassiker mit Alpenblick
St. Gilgen, Österreich
http://www.uyc-wolfgangsee.at/index.php/traditionsklassen

CLASSIC HOLZBOOT REGATTA
Klassikerregatta in Kärnten
Maria Wörth, Österreich
https://www.uycwoe.at/home/

SILBERPOKAL
Klassikerregatta für 6mR-Yachten
Romanshorn, Schweiz
https://www.ycro.ch/willkommen

BARRIQUE CUP
Holzbootregatta zum
1. August am Zuger See
Cham, Schweiz

KREUZER-POKAL HORGEN
Klassikerregatta für Kreuzer
auf dem Zürichsee
Horgen, Schweiz
https://ych.ch

OLD FASHION RACE
Regatta für Oldtimer und
moderne Boote
Zürich, Schweiz
http://www.zyc.ch

VINTAGE STARBOAT RACE
Das einzige Starboat Vintage Race in Europa
Zürich, Schweiz

FRANKREICH

CORSICA CLASSIC
Klassikerregatta rund um Korsika. Über 170 Seemeilen zwischen Bonifacio und Saint-Florent entlang der korsischen Küste
Korsika, Frankreich
https://www.corsica-classic.com

LES RÉGATES ROYALES
Sieben-Tage-Regatta im Zeichen der Eleganz
Cannes, Frankreich
https://www.regatesroyales.net

CALANQUES CLASSIQUE
Klassikerregatta vor Marseille
Marseille, Frankreich
https://www.lanautique.com/les-regates/calanques-classique/

LES VOILES DE SAINT-TROPEZ
Die Nachfolgeregatta der Nioulargue – sportiv auf dem Wasser – ausgelassen an Land
Saint-Tropez, Frankreich
http://www.lesvoilesdesaint-tropez.fr

VOILES D'ANTIBES
Auftaktregatta des Circuit Méditerranéen für Klassikeryachten, bei der sich Abenteuer und Luxus in einer sportlichen und geselligen Tradition vereinen
Antibes, Frankreich
https://www.voilesdantibes.com

CHALLENGE METRIQUE
Französische Regattaserie der Meterklassen in sechs Etappen
Start: Port Louis, Frankreich
https://www.challengemetrique.fr/open-de-france-metrique-welcome

LA SEMAINE DU GOLFE DU MORBIHAN
Ein internationales maritimes Ereignis, ein Kultur- und Volksfest in der magischen Umgebung des »Kleinen Meeres« (Golf du Mor Bihan auf Bretonisch).
Vannes, Frankreich
https://www.semainedugolfe.com

ITALIEN

BARCOLANA CLASSIC
Oldtimer, Klassiker und Traditionsboote von groß bis klein im Golf von Triest
Triest, Italien
https://www.barcolana.it/Barcolana-Classic

VELE D'EPOCA DI IMPERIA
Alle zwei Jahre wieder: Zusammentreffen klassischer Yachten in der malerischen Umgebung vor Porto Maurizio
Imperia, Italien
https://www.veledepoca.com/en/

ARGENTARIO SAILING WEEK
Regatta für klassische Yachten und Vintage-Yachten
Sanremo, Italien
http://www.argentariosailing-week.it

MONACO

MONACO CLASSIC WEEK
Alle zwei Jahre: Treffen der Oldtimer zu Wasser und zu Land
Monaco
https://monacoclassicweek.com/en/home/

SPANIEN

SEMANA CLASICA DE PUERTO SHERRY
Klassikerregatta vor Cádiz
Puerto Sherry, Spanien
http://semanaclasica.com/es/homepage/

ILLES BALEARS CLÀSSICS REGATTA
Klassikerregatta vor Mallorca
Palma de Mallorca, Spanien
https://www.clubdemar-mallorca.com/en/2022/01/25/registration-open-for-the-il-les-balears-classics-2022/

PALMA VELA
Saisonauftakt auf Mallorca. Klassiker, Maxis, TP52 und mehr.
Palma de Mallorca, Spanien
https://www.palmavela.com/home.php

COPA DEL REY – VELA CLÁSICA MENORCA
Die Klassikerregatta vor dem größten Naturhafen Europas
Puerto de Mahón, Spanien
www.velaclasicamenorca.com

PUIG VELA CLASSICA
Eine Klassikerregatta vor den Toren Barcelonas
Barcelona, Spanien
https://www.puigvelaclassica.com

zur Linkliste

Bibliografische Information der Deutschen Nationalbibliothek
Die Deutsche Nationalbibliothek verzeichnet diese Publikation in der Deutschen Nationalbibliografie; detaillierte bibliografische Daten sind im Internet über http://dnb.dnb.de abrufbar.

1. Auflage
ISBN 978-3-667-12371-8

Lektorat: Johanna Schwarz
Coverbild + Backcoverbilder: Nico Krauss
Texte: Sina Wolf
Umschlaggestaltung und Layout: Felix Kempf, www.fx68.de
Druck: Print Consult GmbH, München
Printed in Slovakia 2022

Delius Klasing Verlag, Siekerwall 21, D-33602 Bielefeld
Tel.: 0521/559-0, Fax: 0521/559-115
E-Mail: info@delius-klasing.de
www.delius-klasing.de

MIX
Papier aus verantwortungsvollen Quellen
FSC® C084279
FSC www.fsc.org

NICO KRAUSS

An der Küste aufgewachsen, waren Wasser und Wind von Beginn an Nico Krauss' Element. Seine Leidenschaft hat er zum Beruf gemacht: Heute arbeitet er als freier Fotograf und Redakteur für verschiedene Magazine (u. a. für *Yacht, Yacht Classic*) und hat bereits mehrere Bücher und Kalender mit seinen außergewöhnlichen Segelfotografien veröffentlicht. Ob an Land von Event zu Event, in Schlauchbooten Kreise ziehend oder im Hubschrauber die Szenerie von oben beobachtend: Kein Weg ist ihm zu weit, um die besten Shots segelnder Schönheiten zu beschaffen. Sofern er Zeit hat, segelt er ganzjährig auf eigenem Kiel auf der Ostsee und findet dort Inspirationen für neue Projekte.

SINA WOLF

Die Historikerin und freie Redakteurin (u. a. für *Yacht, Yacht Classic, Norddeutscher Regatta Verein* und *Drachenklasse)* ist selbst leidenschaftliche Holzbootseglerin. An der Münchner Woche nahm sie bereits 1994 zum ersten Mal teil. Seitdem ist sie in der süddeutschen Klassikerszene unterwegs, soweit es die Zeit zulässt. Mit ihrer J-Jolle hat sie über die Jahre einige Hochs und Tiefs der Entwicklung durchlebt – bei den Regatten der J-Jollen Vereinigung und am Ammersee nahezu ausschließlich mit einer Frauencrew.